點亮心空
Light Up Your Heart

蕭明強 Kevin Xiao 著

四道人生──知道・悟道・行道・得道

「直面生死、認知生死,超越生死;成就自在圓滿人生。」

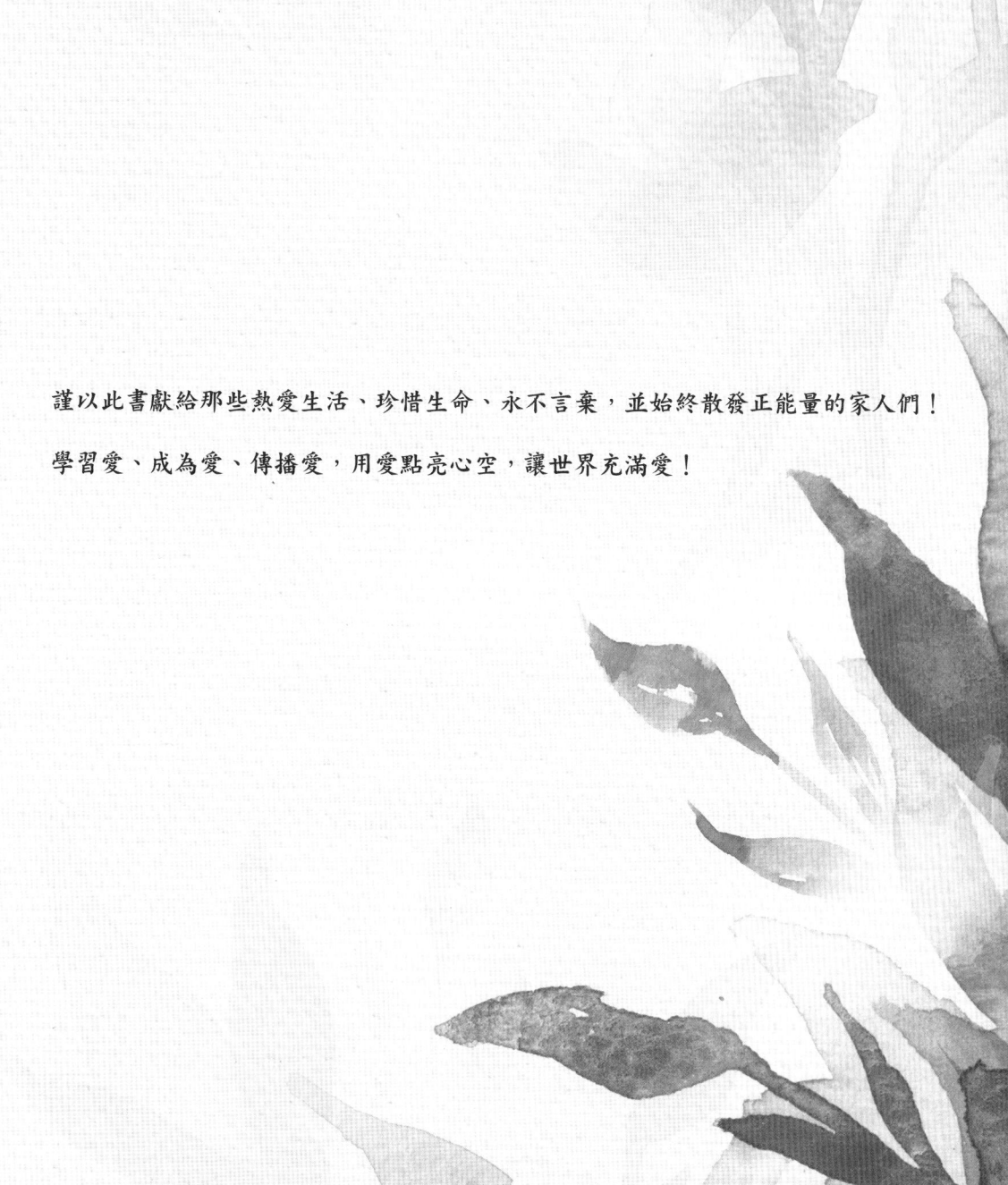

謹以此書獻給那些熱愛生活、珍惜生命、永不言棄，並始終散發正能量的家人們！

學習愛、成為愛、傳播愛，用愛點亮心空，讓世界充滿愛！

序言

　　生命，晨曦初露，抑或夕陽緩落，都如同一場無聲的旅程，悄然開始，又靜靜落幕。人類對生的熱烈追求和對死的本能抗拒，構成了生命旅途中最深刻的矛盾。我們歡慶新生，卻避談死亡，像把頭埋進沙子的鴕鳥，彷彿只要閉口不提，它就不會來臨。然而，死亡真的意味著終結嗎？

　　死生契闊，與子成說；執子之手，與子偕老。人類思考「愛」的時候，往往會想到生死。愛，希望永恆，而生命，則註定短暫；然而，有了愛，我們就有更大的勇氣來面對生死，探索生死，進而超越生死！在這本《點亮心空》書中作者試圖撥開世俗對生死的迷霧，與你一同探討一個或許被你忽視已久，卻不可迴避的話題——死亡。

　　死亡總是一副冰冷的面孔，死是生命的一部分，卻往往被誤解、懼怕，甚至避而不談，但我深信，唯有真正理解死亡，才能更好地活著。當我們透過生死的表象，洞察生命的本質，才會發現：死亡並非終點，而是新生命的起點，就像從一個房間走入另一個房間，輕輕推開門，是全新的風景。

　　對於死亡的話題，首先要瞭解死亡的屬性。在很多人的心裡，死亡都是暗黑的影子，俗稱黑影或陰影，久久不能消除。本書《點亮心空》就是為你點亮心燈，消除黑影，照亮心空裡的每一寸黑暗。在這短暫的生命旅程中，每個人都應該學習愛，成為愛，傳播愛，讓世界充滿愛。愛就是光，愛的力量不可估量，能夠照亮黑暗，溫暖人心，

指引靈魂走向光明。生命是實實在在的，死亡是虛妄的。

《點亮心空》是生命的哲思，是一次溫柔的邀約——帶你跨越對死亡的恐懼，重新理解生命的本質。我們並不知道自己生命的長度為何，但可以讓自己生命的寬度更寬、高度更高，讓生命活成自己想要的樣子。當我們真正瞭解生死，認知生死，直面生死，才發現死並不可怕。相反，死亡如同一面鏡子，映照出我們對生活的態度與珍惜的深度。

○寫作的初心：與生死和解，讓生命歌唱

從很久以前，我就耳聞目睹了種種生命的無常，內心深深觸動，便開始思考一個問題：「如果死亡終究不可避免，我們能否學會帶著愛與尊嚴走完最後一程？」

短暫的生命，渴望億萬年的愛戀；無常的生命，渴望一個充滿愛的環境與歸宿。然而，生活中，太多人因為失去親人而沉溺於悲痛，也有許多人在面對自己生命的倒計時之際，被恐懼和焦慮吞噬。因為筆者從事醫學和健康管理行業的關係，特別是經歷了整整三年多的新冠疫情（2020～2023年），以及在新聞中看到俄烏戰爭，以色列和哈馬斯的衝突、美國各地的槍擊案……在這樣並不完美的世間，耳聞目睹著一個個認識的和不認識的人死於非命，還有我們自己年長的親人、友人、病人、教友走向人生終點，內心深深觸動，可想而知。

有人因為疫情離開人世，有人死於戰爭，有人患了重大疾病或末期疾病去世，有人因車禍或空難離開，也有人不堪生活或工作的壓

力自殺了⋯⋯當然，更多的是養老院或安養醫院裡那些年長的、活夠年歲的正常死亡，有不少人活過百歲。這幾年的經歷讓我深刻體會到人生無常，明天與意外真不知道哪一個會先出現。然而我們所該做的並不是逃避死亡，而是活在當下，且過且珍惜，與自己和解，直面生死，認識生死，超越生死，在有限的時間裡，讓自己活得豐盈自在。

人與人之間，在於相互關愛，生命在於同頻共振。基於這份生命的體驗，促使我提筆寫下這本書《點亮心空》。**希望它不僅僅是一本論述生死的文字，也是生命中的一道光，可以點燃你的心燈，照亮心靈的暗夜；它是一座橋樑，連接生與死、迷茫與覺醒、痛苦與解脫、有限與永恆；它更是一座明亮的燈塔**，幫助你在困惑和哀傷中找到方向，讓死亡不再是禁忌，而成為理解生命、提升生活品質的重要課題。

○正念生死觀：為人生奠基，讓生命大廈高聳入雲

一道來自心靈的微光，它終將劃破歷史的蒼穹。在這本書中，作者提出了「四觀」和「四道」的理念，希望能成為你在人生旅途中溫柔而堅定的指引。「四觀」即生死觀、世界觀、人生觀和價值觀，它們層層遞進，決定著我們生命的寬度和高度。

你是否曾想過，一個人的生死觀，決定著他的一生將如何度過？

生死觀，如同一顆埋藏在心底的種子，決定著我們如何看待世界，如何理解人生，又如何定義人生的價值。

一念正，則天下正！正念的生死觀決定著一個人的世界觀，世界

觀塑造人生觀，而人生觀最終影響著我們的價值觀和幸福感。正如種子決定樹的模樣，生死觀深深紮根於我們內心，影響著我們如何面對生活的高山低谷，也決定了我們如何告別這段人生的旅程。

○四道修心之旅：心靈曼妙圓滿，靈魂輕舞飛揚

人生有時是逐漸覺醒，有時是突然頓悟，不論如何，孜孜不倦探索，終究會讓答案越來越明晰起來。在探尋生命的過程中，我逐漸意識到，人生的覺醒，是一場走向圓滿的修行，需要經歷「四道」，即知道、悟道、行道和得道。

知道，是覺知，是對生命課題的學習，知曉生命和死亡的真相，理解人生的無常；

悟道，是覺醒，是在生命體驗中參透真理，明白活著的意義；

行道，是實踐，是以覺悟之心落實於生活點滴，珍惜當下的每一刻；

得道，是圓滿，是心靈自由，超越生死，達至平靜與智慧。

這「四道」看似簡單，實則貫穿於我們生活的每一個瞬間。

你是否曾因害怕失去，而忽略眼前的幸福？

你是否曾因死亡的陰影，而失去享受生活的勇氣？

當我們走在「四道」之上，死亡便不再是一座高牆，而是一扇通往新生的門。

○善終：是圓滿的句號，是最溫柔的告別，愛沒有終點

善終，源於愛，有不捨，但無遺憾。善終，是帶著尊嚴和愛走完人生最後一段旅程，而不是匆忙離開。

在書中也探討了如何幫助自己和親人實現真正的善終，從情感上的放下和物質上的「斷捨離」，讓生命在盡頭時依然充滿溫暖與愛。

一切自然而然，生死也不例外。死亡不是離別，而是愛的另一種延續方式。在本書的最後幾章，也特別探討了善終與臨終關懷的重要性。真正的善終，並不只是無痛的離世，而是帶著愛與尊嚴，安然地完成生命的旅程。正如作者所堅信的：「安樂死並不安樂，真正的安樂是內心的坦然與無憾。」

○寫給正在閱讀的你

親愛的讀者：

生命與生命之間，愛最有力量；人與世界之間，正念最有力量。這本書不僅是寫給你的，**也寫給曾經迷茫的作者自己，因為，作者也是逐漸認識愛，參透愛，參透正念生死觀的。**

或許你正在面對親人的病痛，或許你正經歷失去的悲傷，又或許你對未來感到惶恐不安。作者希望這本書能夠成為你在思考生死問題時的一盞明燈。當恐懼來臨時，它能帶你穿越黑暗；當困惑湧現時，

它能助你找到方向。死亡不是陰影，而是生命的延續。願你在閱讀的過程中，**聽見自己心裡的聲音，放過自己，與自己對話**，重新理解生命，找到屬於自己的答案。

你並不孤單，就像天上的星辰，它們總是歸屬於某一個璀璨的星系。每個人都在走向終點的路上，唯一不同的是，我們如何選擇以何種方式和心態走完這**段坎坷又美妙**的旅程。煙花耀眼過，夜空也就不再寂寞！願你讀完此書後，能對生死有新的理解，帶著覺醒和愛，活得更通透，更智慧，更自在。

讓我們彼此陪伴，穿越生死，迎接每一次生命的晨曦和暮光。

願你安然行走於生死之間，以覺醒的心，活出豐盈而自在的人生。

Contents 目錄

Preface 序言 006

Chapter1 第一篇 神秘面紗下的死亡話題 016

第1章：生死觀調研啟示錄 018

第2章：死亡的意義和對死亡的種種猜想 032

第3章：生命科學裡一個神秘的名詞——瀕死體驗 046

Chapter2 第二篇 正念的生死觀 068

第1章：圓滿的人生需要「正念四觀」070

第2章：死亡不代表結束，愛與意識仍在延續 084

第3章：宗教、哲學、民間等各個層面的生死觀 106

第4章：科學層面的生死觀 116

第5章：植物人並非沒有靈魂 122

第6章：安樂死並不安樂 132

第7章：道法自然與四道人生 140

第8章：圓滿人生，超越生死 156

Chapter3 第三篇 死亡是維度轉化 162

第1章：生死觀決定命運走向 164

第2章：恐懼源於未知與缺乏正念 176

第3章：死亡到底是什麼 184

第4章：解讀生命：天命、地命、人命 194

第5章：為什麼靈魂永恆不滅 218

第6章：能量守恆，死亡不是結局 232

Chapter4 第四篇 有無相生，無常中的有常 246

第1章：一陰一陽是根，萬物無常是本 248

第2章：無常才是人生的常態 252

第3章：無常紛擾是社會的常態 258

第4章：無常是萬物的本質 266

Chapter5 第五篇 生命本質的大揭秘 274

第 1 章：生命到底是什麼 276

第 2 章：生命的本質與人生的意義 284

第 3 章：普羅大眾不必忌諱「死亡」話題 290

第 4 章：維度與靈魂的本質 294

第 5 章：高維世界的秩序 304

第 6 章：花開花落，生生不息，人生是一場奇妙旅程 308

第 7 章：生與死的辯證統一關係 316

第 8 章：人生是一場通關遊戲 324

第 9 章：人性的善與惡，格物致知，行善去惡 332

第 10 章：愛，成就生命的高度 336

第 11 章：斷捨離，提升生命品質 344

第 12 章：覺悟者必過三關：名、利、情 354

Chapter6 第六篇 蝴蝶效應與宇宙的吸引力法則 360

第 1 章：正念生死觀的蝴蝶效應 362

第 2 章：宇宙的吸引力法則對生命的影響 370

第 3 章：敢於向宇宙下訂單 376

Chapter7 第七篇 安養關懷 超越生死 380
第1章：真愛，療癒一切 382
第2章：安養關懷 讓最後一程充滿愛與溫暖 394
第3章：正念，衝破生死迷霧 404
第4章：無我，用智慧照亮一切 412

Epilogue 後記....424

生命的意義在於經歷美好，
而死亡也是另一種形式的新生。

Chapter 1

第一篇

神秘面紗下
死亡話題

第1章：

生死觀調研啟示錄

1. 您害怕死亡嗎？為什麼？

Are you afraid of death? Why?

　　我對自己的死亡其實不怎麼害怕，只是非常擔心親人離世，因為家人身患絕症，希望能不留遺憾，希望媽媽可以一直在我身邊，遠離痛苦，做個堅強的抗癌者，希望家人健康平安。

　　關於生死，我對馬王堆出土的「T形帛畫」很有感觸：第一次近距離參觀的時候，感受天、人、鬼三界景象，非常震撼！即使是件複製品，也應當當作文物一樣敬畏！這種對生死的敬畏感，讓人聯想到背後的無數故事，然而隨著時間慢慢流逝，又好像一切都不存在，無從知曉。是否死亡不是消亡，而是以另一種姿態在不同維度空間中繼續生存？我不知道是否有所謂的永生。所有人都在以自己的方式存活，在這個世界留下或多或少的碎片。是否碎片就是在肉體消亡後的另一種存在？

　　生死本身就是一種悖論，生死話題引人注目又悄無聲息，讓人心靈觸動，讓我對生死觀有了新的認識，有了不同的理解。星光每一次閃爍，都是一個老人的故事，一段生命的印記，我覺得對生死話題很有感觸，想到那句「每個路過的人都只能看到你身外的煙火」。（作者的好朋友，一位好萊塢劇作家的回答，下同）

2. 在您生命旅程的最後階段，您最想做的事情有哪些？

What are the things you most want to do at the end of your life journey?

　　如果還有力氣，就去看想看的風景，去見想見的人。永遠有多遠，永遠無關時間概念，無關空間概念，關乎混沌世間的你我。有的人，無論過程多麼荒誕都會相遇，而有的人終其一生都在錯過。然而，悟透生死，方能真正把握自己的人生。

3. 如果可以選擇的話，您希望以什麼樣的方式離開這個世界？

If you could choose?, how would you like to leave this world?

　　希望能非常安寧、沒有痛苦地離開，不管是在家，還是在醫院，希望是在一個充滿愛的氛圍裡，沒有痛苦地慢慢離開。也許真到那一天，會想很多生死的命題、地下世界，給予我們對死亡的另一種理解。關注生死話題，讓人感受生命的流逝，拓寬思考問題的邊界，客觀地像站在世界的一角審視過去的一切，並聯想可能的未來，有種抽離的客觀性。

○死亡意味著什麼

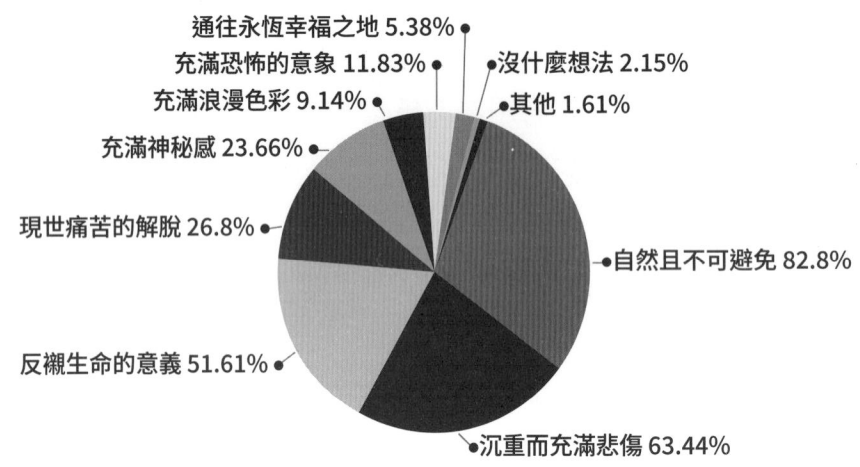

　　跨越生命和死亡的界限，這些或柔軟或堅強的話語彙集在一起，希望它能像小小的觸發器，喚起那些隱密的私人回憶，喚起對死亡的認知。

　　除了以上所列，還有其他聲音：

　　「死亡，是世界平衡的途徑之一。」

　　「人生的虛無，存在的無意義。」

　　「對死亡有著不小的恐懼，所以努力讓自己每天保持開心。」

　　「死亡，是一種神奇的東西，彷彿我們活著的時候，它已經在那裡，但沒必要主動觸碰。」

○第一次產生「死亡」的概念

＊洪荒

　　我剛出生那年爺爺去世了，走得特別早，外公外婆也在我很小的時候去世，而且那時候我也不在他們身邊。高二下學期，奶奶因心臟病去世。但奶奶去世的時候，我一直陪在她身邊，第一次真正感受到一個生命的離去，產生了「死亡」這個概念。

＊且行且歌

　　我仔細想了一下，具體直觀地感知到「死亡」應該是在小學二年級左右。某天上學路上，看到人們圍成一圈，圈內有個人被白布包著，當時的我不知道發生了什麼事，沒多想就走了。下午放學回來看見地上還有點血跡，後來聽說是昨天夜裡有個爺爺不慎從二樓陽臺摔了下來，早上被人發現時身體已經涼了。他停留在了那個沉默的夜晚，定格在他走過無數次的那條路上。天亮之後，行人來來往往，喇叭聲不斷，幾場大雨過後，地磚上的血跡被沖刷、被灰塵覆蓋，只剩下我模糊的回憶。那是我每天都會走的一條路，我踩在他當時倒下所躺著的地磚上，感覺到生命的脆弱超乎我所想像，原來死亡是這麼尋常的事。

＊光陰故事

　　第一次產生死亡的概念是在初二，當時我的手臂摔骨折了，緊接

著我的外公就去世了，那是我第一次嗅到死亡的氣味，一個活生生的人突然變成了一具屍體，可看著卻像是熟睡了一樣。第二次產生死亡的概念大概是在高中看尼采、海德格爾和叔本華等哲學家的著作時。當時很幸運，有人可以和我討論這一切，我慢慢地將「人」的死亡和「人類」這一生物概念的死亡剝離開；但我始終不明白的是，這一切究竟有些什麼意義……

＊天地人

　　死亡這個概念的產生，一開始是小學的時候，那時家長會有意識地給我買一些文學讀物，裡面寫一些親人的死亡或者是身邊寵物的離開，大概在那時我就明白死亡是怎麼回事了。

＊龍鳳呈祥

　　我第一次產生死亡的概念是在小學六年級，那時候爺爺去世了。我記得那幾天一直在下雨，因為家裡迷信色彩比較濃厚，有各種各樣的裝飾，紅紙綠紙之類的，還請了道士做法。那個時候我開始知道什麼是死亡，就是我永遠再也見不到自己的爺爺了！很傷感，也有一種恐懼和遺憾，是非常複雜的心理狀態。

○人們對「死亡是什麼」的見解

＊無極限 認為死亡是一種恐懼

沒有死亡，只有面對死亡的恐懼。在《犧牲》這部影片中，主人翁亞歷山大懷抱著拯救「世界末日」的願望，放火燒了自己的房子。拍攝房屋燃燒的場景時，膠片卡在了攝影機裡，工作人員無法重新安裝，只好又建造了一棟新房子，再把它燒了。因為燒房子，讓我不由得想起金閣寺。燒金閣寺是一種死亡，燒房子是死亡，安德列為了電影付出生命是真實的死亡。

我不認為沒有死亡。如果把一切意義剝離開，只從醫學層面討論作為人的生理狀態的死亡，死亡就是死亡本身，是一段生命的終結。可能是出於逆反心理（Reverse psychology），現在的風潮是打破對死亡的恐懼，但我覺得沒有恐懼就沒有死亡，打破恐懼也是出於恐懼。

＊年華舞翩翩 認為死亡是「空」

我自己對於死亡的概念，有一句詩是這麼說的：「死去原知萬事空」，我覺得死亡就是把一切在俗世當中的羈絆全都擺脫掉，去到另一個世界。

＊珍惜當下 認為死亡也是人生的「內容物」

死亡可能是「活著」意義的根基。如果沒有死亡，人就失去了絕

大部分恐懼。而我個人覺得「失去恐懼」比恐懼本身要可怕得多，或者說對必然消逝的恐懼，是我們珍惜當下、珍惜眼前人的原因之一。這種恐懼迫使我們必須去思考一些艱深的問題、在兩難中做出選擇。正因其有限，我們才渴求活出無限，才會「忍受著它的腐爛」以求「享受著它的燦爛」。

死亡可能是「回憶」的顯影劑。當死亡將我們與逝去的人隔絕時，與他們共同度過的那個夏夜傍晚，一起吃過的那碟椒鹽排骨，一起踱步的那條小巷會一下子變得格外清晰，尋常的景象在腦海中變為一個個慢動作鏡頭。死亡並不會使我們彼此真正分離，遺忘才會。

同時，我覺得，死亡應該是一種不可恥不受鄙的「選擇」。誠然生命可貴，生活的意義不止千百萬種，還有許多人都在咬緊牙關生活，但最終放棄抗爭，選擇安然離去的人，也值得被理解、被尊重，而不是用「懦夫」、「矯情」、「脆弱」，甚至更惡毒的詞語來評判他們的選擇。有時在看到相關新聞評論中的冷嘲熱諷、聽到影片評論中網民起哄的聲音時，我會想，這些人的評價與漠然會不會正是死者渴望離開這個世界的原因之一呢？在生死面前，人人平等，每個人更應該多一些包容與關愛。

死亡，人人恐懼，但它一定最公平的。無論貧富、美醜、喜悲、方式、時間、場合、偉大或渺小、高尚或卑微，它必然降臨。

＊世界很小也很大 認為死亡是一種「概念的消散」

死亡是一個莊重的話題，我不敢妄議，但是非要說的話，死亡大抵是一種概念的消散，是我們作為一個人，在這世間像一個「概念」

一樣消散的過程。一個人是觀測不到自己的死亡的，他的生命停在了死亡的那一刻，所以在所謂「死亡」的那一刻，死者反而達成了永生。因為在他自己的認知中，他永遠都觀測不到自己的死亡……

當然這是一種我個人比較主觀的看法，但是無論怎麼想，都不可能在死亡的意義上有純粹客觀的解釋，因為生命本身就具備必然的主觀性。由於人的存在意義的特殊性，我們不能將別人觀測到的「死亡」作為自己認識到的事實，故而「死亡客觀發生」這一概念也是虛妄的。

*羅曼蒂克斯 認為死亡是一種徹底消失的狀態

不管是人還是動物，死亡都意味著肉體上的腐爛，對精神而言則是回歸到虛無的狀態——不管是過去、現在還是未來，這個世界與你已經沒有任何關係了，這是一種和世界失聯的感覺。

我認為死亡代表的不管是肉體、精神都完全地消失了，但是，靈魂是永存的。有些人認為人死後肉體消失了，但是靈魂會一直陪伴著他們。我們要尊重這樣的想法，這代表著一種美好的意願，但是對於生命的肉體來說，死亡就是一種徹底消失的狀態。

同時，消亡意味著原諒，這個人活著的時候，你可能對他沒有那麼多的愛，但從他離開的那一刻開始，你會突然發現所有的愛恨彷彿都完全消失了。好像有一條紐帶在聯結著你們，也聯結了死亡、原諒和悲傷。

我最初對死亡產生概念是在面對素未謀面的祖輩墳墓的情況下，對我來說，死亡並不會和悲傷之類的負面情感聯繫起來，而是一種和已逝故人的距離感。

人生中經歷的死亡

＊小學生沒煩惱

　　十五、六歲的時候，我養的寵物刺蝟死了。那天早上一起來，我發現牠軟綿綿地倒在喝水的盆子裡，只有一點微弱的呼吸。由於時間太早，寵物醫院還沒開門，我只能不停地打獸醫的電話。後來醫生來了，簽了搶救同意書，看著醫生不停地按壓急救，當時心裡還在想：「要是平時這麼按，牠早就把刺立起來扎人了！」可惜牠最後還是死了，牠永遠都不會知道我為牠準備的寵物零食還在快遞的路上，但牠永遠都吃不到了。

＊愛每一個人

　　奶奶說，死了之後什麼都沒有了，只是離開這個世界。人們都說死後會去一個比今生更美好的世界，奶奶卻說那個世界是不存在的，這只是人們給自己跟後人的一個寄託而已。她對死亡看得很通透。

　　奶奶去世後的一天，爸爸為她蓋上棺蓋。那天我看到爸爸躲到一個房間哭了起來，我走過去的時候他抱住了我，泣不成聲。我以為父輩已經長大成人，是不會太難過的，但當那天真的來臨時，悲傷會裹挾所有置身其中的人，無一倖免。

＊李小在

　　外公是在我高考結束的第二天離開的。高考前幾天外公病危，

陪讀的父母一直瞞著我這件事情。這場最重要的考試是我高中以來實力發揮得最差的一次考試，考完英語走出考場時，我其實已經擠不出什麼笑容面對父母了，但還是要裝出一副「終於考完了」的釋然。我朝他們走過去，才發現他們的臉色比我還難看……媽媽說外公快不行了，考試前一天已經死過一次，幾番搶救才活過來。媽媽說外公在等我。

來不及收拾也來不及告別，我們急忙趕回老家，外公那時已被病痛摧殘得不成樣子。他是在前一年的正月初九病倒的，九十幾歲精神矍鑠的老人，起床穿鞋時突發腦梗塞，只保住了性命，之後一直癱瘓在床，依賴鼻胃管進食、氧氣瓶呼吸。我到家的時候，所有家人圍在他身邊。我握住外公的手喊他的名字，他用力睜開眼睛看我，他的眼珠已經一片渾濁了。

外公在我回高中吃散夥飯[1]的那天晚上走了。喪事操辦了整整五天，我看著黑色的帷幔貼上一面面白牆，看著香灰堆了一層又一層，用來插香的蘿蔔千瘡百孔，我的腦袋仍然被各種混亂的聲音佔據。到現在我仍然覺得，自己的生活好像從那時開始急轉直下，不同的打擊將人與人之間的關係稀釋，情緒也變得混亂失衡，自己像是一片羽毛一般，輕飄飄地浮著。

外公火葬那天，我們最後一次圍繞在他身邊，繞著棺木走了一圈，之後便目送他被推進火化爐。這是我第一次看到火化，原來人死後真的會變成一縷青煙，盤旋在乾淨的天空中，而後慢慢散去。人的骨灰也不是想像中那樣一把鬆散的灰塵，而是潔白的幾段或是幾片。

---

1 散夥飯，即畢業前的同學聚餐，或者職場同事離職前請其他同事一起用餐的聚會。

我們把外公的骨灰送回故土，埋在幾年前就選好的墓碑下，和生前的照片放在一起。刻墓碑的先生把生卒年月填進空白，彷彿在告訴我，外公確實是離我們而去了。

＊小嚴同學

在我讀高中的時候，半夜因為意外受傷被送到搶救室，當時我只是一點小傷。最直觀地感受到死亡是在後半夜，病房送進來一位從急診轉來的病患，病因是肝臟破裂。一開始病人意識還算清醒，但突然一瞬間各種儀器的警報聲紛紛響起，醫生雖迅速搶救，可轉瞬間他就失去了一切動靜，這是我離死亡最近的一次。當時說不害怕是不可能的，最直觀的感受就是，生命好脆弱，每個人都一樣！他和我一樣躺在擔架上被抬進來，但轉瞬間，這個人就從這個世界上徹底消失了，是一種說不出來的震撼。

＊往事隨風

我距離死亡最近的時刻是有一次過馬路沒注意到旁邊的車。那輛車開得很快，直接衝過來，幾乎是擦著我的身體飛馳而過，使得我衣服都被刮破了。當時一瞬間冷汗直冒，有幾秒鐘大腦完全空白，很久都沒能回過神來。那也是一種很奇妙的感覺，彷彿自己站在第三人稱的視角去直視自己與死亡擦肩而過的時刻。

後來，我的祖父去世了。他活著的時候，我沒見過他幾次，我們的感情並不是很深，但是在他去世的時候，我腦海中第一個想到的

就是，祖父是第一個離開我的親人。這是一個開頭，這意味在人生未來的路上，會有越來越多的人慢慢離我而去。一旦開始，就無法再逆轉。

＊時間從不停留

父親是去年十月因急性肝衰竭去世的，當時走得特別特別的快。二十年前他感染過B型肝炎，這麼多年來也一直認真保養自己的身體，可能最近這幾年沒特別注意，突然就發病了。我回來的時候，在醫院陪了他大概三天時間。肝衰竭到了末期，身體各項機能都會嚴重下滑。那天下午父親突然腸道大出血，立刻送進ICU，當晚就簽了病危通知書。當時父親雖然意識昏迷，但身體的各項機能都還在，可是醫生卻跟我們說沒有辦法，已經留不住了。

我們雇了專車送父親回家，當時救護車在高速公路上一路狂飆，一個多小時就到家了。到家後過了大概兩、三個小時——凌晨五點，父親停止了呼吸。從我接到父親住院的消息，到他離開人世，只有三、四天的時間。那幾天我、姊姊和姊夫三個人守在醫院，印象很深刻的一次是，父親一晚上連吐了幾次，陪護的人也身心俱疲。在醫院的兩、三天我也有慢慢感覺到，父親的病可能很難痊癒了。那天凌晨父親走的時候，甚至有一種解脫的感覺。我們都知道父親可能撐不住了，但是沒辦法，必須得去適應。父親走的那天剛好是中秋節，已經過了半年的時間，我才有辦法心平氣和地陳述這件事情；但是還好，最艱難的時刻已經過去了。

有一句話是這麼說的「父母在，人生尚有來處；父母去，人生

只剩歸途。」我媽很喜歡在我耳邊嘮叨，原本我挺反感的，但現在卻覺得，至少還有一個人在身邊說這說那。自己對生活的態度也會有所改變，當你直面死亡這樣一個過程之後，很直接地會想到自己有一天也會離開這個世界，會去思考這輩子到底應該怎麼過，自己該做些什麼，到底是要取悅自己，還是取悅別人。我有時會在晚上睡覺前閉上眼睛，自然而然地想起父親。我覺得形式上的東西沒那麼重要，只要心裡掛念著，就足夠了。

＊生命如歌

　　印象最深的事是我高三時發生的，當時我因為一些意想不到的小毛病住院了。那段時間真的是一段不可能忘記的經歷。住院時我隔壁病床有一位三十多歲的阿姨，初次見面就以平淡的口吻說出她自己在年紀很輕時就得了白血病，好不容易熬過12期化療後以為生活有了曙光，卻在一個月後複查時發現病情復發。她坦然向我展示了從手臂連到胸口處的針。白血病讓她免疫力下降，無法動手術，只能選擇保守治療。她醒著的時候偶爾會抱怨：「為什麼打這麼多藥也止不住那麼一點痛呢？就連一點也止不了。」也會一天天數著這是住院的第幾天，自嘲「有了抗藥性後就得不停不停地換抗生素，現在已經是最貴的了」。

　　她每天都會跟自己的孩子打電話，而我在離她不到兩米的位置側身聽見她的孩子說：「媽媽，我好想你啊！」時，連我這個陌生人也忍不住掉下淚來。只有病人和他們的親人會知道，那些關於機率的抽象微小數字，對每個個體來說就是瓦解現有生活秩序的一切。

而最讓我難忘的是，在我因病痛恐懼跟媽媽哭訴時，這個阿姨鼓勵我：「年輕人好得很快的」、「你肯定馬上就能出院了」。她自己承受的苦難比我要多得多，但她卻在安慰我。我心懷感激，更無地自容。在醫院裡，無數人讓我意識到，生命固然是脆弱的，死亡固然是必然降臨的，但是人是柔韌的葦草。

在這裡，我聽到陌生男人笑著跟上司打電話說：「別擔心！小問題，我馬上就能回去做事了。」掛掉電話以後卻開始因為疼痛呻吟；我看見骨瘦如柴的年輕人在病床上被推來推去的身影。被日子壓彎了腰但絕不會被壓垮的人們，像我病床正對著的院子裡的那顆大樹，日月流轉，沉默於風雨中，向死而生。

第 2 章：
死亡的意義和對死亡的種種猜想

○人們談論死亡的意義

我們需不需要談論死亡？談論死亡到底有什麼意義？超過75%的人認為討論死亡有意義，當談及「什麼是最大的意義」時，出現最多次的詞彙是「生命」。

他們這樣說：

「對死亡這一人生過程能有更深的體會和更廣闊的視角，理解生命的可貴。」

「我們終歸會故去，對於永恆存在的終點，我們沒有理由閉口不談。」

「更客觀地看待死亡，通透生命的意義所在，生死無界限，面對現世生活時更灑脫，不侷限於他人肉體死亡的悲痛和必然到來的死亡的恐懼。」

「畢竟死亡也是生命的一段路程。」

「接受生命尺度的平等——每個人的存在都有意義。」

還有一些這樣的聲音：

「別太在意很久以後的事，也別傷春悲秋；珍惜當下的美好生活。」

「年紀輕輕，幹嘛給自己找麻煩、找苦惱？珍惜當下最重要。」

在傳統的語境下，年輕人如朝陽，距離死亡很遠；老年人避免談論死亡，因為死亡已經太近。對死亡的諱莫如深，或導致對生命的輕視，或導致對死亡的恐懼。我們曾見證過許多悲劇的發生。

2019年，有識之士建議從中小學開始展開生死觀的教育，並在公開場合表示：「人類在談論死亡時簡直是小學生一般，因為全世界從來沒有真正完整、有系統的生死觀教育。」2020年一場席捲全球的疫情，第一次以近乎殘酷的速度，讓我們近距離凝視死亡的形貌本質。有關死亡的討論在急遽增長，我們似乎已無法忽視這頭大象。

一位教授說：「死亡文化承載著古往今來的生存智慧，面向死亡的過程就是一種文化再生，能讓陪伴和參與的人建構起自己的生死觀。」

在談論生死話題時，從人們的用詞分析來看，生命、生活、意義、珍惜……與死亡形成精妙的對仗呼應。人類常常講辯證，向死的凝望也是在凝視生命，在經歷死亡、討論死亡的過程中，逝者和生者之間產生深厚的情感連結，親人之死便成為一個「參與我的生命、塑造我的歷史，而如今尚活在我身上、繼續塑造我」的過程。死亡最大的意義不在於它本身，「死」並非「生」的對立面，而是作為生的一部分永存。

死亡總是悲傷的嗎？也許是的。但對死亡的談論可以更輕快。

生死觀的調查研究，嘗試從各種角度找尋死亡的意義，最後發現，或許正視死亡、理解死亡，便是它本身的意義。死亡對於我們而言，就像一粒落在地裡死去的麥子，即使其自身的生命已經消逝，在對死亡的思考與討論中，意義所到之處，還能結出許多新的麥子來。有關死亡，答案也許就是那句最簡單的話——「只要還有人記得，我們就未曾真正離開。」

○戴著神秘面紗的死亡

在生活中，人們卻總是樂於談生，對死卻避而不談。談死就是不吉利，談死就可能帶來災難或其他影響。在亞洲國家，特別是華人較多的國度裡，很多人連電話、車牌、門牌號碼都不喜歡含數字「4」，甚至有的高樓大廈電梯裡都沒有含「4」的樓層，要麼沒有，要麼用英文字母代替，只因為一個原因，在華語裡「死」字的讀音「si」與「4」的讀音「si」接近。提到有關死亡的話題就會覺得掃興；頭上不許配戴白色頭花……在我們的傳統認知裡，死亡將給人們帶來焦慮與恐懼。很多人覺得死亡就是亡者的靈魂已去到另一個世界，從此與親人「相隔兩地」。對於死亡我們無法阻止，只能感到無奈。

死亡也分很多種，有的是突然消失了，像沒存在過一般；有的是生命雖然結束了，但意志還是存在的，並且會有人繼承下去，就像從來沒離開過一樣。死亡是人生中最後要經歷的事情。陪我們一起長大

的親朋好友紛紛離世，讓我們每個人慢慢學會長大，這是一種大自然的規律。

「我是從哪裡來的？」和「人死後究竟去了哪裡？」可說是並列兒時的兩大不可思議。前一個問題我們可能在生物課上找到了自己並不完全認可的答案，但後一個問題卻一直沒人為我們解答過。死亡，逐漸在我們心裡蒙上了一層神秘的面紗，只留下了一個所謂「不吉利」的模糊影子。

在生死觀調研中，有86.67%的人沒有接受過生死觀教育，僅有13.33%的人接觸到了「生死觀教育」。由此可見，「生死觀教育」在我們身心發展的道路上並未獲得足夠的重視，它是我們人生教育中的缺失。

面對親人的離去，或許對待死亡懵懂無知的小孩子會問出「人為什麼會死？」、「死了之後去哪裡？」這些問題。父母口中的答案往往是「他睡著了」、「他沒有了」、「他不在地上了」、「他去極樂世界了」、「他去西天了」、「他累了，休息一會」、「他離開我們去別的地方了」……於是在不知不覺中，父母們就用「美麗善良的謊言」給孩子們進行了一場尷尬的「生死觀教育」。

○ 生死觀教育缺席的背後

由於固守成規的傳統生死觀，再怎麼呼籲正視死亡看來也是徒勞無益。因而在幾千年來，死亡成了我們不能說也不敢說的秘密。人類從出生之後，在家庭、學校、社會等各式各樣的教育環境中學會了如

何生活，但卻沒能學到如何看待死亡和面對死亡。

我們永遠不會知道明天和意外哪個先來。面對死亡時，人類會本能地產生恐懼。當我們還是孩童時，心裡就瀰漫了對死亡的恐懼。這是一種對生命即將或終將消逝的事實所產生的恐懼、糾結與不安的複雜情緒，導致了「生死觀教育」成為大部分人成長道路上不敢觸碰的「地雷」。

生死觀教育的缺席，主要是因為全世界各種族裔對於這個話題都很忌諱，大部分的人認為活著的人談論到這個話題會不吉利，所以大部分人都避而不談。或許是因為我們都對死亡太敏感了，不想去接觸死亡這個話題。一般人聊天也都不太願意聊到死亡，更不用說進行生死觀教育了。據我所知，由於家庭的影響，在亞洲有的國家自古以來就對「死亡」這個字眼非常忌諱，而且父母、長輩也不允許孩子們提到死亡。所以很多亞裔的孩子從小便對死亡有著畸形的理解。

○ 正視死亡 熱愛生命

然而，死亡本就是生命的一環，在此次生死觀調研中，有87.5%的人表示自己希望能接觸「生死觀教育」類書籍。這樣看來，大家已經逐漸意識到應樹立正確的死亡觀之重要性。

迪士尼電影《尋夢環遊記》[1]為我們展示了一種看待死亡的獨特視

---

1 迪士尼動畫電影《Coco》，中文譯名有《尋夢環遊記》、《可可夜總會》、《可可人生奇遇》、《玩轉極樂園》等，是一部2017年的美國3D電腦動畫歌舞奇幻電影，描述男孩意外穿越到亡靈世界的故事。

角。故事中說明人會經歷三次死亡：第一次，是當人身體機能停止運轉的時候，在生理上被宣告了死亡。第二次，是其他人來參加亡者的葬禮時，在社會宣告他的死亡，從此社會裡不再有他的位置。第三次，是當世間沒有人再記得他的時候，他才真正地死了。因此，死亡不是生命的終點站，被遺忘才是，然而事實恰恰相反，死亡應被視為是另一次生命的開端。

對於生，我們應愛得熱烈；對於死，我們更應該尊重。

馬丁・海德格爾在《存在與時間》一書中寫道：「向死而生的意義是——當你極度接近死亡，才能深切體會到生存的意義。」生命的意義在於經歷美好，而死亡也是另一種形式的新生。

關於死亡的種種猜想

關於生命終結後的種種猜想，一直是人類探索的永恆話題。

東方有陰間地府的傳說，西方則有天堂與地獄的信仰，這些故事都試圖回答一個根本問題：我們死後會去哪裡？

一、靈魂出竅

讓我們把時間倒回到2014年，英國科學家們對2060名心臟驟停後甦醒的病人進行了一項研究。研究結果令人震驚：近半數的受訪者聲稱自己經歷了「靈魂出竅」；更令人難以置信的是，一位57歲的男士甚至詳細描述了他「飄浮」在手術臺上方，目睹醫護人員搶救自己

的整個過程。

二、瀕死體驗

這聽起來是不是有點玄？但歷史上，關於靈魂的探索遠不止於此。1907年，美國醫生麥克杜格爾曾嘗試用實驗來測量靈魂的重量，他聲稱無論一個人體型如何，靈魂的重量總是恆定的21.3克。那些從生死交界被拉了回來的人，有的聲稱自己經歷了穿越時空的奇妙旅程，遇見了已故的親人，甚至與發光的生命體進行對話，被告知他們還有未完成的使命。

雖然這些經歷聽起來像是小說情節，但科學家們發現，每100個瀕死體驗者中，至少有5個人報告了類似的經歷。

三、中微子實驗室

現在，讓我們聊聊中微子這個神奇的存在。

1942年，科學家們首次發現了這種粒子，但它的存在早在一個世紀前就被預言了。中微子的能力令人驚嘆，它能輕易穿透牆壁，每個人體內每秒都有數十億個中微子在釋放。

在中國廣東省江門市地下700米深處，有個專門研究中微子的實驗室。這個實驗室的建立讓許多人感到困惑，誤以為這個舉動是打算要捕捉鬼魂；但實際上，實驗的目的是為了探索宇宙的起源，與捉鬼無關。

一些科學家提出了一個大膽的假設：宇宙中存在一種名為「低熵」的物質，它與我們所說的意識相似。這種物質從宇宙誕生之初就

存在，隨著時間的推移，其能量不斷增強，甚至可以在不依賴人體的情況下自由移動。這聽起來是不是和中微子有點像？不過，目前的科學研究還沒有發現中微子與靈魂之間存在直接的聯繫。儘管中微子被稱為「幽靈粒子」，但目前它只是一個物理學上的概念，未來是否會有新的發現，我們拭目以待，畢竟世界上還有太多未知等待我們去探索。

四、終極探索

　　有人甚至認為，如果我們能將人體裡的中微子連接起來，或許就能窺見靈魂的真面目。雖然這個想法頗具吸引力，但目前還未獲科學證據支持。世界上的許多事物，有些可以用科學來解釋，有些則仍待我們探索；就像那些瀕死體驗，有人聲稱他們去了一個美好的地方，彷彿天堂；也有人則描述了像地獄的恐怖地方。這些體驗究竟意味著什麼？是否真的存在另一個世界？我們現在還無法給出確切的答案。

○幽靈粒子的科學發現

　　中微子可能與人類的靈魂有關。這種被物理學家稱為「幽靈粒子」的神秘存在，真的與我們的精神世界存在著某種玄妙的聯繫嗎？

*幽靈粒子登場：從理論預言到實驗發現

　　1930年，奧地利物理學家沃夫岡・包利為解釋 β 衰變中的能量

守恆問題，大膽預言了中微子的存在。當時他在寫給同行的信中戲稱：「我做了一件可怕的事，提出了一個無法被探測到的粒子。」這個玩笑性質的預言，後來被證明是20世紀物理學最重要的發現之一。

1956年12月14日，在美國漢福德工程works核反應爐旁，物理學家弗雷德里克・萊因斯和克萊德・科溫終於捕捉到了這個「幽靈」。他們使用了約400升的液體閃爍體和三個光電倍增管，在持續數月的實驗中，每小時只能探測到約三個中微子。這項開創性的工作被命名為「Project Poltergeist（捉鬼計畫）」，這個幽默的命名也暗示出中微子難以捉摸的特性。

根據美國費米國家加速器實驗室（Fermi National Accelerator Laboratory，縮寫為Fermilab或FNAL）的研究顯示，每秒約有650億個來自太陽的中微子穿過我們身體的每平方釐米，但我們對此毫無感知。正是這種特性，加上「幽靈粒子」的別稱，讓一些人聯想到了靈魂的存在。

然而，中國科學院高能物理研究所的專家指出，中微子是標準模型中的基本粒子之一，其行為完全符合量子力學規律。它之所以難以探測，是因為其只參與弱相互作用和引力相互作用，而不是因為具有什麼神秘的特質。

＊科學家的「捉迷藏」遊戲：探測技術的突破

現代中微子探測技術已取得了長足進步。以中國的江門中微子實驗（Jiangmen Underground Neutrino Observatory，簡稱JUNO）為例，這個造價50億元的「超級探測器」內部裝有2萬噸液體閃爍

體，周圍布置了近18000個光電倍增管。這個「中微子獵手」能夠精確測量中微子的品質順序，這對理解宇宙物質–反物質不對稱性具有重要意義。

有趣的是，科學家們還在南極冰蓋下建造了IceCube中微子觀測站。這個「冰立方」探測器利用一立方公里的南極冰作為探測介質，尋找來自宇宙深處的高能中微子。正如一位物理學家打趣道：「我們在地球最寒冷的地方，追尋宇宙最熱鬧的故事。」

＊中微子也有「體重」：超越物理學標準模型

1998年，日本的超級神岡探測器（Super-Kamiokande）觀測到了大氣中微子的振盪，證實了中微子具有質量。這一發現挑戰了物理學標準模型，開啟了新時代的物理學研究。

2015年，梶田隆章和阿瑟・麥克唐納因發現中微子振盪現象獲得諾貝爾物理學獎。這一發現證明中微子具有質量，打破了物理學標準模型的預言。

有趣的是，中微子的品質之輕超出了很多人的想像。根據歐洲核子研究中心（CERN）的資料，即使把三種中微子質量加起來，也不會超過電子質量的百萬分之一。這讓人不禁感嘆：在量子世界裡，最輕盈的舞者往往跳著最神秘的舞蹈。

＊解鎖宇宙的鑰匙：中微子天文學的新紀元

中微子研究正在開啟天文學的新篇章。2017年，科學家首次通

過IceCube探測器追蹤到了一個高能中微子的來源——一個距地球約40億光年的活動星系核。這相當於在浩瀚宇宙中找到了一個投射「幽靈光束」的燈塔。

在探索中微子的過程中，我們看到的不是神秘主義的影子，而是人類智慧的光芒。每一個科學發現都像是揭開宇宙奧秘的一個音符，共同譜寫著理性探索的交響曲。正如著名物理學家費曼所說：「科學的魅力在於，它讓我們意識到我們對自然的理解是多麼有限，同時又給予我們繼續探索的勇氣和工具。」

中微子或許與靈魂有微妙關聯

我們時常會遇到一些看似無關卻又微妙相連的事物，比如中微子和靈魂。

中微子，這一宇宙中的基本粒子，以其不帶電、質量極小且難以探測的特性，成為了科學家們研究的熱點。它們無處不在，甚至穿過我們的身體，而且不管我們身在何處，每一秒都有超過10萬億個中微子穿過我們的身體，而在正常情況下我們卻絲毫感覺不到！然而真的毫無影響嗎？

從這些中微子的特點看來，它的確與「靈魂」很像，也正因為這個原因，科學家才會又把中微子叫「幽靈粒子」，就是因為它們遍布每一個角落，但我們卻很難探測捕捉到它們。這種難以捉摸卻又無處不在的特性，不禁讓人聯想到靈魂（那個同樣難以捉摸、卻又深深影響著我們的非物質存在）。

靈魂，是生命的核心所在，承載著意識、情感、記憶和個性。它超越了肉體的限制，觸及到人類存在的更深層次。正如中微子穿越物質世界而不被束縛，靈魂在某種層面上超越了物理現實的界限，連接著個體與宇宙之間的微妙聯繫。

那麼，中微子和靈魂之間究竟有何關聯呢？或許，我們可以從意識提升的角度來探討這個問題。

當我們意識到每秒都有無數中微子穿越身體時，不禁會思考它們與我們的意識、靈魂之間的潛在聯繫。在日常生活中，當我們感受到情緒起伏、念頭紛飛時，這些中微子也在這一過程中穿梭。或許，它們在一定程度上影響著我們的意識與靈魂，使我們難以完全沉浸於當下，而是隨著情緒、念頭的波動而游離於身體之外（如發呆、被驚嚇時的恍惚等）。

因此，全然地活在當下，真實地感受每一刻的存在顯得尤為重要。那麼，如何才能做到活在當下呢？對此，我們可以有意識地提升自己的意識水準，時刻校準自己，將注意力拉回到當下，保持覺察，並放下執念，擁抱變化。當情緒與念頭升起時，我們能覺知到它們而不被其所左右；如此，我們的身體、意識與靈魂才能真正合一，全然地活在當下。

○量子糾纏、波粒二象性與靈魂

量子糾纏和波粒二象性是量子力學中的兩個重要概念。量子糾纏，是指兩個或多個粒子之間存在一種極強的關聯性，使得它們之間

的狀態變化是相互依賴的，即使這些粒子相隔很遠，它們的量子態也會相互影響，表現出超越空間和時間的特性。波粒二象性，指的是微觀粒子（如電子、光子等）同時具有粒子性和波動性，這種二象性是微觀粒子的本質屬性，使得粒子在未被觀測時可以同時處於多種狀態，如自旋、偏振、位置等的疊加態。

從哲學思維的角度看，量子糾纏的現象顯現出一種物質之間的關聯性，波粒二象性的現象則表明物質的存在具有不穩定性。從社會學角度看，量子糾纏的現象可以推演為每個人都存在於一定的社會關係中，並受其影響；波粒二象性的現象可以推演為每個人作為一個獨立存在，會在不斷的變化中，並受其能力躍遷[2]。量子糾纏與波粒二象性的量子力學理論，用在對人生的思考，可以演繹出人類在社會關係鏈中受其社會環境影響，並同時以自己的能量作用於社會環境。持續擴大分析，我們還能看到一些關聯意義的機理。

一是量子糾纏與靈魂的本質。量子糾纏描述的是粒子間超越時空的聯繫，這可以啟發我們思考靈魂和宇宙的關係。例如，愛麗森通過量子糾纏的發現，想像每個人的靈魂和宇宙其他部分保持著微妙的糾纏，這種糾纏超越了物理法則的限制，使得每個人的存在都具有宇宙整體的一部分意義。

二是波粒二象性與意識的力量。波粒二象性揭示了物質的雙重特性，即粒子既可以表現為粒子也可以表現為波，這提示我們的思想和行為也具有波動性，其波動性能影響周圍環境的能量變化。例如，當你專注於某種願望時，你的思想如同波動，能夠吸引與之匹配的外在變化及其結果。

---

[2]「躍遷」是描述系統狀態由一種形式轉變到另一種形式的瞬間跳躍變化；在量子力學、分子物理和進化論等領域都有使用。

三是人與人之間的緣分與量子糾纏。量子糾纏的概念可以用來解釋人與人之間的特殊聯繫,即人與人之間的緣分。當兩個人之間存在強烈的關注或情感連結時,他們就像是通過量子糾纏緊緊連繫在一起,這種連結超越了時間和空間的限制,最典型的是男女之間的戀愛。

四是人的發展與波粒二象性。波粒二象性表明微觀世界的不穩定性及不可預測性,若用來解釋人生,則可視為每個人都會因環境變化而變化,這種變化可以期待但不易預測。每個人都應當接受並適應環境的變化,並以自己的「波動性」(能量)影響周圍,以自己的不斷躍遷實現自己的價值。

這些視角,不同程度地擴展了我們對宇宙和生命關聯的理解,同時為我們探索人生的意義提供了新的維度。通過量子物理學的視角,我們可以更深入地理解人與人之間的關係連結、情感交流與波動,以及個人在社會關係中的定位及其在宇宙中的位置,從而賦予生命更深層次的意義。最重要的一點,要有理想,更需要實踐;要有長遠,更要立足當前;不要企求和依賴社會環境對自己有多大的有利影響,而要透過提升能力和自身的努力,實現人生的價值和跨越與變遷。

第 3 章：
生命科學裡一個神秘的名詞——瀕死體驗

○尋找另一個世界的證據

有人可能會認為，好人死後會上天堂，壞人會入地獄，善者死後到西方極樂世界，罪者死後下十八層地獄。然而這些說法，究竟是無稽之談還是真的存在呢？這個世界上真的有天堂嗎？如果有又會是什麼樣子呢？按現在科學的解釋來說，死就是肉體和靈魂的消失，是一切的終止，是人類設想裡最恐怖的一種說法，所以人們才會十分恐懼死亡這件事。那麼如果死亡並不是終點，死後的世界是什麼樣子呢？

原則上來說，只有死過一次才會真正知道死後是什麼樣子，在生命科學裡有一個描述類似死而復生這種經歷的專有名詞——瀕死體驗。

○讓重返人間的一群人為你講述：瀕死體驗

瀕死體驗（英文：near-death experience，NDE）也就是瀕臨死亡的體驗，指由某些遭受嚴重創傷或疾病但意外獲得恢復的人，以及處於潛在毀滅性境遇中預感即將死亡卻僥倖脫險的人所敘述面臨死亡

威脅時的主觀體驗。它和人們的臨終心理一樣，是人類走向死亡時的精神活動。同時瀕死體驗也是人們遇到危險時的一種反應。2013年3月，比利時列日大學的研究人員發現，人類在瀕死時觸發的生理機制會使人的感觸更加敏銳，這不僅是針對個人經歷中過去事件的想像，對真實事件的情況也同樣如此。

心理學家肯尼斯‧林格將人類的「瀕死體驗」分為學術界已認可的五個階段：

‧第一階段：感到極度的平靜、安詳和輕鬆（占瀕死者中的五分之三）。

‧第二階段：覺得自己的意識甚至是身體形象脫離了自己的軀體，浮在半空中，並可以與自己無關似的看醫生們在自己的軀體周圍忙碌著（占三分之一）。

‧第三階段：覺得自己進入了長長的黑洞，並自動地快速向前飛去，還感到身體被牽拉、擠壓（占四分之一）。

‧第四階段：黑洞盡頭出現一束光線，當接近這束光線時，覺得它給予自己一種純潔的愛。已逝的親戚們出現在洞口來迎接自己，他們全都形象高大，絢麗多彩，光環繁繞。這時，自己一生中的重大經歷，瞬間在眼前一幕一幕地飛逝而過，就像在看電影一樣。多數是令人愉快的事件（占七分之一）。

‧第五階段：同那束光線融為一體，剎那間覺得自己已同宇宙合而為一。

・此外還有醒悟感、與世隔絕感、時間停止感、太陽熄滅感、被外力控制感等。

但是，並不是所有的科學家都確信「瀕死體驗」的探索結果，尤其是那些關於「死亡測驗」、「地獄考察」和「死而復活」的說法，更是遭到了一些科學家的反對與批評。

＊瀕死體驗的共有特徵

大多數的瀕死體驗都有某些共同的特徵，但並非所有瀕死體驗都具有每一項特徵，某些瀕死體驗甚至不遵循任何模式。以下是「典型」瀕死體驗所共有的特徵：

1. 安詳的感受

   這種感覺可能包括平靜、悅納死亡、情緒及身體的舒適。強烈、極度明亮的光芒，有時這種強烈（但不讓人感到痛苦）的光芒溢滿了整個房間。在另一些案例中，經歷瀕死體驗的人目睹了他們認為代表著天堂或上帝的光芒。

2. 靈魂出竅（Out-of-body experience，OBE）的體驗

   親歷瀕死體驗的人感到自己從身體抽離出來。他能俯瞰自己的身體，並常能描述醫生忙碌的場面。在某些案例中，他們的靈魂衝出房間，飛向天際，有時甚至是飛向宇宙。

3. 進入另一個空間或維度

   他可能感到這個空間像天堂，在極個別的案例中，卻像地獄，

這取決於他們的宗教信仰和體驗的特性。

4. 神靈

在靈魂出竅的過程中，經歷瀕死體驗的人邂逅了「靈光」，或代表著神靈的其他徵示。他可能認為這是他已故的愛人、天使、聖人或上帝。

5. 隧道

許多經歷過瀕死體驗的人都感覺到自己在一個盡頭泛著白光的隧道裡。當他們穿過隧道時會遇到神靈。

6. 與神靈交流

在瀕死體驗的尾聲，許多人報告了各種與神靈所進行的交流。這種交流常常被描述為一個「宏亮的男聲」告訴他們大限未到，並讓他們回到自己的身體。一些人聲稱，自己被要求做出抉擇，決定是走向光芒，還是回到自己現世的肉體中。其他一些人則感到，有一個也許來自上帝的無聲命令迫使自己回到了肉身。

7. 人生回顧

這一特徵又被稱為「全景式的人生回顧」。經歷者以一種倒敘的方式觀看了自己的整個人生。這個部分可能非常具體，也可能極為簡短。經歷者還可能感受到來自周遭神靈的某種審判。

人們有時將瀕死體驗和靈魂出竅混為一談，但二者之間有著關鍵性的差別。靈魂出竅可能發生在瀕死體驗中，但有些人經歷靈魂出竅時的環境卻與死亡或垂死毫無關係。他們可能仍然保持著神志或心神

平靜。靈魂出竅可以自然而然地發生，也可由毒品或冥想誘發。

○瀕死體驗實例簡介

＊實例1

一位叫弗雷德・斯庫恩梅克（Fred Schoonmake）的醫生在科羅拉多州丹佛市任職路克斯（Saint Luke's）醫院心血管主任期間，曾報告他的一位女病患在經歷瀕死體驗時有離體經歷。該病人是位盲人，但卻在靈魂離體時「看到」房間裡有十四個人。雖然她不能辨別色彩，但卻在靈魂離體時「看到」物體，並能準確地描述手術室中發生的事情。斯庫恩梅克醫生說，從這位女病患的描述就好像真的看到了一樣。

＊實例2

在M.B薩波母（Sabom，M.B）的論著《死亡的記憶》（Sabom，M.B.，1982，Recollection of Death，London，Corgi）中，記載著一位年輕的美國婦女，在接受腦動脈瘤切除手術時，處於臨床死亡狀態中；手術後，她幸運地起死回生，並報告了在她死亡時經歷了深度瀕死體驗，其中包括離體經驗，並看到醫生們為她實施手術的各種工具及詳細的操作過程；事後證實，她所看到的一切景況，與當時的事實完全吻合。由此可見，靈魂離體經歷是可確證的客觀存在，這些事例為瀕死體驗的研究打下了堅實的基礎。

※ **實例3**

雷蒙‧穆迪博士在她的另外一本書《光亮之外》（The Light Beyond）提到一個九歲女孩的瀕死體驗，她在一次闌尾手術中失去了知覺，被搶救過來之後，她回憶道：「我聽見他們說我的心跳停止了，我發現我飄在天花板上往下看，我從那兒可以看見所有的東西，然後我走到走廊上，我看見我媽媽在哭，我問她為什麼要哭，但她聽不見我，醫生們認為我死了。然後一位美麗的女士走到我面前想幫我，因為她知道我很害怕。我們走過一條隧道，隧道又黑又長，我們走得很快，在隧道的盡頭是很亮的光，我感覺非常愉快。」

※ **實例4**

1959年，美國精神研究會的卡里斯‧奧西斯（Karlis Osis）經由分析詳細記錄病人死亡過程體驗的幾百份調查表，開始繼續海蒙的研究。1972年，他還在冰島心理學家厄蘭德‧哈拉德桑（E. Haraldsson）的幫助下，跨越種族和文化界限，把研究擴展到印度。他們合作出版了一本書《死亡時刻》（At the Hour of Death，1972）。奧西斯總結道：「儘管很多病人進入了一種健忘、無意識的狀態，但仍然存在著堅持到最後的意識清醒者。他們說『見到了』來世，並能報告他們在臨終前的經歷。比如：他們見到了已故的親屬和朋友的幽靈，見到了宗教和神話中的人物，見到了靈光、美麗的強烈色彩等非塵世環境。這些體驗很有影響力，帶給他們祥和、寧靜、安逸和宗教情感。病人奇特地經歷了『美好的死亡』，這與臨終前通常想到的黑暗和悲慘正好相反。」

＊實例5

「瀕死體驗」在各民族間普遍存在，早在兩千多年前，柏拉圖在他的著作《理想國》（The Republic）中就記載了瀕死體驗現象。中國古代史料中也有大量這方面的記載，而西方經有意識的記錄後，例證也很多。1987年，在西班牙的巴賽隆納，一位名叫查維・亞艾那的24歲青年工人，不幸被一只裝有機器的大箱子壓傷，成為一個昏迷不醒的「植物人」。然而1990年3月的某一天，亞艾那突然清醒過來，雖然只有短短的10多分鐘，卻向人們敘述了他長眠不醒時的奇遇：「我變回一個孩子，由我已經去世的姨媽領著。她帶著我走進一條通往另一個世界的發光隧道。她說：『你要我找的永恆平靜，在另一個世界你便能得到。』我用手掩住雙眼，但瑪麗亞姨媽輕輕地把我的手拉了回來。」10多分鐘過後，亞艾那又長睡不醒。

＊實例6

有趣的是一些名人也有過「瀕死體驗」。諾貝爾文學獎獲獎者、美國著名作家海明威19歲那年就曾經歷過一次「靈魂離體」的體驗。當時他在義大利前線的救護車隊服役，1918年7月8日的午夜時分，一枚彈片擊中了海明威的雙腿，使他身受重傷。事後他告訴他的朋友蓋伊・希科說：「我覺得自己的靈魂從軀體內走了出來，就像拿著絲手帕的一角把它從口袋拉出來一樣。絲手帕四處飄蕩，最後終於回到老地方，進了口袋。」

除海明威外，德國偉大的詩人歌德、法國最優秀的批判現實主義作家莫泊桑、俄國十九世紀著名作家杜思妥也夫斯基、美國最著名的

小說家愛倫‧坡、英國著名作家大衛‧赫伯特‧勞倫斯等，都曾有過類似的體驗，他們認為：「人的靈魂藏於肉體之內，而且是肉體完美的複製品，由極輕的成分組成，發光、半透明、十分適合進行體外活動，靈魂離開身體時，感覺跟作夢差不多。」

研究顯示，經歷過瀕死體驗的人遍布世界不同地域、種族、宗教、信仰和文化背景。據美國著名的統計公司蓋洛普公司調查估計，僅在美國就至少有1300萬至今健在的成年人有過瀕死體驗，如果算上兒童，這個數字將更加可觀。肯尼斯‧林格（Kenneth Ring）博士等人的研究更顯示有大約35%的人在接近死亡時有瀕死體驗。

長久以來，人類一直試圖揭開死亡真相。美國著名哲學家、精神病學家、醫生和作家雷蒙德‧穆迪博士（Raymond A. Moody Jr.）研究過150個瀕死體驗者（經歷過「臨床死亡」後復生的人）的案例。儘管瀕死體驗發生的情境，以及親歷該體驗的個人性格都有著巨大的差別，但可以肯定的是，在這些人「瀕死體驗」的陳述中，存在著不可忽視的相似性。我把它們大致歸納為14點，按照他們感受的出現先後次序排列：

01. **聽到自己的死訊**：他們親耳聽到醫生或是在場的其他人明確宣告自己的死亡，並感到生理的衰竭到達極限。

02. **從未體驗過的舒服**：「瀕死體驗」的初期有一種平和安詳、令人愉悅的感受。首先會感到疼痛，但是這種疼痛感一閃而過，隨後發覺自己懸浮在一個黑暗的維度中。有一種從未體驗過的舒服感覺將他包圍。

03.聽到奇怪的聲音：在「瀕死」或「死亡」時，有奇怪的聲音飄然而至。一位年輕女子說，她聽到一種類似樂曲的調子，那是一種美妙的曲調。

04.被拉入黑暗的空間：有人反應他們感到被突然拉進一個黑暗的空間。你會開始有所知覺，那就像是一個沒有空氣的圓柱體，感覺上是一個過渡地帶，一邊是現世，一邊是異域。

05.自己看著自己的軀殼：發現自己站在了體外的某處觀察著自己的軀殼。一個落水的男人回憶說，他自己脫離了身體，獨自處在一個空間中，彷彿自己是一片羽毛。

06.你的話別人聽不到：他們竭力想告訴他人自身所處的困境，但沒有人聽得到他們的話。有一名女子說：「我試著跟他們說話，但是沒人能聽到。」

07.不停出入自己的肉體：在脫體的狀態下，對時間的感受消失了。有人回憶說，那段時間裡，他曾不停地出入自己的肉體。

08.感官從未如此靈敏：視覺、聽覺比之前更加靈敏。一個男子說，他從未看得如此清楚過，視力水準得到了不可思議的增強。

09.孤獨無助，無法交流：在這之後，會出現強烈的孤立感和孤獨感。一位男子說，他無論怎樣努力都無法和別人交流，所以：「我感到非常孤單。」

10.周圍有他「人」陪伴：這時，周圍出現了別的「人」。這個「人」，要麼是來協助他們安然過渡到亡者之國，要麼是來告訴他們喪鐘尚未敲響，得先回人間再待一段時間。

11. 最後的時刻出現亮光：在「瀕死體驗」的最後時刻，會出現亮光。這道光具有某種「人性」，非常明確的「人性」。

12. 回望人生，全程回顧：這個時候，當事人會對一生做一次全景式的回顧。當親歷者用時間短語來描述它時，都是「一幕接著一幕，按事情發生的時間順序移動，甚至伴隨著畫面，當時的一些感覺和情感都得以重新體驗」。

13. 被「界限」阻隔：在這時，人會遇到一道可以被稱作是「邊緣」或者「界限」之類的東西，阻隔你到某個地方去，關於它的形態有多種表述：一攤水、一團煙霧、一扇門、一道曠野中的籬笆，或者是一條線。

14. 生命歸來：如果有幸被救活了，在「瀕死體驗」進行到某種程度後，人們必須「回來」。在最開始的時候，許多人都想趕快回到身體中去，但是，隨著瀕死體驗的深入，他開始排斥回到原來的身體，如果遇上了光的存在，這種情緒就更為強烈。

○醫學解釋瀕死體驗

在瀕臨死亡邊緣時，一些人表示曾有過靈魂出竅的經歷，其他人則表示好像走在一個充滿光或者安寧感的地道內。所有這些感受並不是與死後經歷的一次親密接觸。根據美國科學家的研究，他們所說的瀕死體驗可能不過是由垂死大腦內所發生的「電暴」所致。

這項針對重病患者的大腦進行的研究顯示，大腦在死亡前出現過

短暫的電流活動爆發。研究員、重病特護醫生拉克赫米爾・查瓦拉表示：「我們認為瀕死體驗可能由大腦耗盡氧時出現的猛烈電流活動所致。」隨著血液流動減緩以及氧量降低，大腦細胞發射出最後的一個電脈衝。他說：「這種活動開始於大腦內的一個區域，而後快速向外擴散，這可能讓人獲得生動逼真的精神感受。」

查瓦拉就職於美國華盛頓特區喬治・華盛頓大學的醫學中心。研究過程中，他對7名重病患者的大腦活動進行監控，以確認止痛藥是否發揮作用。在死亡前，每一位患者的腦活動都在死亡前一小時左右逐漸減弱，並被持續時間30秒至3分鐘的短暫「電暴」打斷。

這位研究員表示，參與者的腦波活動水準與完全清醒的人類似──即使血壓降至無法測量到的程度也是如此──能產生生動逼真的畫面和感覺。他在刊登於《姑息醫學雜誌》（Zeitschrift Fur Palliativmedizin）上的研究發現中指出：「根據我們的推測，如果這些患者能夠甦醒過來，他們可能回想起這種電活動觸發的畫面和記憶。這是一種潛在的解釋，解釋很多患者甦醒過來後自稱在瀕死時有過靈魂出竅經歷。」

有專家研究發現，瀕死體驗與血液中的二氧化碳含量高有關，這種高含量打破了大腦內的化學平衡，似乎使人看到一些不可思議的景象。此前進行的一項研究發現，有近五分之一被搶救過來的心臟病發患者自稱有過瀕死體驗。這些經歷包括靈魂出竅、感到快感、看到地道、光、去世的親人或者以往的經歷。

目前，英國南安普敦大學的研究人員正試圖為瀕死體驗找到一個醫學解釋。他們要求1500名心臟病發患者回憶心臟停止跳動後的任何

記憶。在一項測試中，研究人員將病患放在英國美國25家醫院搶救室的高架上，並且只有從上俯視才能看得到。如果患者能回想起這些細節，就能說明靈魂出竅確實存在。首席研究員薩姆・帕爾尼納博士表示：「我們常將死亡視為一個過程，但這個過程實際上經常與現代醫學相違背。」

死亡的過程始於心跳停止，但我們也能在過程中出手干預，讓患者甦醒過來，有時甚至能在患者「死後」3到4小時身體已冰涼時死而復生。帕爾尼納說：「曾有瀕死體驗的人可能遠遠超過我們的想像，但很多人無法回想起這些經歷。」他指出，查瓦拉博士並沒有提供證據，證明他記錄的「電暴」與瀕死體驗有關。「因為所有患者都已死亡，我們永遠不知道他們到底經歷了什麼。」

解釋瀕死體驗的理論劃分為兩個基本的類別：科學的解釋（包括醫學、生理學及心理學的解釋）和超自然的解釋（包括精神的和宗教解釋）。當然，這些解釋既無法證實，也不能視為證偽。對於超自然解釋的接納，是建立在信仰、宗教和文化背景之上。

最基本的超自然解釋認為，經歷過瀕死體驗的人的確體驗過並能回憶起他們的意識脫離肉體之後所發生的事情。當他們處在死亡邊緣時，他們的靈魂離體，並感知到了他們通常所無法感知的東西。靈魂在我們的世界和來世之間穿梭，通常表現為一條盡頭泛光的隧道。在這個旅程中，靈魂遭遇了其他的精神實體（靈魂），甚至與神靈相遇（許多經歷者所認為的上帝）。他們可以瞥見另一個世界（一般認為是天堂），但此後他們便被拉回來，或自己選擇返回到凡世的肉體中。

確信星體投射的人將瀕死體驗與其他形式的靈魂出竅體驗串聯了起來。星體投射是指「星體自我」游離於體外的能力。在瀕死體驗中，星體自我（或說靈魂）自行從肉體脫離，並在其他空間中自由遊走。一些瀕死體驗的實例似乎提供了證據，證明人們確實以不同於現世之身的角度體驗了某些事件。一些失去意識和反應能力、已經死亡或已被宣告臨床死亡的人詳細描述了人們對他們急救的所作所為，以及出現在房間內的其他人。比如，據報一些患有永久性失明的瀕死體驗經歷者竟能辨認出醫生制服的顏色。

　　對於那些虔誠於猶太、基督教神學的人們來說，瀕死體驗證明了人具有靈魂，靈魂在人死後繼續存在，而天堂和地獄也是真實存在的地方。有些人認為，瀕死體驗是撒旦的傑作，他化作「天使之光」，試圖在當下發現人們的弱點。而撒旦到底為何要耍此詭計卻不為人知。

　　現代有很多人認為，瀕死體驗是與其他維度中更高等的智慧生命體之間的精神連接。這類生命體可能是進化後的人類，他們的靈魂已超越了「出生–死亡–轉世」的循環往復，這也讓我們得以一窺作為高等精神生命體的未來人類。有些時候，瀕死體驗甚至能如實地展現未來場景，就像先前提到過的能夠啟示未來的瀕死體驗一般。

○世界上非常有名的「瀕死體驗」案例

　　埃本・亞歷山大博士（Dr Eben Alexander），哈佛大學神經科學教授，是美國非常權威的腦神經外科手術醫師，一生致力於腦科學

研究。亞歷山大表示，儘管他是名基督徒，但卻從來沒有很深的宗教信仰，也不相信這個世界存在天堂。然而，2008年秋天的一次親身經歷卻改變了他的這個看法。

在2008年，埃本得了一種罕見的細菌性腦膜炎。在幾小時持續的劇烈頭痛後，亞歷山大醫生大腦中控制思想和情感的部分皮層停止運作。雖然他的生存機率很低，但在昏迷了七天之後，他奇蹟般的甦醒並逐漸痊癒。

正是這次昏迷，讓埃本經歷了不可思議的「天堂之旅」。從昏迷中甦醒後，亞歷山大原本不太願意將這段經歷與同事分享，而沉浸在自己的世界中；直到數年後他才公開宣稱，自己曾在昏迷期間到過天堂。亞歷山大據此經歷撰寫了《天堂的證據——一個神經外科醫生的天堂之旅》（Proof of Heaven，A Neurosurgeon journey into the Afterlife）一書。這本書於2012年10月底發行。

原本埃本作為一名腦科醫生，並不相信這種事，他認為那可能是大腦所產生的一種幻覺，或記憶錯覺。但讓埃本推翻了幻覺理論的原因是埃本得的是腦脊髓膜炎，在他昏迷期間大腦其實是腫脹且無法運作的，在這種狀態下，人根本不會做夢，不會回憶，不會產生幻覺，也不會有記憶。文章中寫道：「根據現有關於人類大腦與精神層面的知識，我無論如何也不可能在昏迷期間尚有知覺，別說是微弱、有限的意識，更不可能經歷我遇到的那種超級鮮明、完整連續的冒險生活。」

唯一合理的解釋就是，這趟「天堂之旅」是真實的存在，他的「靈魂」確實到達了目前人類意識無法前往之處。

他在書中寫到：「我現在仍是一名醫生，也和以前一樣是一名科學家，但從內心深處而論，我與過往已判若兩人；因為我得以一窺天堂的真實景色。」

在這篇文章中，埃本詳細描述了他所見到的天堂是什麼模樣。他說，剛開始他發現自己漂浮在雲端，然後便看到了「透明的發亮物體在天空穿過，留下了長長的、流光溢彩般的線條。那裡充滿大片又柔軟的粉紅色雲朵，好多蝴蝶在四周飛舞，還有『如天使般的生物』，跟所有他知道的動物都截然不同，那是更高等、更進化的生物，並有優美的樂聲從天而降，使人平靜喜樂。」

然後他看到自己身在一條遠處有亮光的黑暗隧道裡，當他靠近盡頭時，周圍就越來越明亮，他自己也隨之進入了這片亮光之中。他說有位陌生的年輕女性一直陪伴著他，他們甚至還通過某種超越語言的方式進行了交流，對方傳達給他的大概意思是：「你將永遠被愛護珍惜，沒什麼可擔心的，錯誤不會再發生。你身邊還有很多愛你的人，趕快回去吧！」

隨後，埃本又抵達一個「完全黑暗、無邊無際的巨大空間中。此處雖然黑暗，但仍讓人感到無比舒適」。隨後他便回到了現實世界的病床上，看到了家人陪在身旁。

讓埃本一直感到疑惑的是，在瀕死體驗的過程中所見到的這名女性是誰？埃本確定他根本不認識這個人，但在一年之後，埃本知道了這個女性的身分。

原來埃本其實是亞歷山大家的養子，他一出生就被亞歷山大醫生收養，從小埃本一直未曾見過自己的親生父母，但在埃本生病的前一

年，他跟親生父母取得了聯繫；埃本得知自己還有一個弟弟和一個妹妹，但妹妹已於11年前的一場交通事故去世了。

後來埃本的親生父母將全家福照片寄給埃本，埃本這才發現，當時在「天堂」跟他說話的女性正是他的親妹妹。

自此埃本的認知徹底改變，他相信自己所看到的「天堂」不是幻覺。埃本承認，很多人仍然拒絕接受他的故事，特別是他的醫界同僚。但他表示，自己會選擇出書，旨在消除人們的疑慮。「我仍舊是一名醫生，也相信科學；但在更深的層面上我與之前已大不相同，因為我瞥見了這個即將浮出的真實世界。」埃本說他覺得自己很幸福，這次瀕死體驗讓他見到了一個從未謀面的親人；也讓他知道，原來死亡也並不是生命的終點，生命本身的意義更值得關注，無須再害怕和恐懼死亡，既然死後還有另一個世界，現在的生活更應格外珍惜。

○中國瀕死體驗調查報告

人在瀕死之際會看見什麼？過去數十年來無數的西方科學家、醫學家都曾從事過相關研究，許多西方人都聲稱瀕死時會看見白光、隧道、上帝，甚至是《聖經》中記載的大洪水；那麼東方人呢？事實上，中國在這方面的研究絲毫不遜於西方，只不過相對之下東方文化對死亡比較忌諱，所以許多研究成果一直不見天日。瀕死體驗，顧名思義就是人因急病或重傷被判定死亡又奇蹟復生後，回憶自己「死亡」這段時間的感受。

由於瀕死體驗情況特殊，全世界研究此一課題的科學家都只能調

查單一的人員，中國卻握有對七〇年代所發生的自然災害中的100多位「死而復生」的倖存者進行了問卷調查，得出大量第一手資料，是全世界瀕死體驗研究領域最成功的一次，至今無人超越。

以下總結幾個地震倖存者中，比較具代表性的瀕死體驗案例：

・案例一：28歲的銀行職員小王

> 他說：「我當時正在熟睡中，只聽到一聲巨響，感覺天花板掉下來砸在我的胸口。儘管我試圖掙扎，可是怎麼也動不了，想喊，卻不管用了多大的勁兒都喊不出來。
>
> 這時在朦朧之中，我進入了另一個世界，只見眼前出現一個穿長袍馬褂的男人，他一瘸一拐的走到我面前，雖然離我很近，但相貌卻怎麼也看不清楚，面部一片模糊。他帶著我走進了一個深不可測的黑洞，我眼前一片漆黑，只覺得身體不由自主的跟他走，行至黑洞盡頭，我才發現眼前竟是一個金碧輝煌的地下宮殿。」

・案例二：12歲的農村孩童李某

> 李某現在已經是一個成年人了，他雖從11年前的那場災難中死而復生，但卻也高位截癱[1]，終生只能躺在床上。據他的回憶，當時12歲的他根本不懂什麼是地震，卻被落下的屋梁砸中了頸椎，他說：「我彷彿置身於醫院的太平間裡，看到許多死鬼和不認識的人，身體好似不屬於自己，下肢不翼而飛。接著好像

---

[1] 高位截癱，指頸椎以下的脊髓損傷造成全身癱瘓。

突然下墜到萬丈深淵裡，聽到一聲聲難以描述的聲音……」這時他的大腦開始不由自主的回憶起自己的一生。

- 案例三：一位不願透露身分姓名的小學女教師

  她當時被震落物砸中頭部，據她回憶，當時她遇見了自己已經去世的父母，而且聞到了一股很奇怪的味道，但又說不出是哪種味道。她是全世界瀕死體驗者中，罕見的唯一一個擁有嗅覺回憶的案例。

- 案例四：23歲的女工劉某

  她的瀕死體驗最具代表性，她說被砸傷之後一點害怕的感覺都沒有，反而覺得思路異常清晰，思維的速度也明顯加快。一些往事如幻燈片般，一幕幕在腦海中飛馳而過：她先是看到了童年時和玩伴嬉戲打鬧的畫面，接著看到自己戀愛時和丈夫在湖邊的甜蜜場景，之後又看到因自己工作表現出色，被評定為模範勞工，上司頒獎給她的場景，最後她還看到了許多想見的人。

- 案例五：56歲的大學女教師曹某

  曹老師是堅定的無神論者，從不相信鬼神，在瀕死體驗中她沒有看到什麼鬼神，但是仍快速的看到了自己一生中的一幕幕場景。這種臨死前大腦裡播放幻燈片回顧自己一生的情況，在全

世界瀕死體驗案例中，是最常見的現象，可以說絕不是巧合。

○新時期的調查：

・案例一：湖南的萬女士

　　萬女士是湘潭市某劇院的服裝管理員。作為一個不信鬼神的人，她卻說自己進入過陰間。一次萬女士因注射青黴素過敏而昏迷長達三天。就在家屬和醫生發生爭執時，萬女士在昏迷中漸漸有了意識，當她睜開眼睛，看到周圍都是雲和霧，而自己則是輕飄飄的漂浮在雲霧之中，非常舒適。這時她看見天上有一座橋，橋的前面突然出現一個拿著斧頭的人，表情非常兇狠。萬女士想要過橋，那個人死活不讓。

・案例二：四川的皮女士

　　皮女士是一位舞蹈演員，她曾有過連續五天高燒40度的經歷。當時的她生命垂危，處於半昏迷狀態。在這五天中，她看到了很多人物，也看到了很多動畫片在大腦裡閃過。後來，她突然感到自己在床上坐了起來，可是坐著的自己一回頭，發現自己的身體仍然躺在床上昏迷著。

　　她猛然間回頭，看見一個洞一樣的東西，瞬間感覺很美好、很舒適，之後聽見一個聲音說：「過來吧！過來吧！」這時她感到很猶豫，一邊是召喚她進去的黑洞，另一邊又看到父母在床邊照顧著自己，經過一番猶豫，她實在捨不得離開父母，於是

選擇留下，不久後她便從昏迷中醒來，發現自己正躺在病床上打點滴。

在瀕死體驗的眾人之中，雖然每個人的回憶不盡相同，但大致上不外乎是以下幾種體驗：

01.幻燈片似的人生回顧

02.隧道體驗，即看見發光的隧道

03.有舒適感

04.看見死去的親人

05.意識與軀體分離，有軀體陌生感，甚至能看見躺在病床上正在被搶救的自己

06.突然的下墜感、失重感、世界毀滅感

07.感覺同宇宙融為一體，時間停止，情感喪失等

有些人的瀕死體驗只有上述的一、兩種，有的人則是多種體驗交織出現。關於瀕死體驗的表現，東西方顯現出驚人的一致性，像是：幻燈片回顧一生、看見光和隧道、看見死去親人等狀況，都是全人類共有的體驗，不受限於民族、文化、國籍影響。

據科學角度推測，幻燈片現象是人類在瀕死的狀態下常常發生的狀況，由於大腦從未曾遇到過這樣的狀況，不知如何應對，於是快速檢索自己從前的記憶，因此才會出現幻燈片回顧自己一生的體驗；同時，人在生命垂危之際，若顯得驚慌、恐懼或垂死悲痛，都會迅速剝奪體內儲備的能量，加速死亡來臨，因此人在瀕死狀態下所出現的精神愉悅，很可能是一種人體的自我保護機制，為了減少能量的消耗。

這也是為什麼77%的受訪者都表示有愉悅的體驗，換句話說，可能一些沒有愉悅感的人都沒能復生，而過逝了。有過此一經歷的人，瀕死體驗對他們後來的人生往往有著積極的影響，讓他們更加愛惜生活。一個人瀕死體驗時所看到的東西，往往和他的人生經歷、學歷、文化層次以及宗教信仰等因素相關。

○愛，可以跨越生死

艾妮塔（Anita）是一個在新加坡出生、香港長大，並接受英式教育的印度裔女子，跨文化的特殊成長背景，使她精通英語、粵語和印度方言，曾在企業界服務多年。2002年時，她經醫生診斷罹患了淋巴癌，2006年2月2日，她因為器官衰竭而陷入昏迷，醫師搶救後即將宣告不治。

就在急救期間的某天晚上，她感到自己前往了一個無時間性的世界，感受到自己與宇宙萬物融為一體，被全然無條件的愛所包圍，毫無痛苦。那經驗深深影響了她的人生。在她的自由意志下，她選擇重返人世，當她的靈魂再度回到身體時，一睜開眼睛，她身上的末期癌症竟在三天內奇蹟似的不藥而癒。在瀕死的境界中，艾妮塔感受到純淨無條件的愛，並遇見過世的父親。那種難以言喻的愛，讓她對生命不再恐懼，也使她的絕症在短短幾天之中痊癒。

她從這個體驗領悟到寶貴的生命啟示，重返人世的艾妮塔向世人敘述了她所經歷到的死後世界，以及重生的她想分享給人們的三條重要生命資訊：

1.愛自己，無條件地愛自己

　　當你因為愛自己而感到心滿意足時，你將擁有更多能分享給其他人的一切資源，因為你無法給予他人你所沒有的東西。當你允許自己因愛惜自己而找到屬於自己的生命喜悅時，你將成為最慷慨有趣的朋友，因為你將不求他人任何回報。當你因愛自己而實現自我、展現自我的時候，你的付出將成為純淨、無條件的愛。當你更愛自己時，別人也會更愛你；你如何尊重自己，別人也會如何尊重你。你如何重視自己，別人也會如何重視你。你越是愛自己，就有更多的愛可付出，你也會發現會有更多的人愛你。當我們珍愛自己，便懂得停止嚴厲地評判自己，學會更善待自己；當你懂得善待自己時，更會懂得善待別人。只要懂得停止評判自己，你也會停止評判他人；那些苛求批評他人的人，其實內心對自己更是嚴苛挑剔。當你的內心越愛自己，你的外在也會表露出更多的愛。愛自己的最大變化就是──你會允許你做你自己。

2.無懼地生活，無懼地做自己

　　停止為「別人怎麼想你」感到害怕，逆來順受、取悅別人不是因為愛。之前我所做的每個選擇和決定都是出於恐懼，而非出於愛。恐懼其實會讓你裹足不前，只有愛才能讓你感到安全。努力做你自己，展現你最耀眼的光芒，你的人生目的就會在你眼前展開，放心過個無懼的生活。

3.生命是一種恩賜

　　生命裡的一切都是恩賜，甚至包括挫折；我們此生是來體驗生命的，甚至可以說，我們是來體驗挫折的。不管你正經歷什麼事，請將享受生命變成你的生活重心。

死亡並不代表生命的結束，
愛與意識仍在延續。

Chapter 2

第二篇

正念的生死觀

第1章：

圓滿的人生需要「正念四觀」

生死，是每個人都逃不開的話題。每個人都是一本書，出生是封面，死亡是封底。我們雖然無法改變封面和封底的樣貌，但書裡的故事，我們可以盡情自由書寫。而你我的生死觀，正如同一顆埋藏在心底的種子，決定著我們如何看待世界，如何理解人生，又如何定義人生的價值。

如果說人的一生猶如在大海行舟，那麼每個人便都是航船的掌舵者。若能早日瞭解生死，才能更好的掌舵前行。面對死亡，我們都要補課。

正念四觀是指有正念的生死觀、世界觀、人生觀和價值觀。一個人如果沒有正念的生死觀，他對這個大世界和自己的小世界都是迷茫的、沒有把握的。常言道：「不知生死，何以談人生。」

正念的生死觀是以正念（Mindfulness）為核心，對生命和生死的本質、意義及過程的覺知與接納。正念的生死觀強調以平和的心態面對生死，幫助人們在無常的現實中找到內心的安定和靈性成長。

在生與死的過渡中，只有一件事發生了改變：你失去了讓機體運轉的生化迴圈動力。瀕死的你和死後的你一樣，同樣由億萬個原子組成，唯一的區別在於，它們與周圍其他原子所構成的社會網路聯繫停擺了。

從這一刻起，原子開始相互疏遠，不再受制於保持人類形態的目標。曾經通過相互作用構成你身體的零件開始像毛衣一樣被拆開，所有線頭朝著不同的方向旋轉拆解。伴隨著你的最後一次呼吸，這些數以億萬計的原子開始融入你周圍的土地。當你的肉身開始分解時，你的原子將形成新的組織方式。

但你身上數以億萬計的原子並非偶然組合在一起，每一顆原子都攜帶著你的標誌，不管分散到哪裡，它們依然如是。因此，你並未消失，只是改變以另一種形式存在著。事實上甚為美妙的是，你重生的身體將以自己無法想像的方式跨越大江南北。

和你現在的生活一樣，你將永遠身處於變化之中。當生物開始分解，果實墜地腐爛之後，你又獲得了新的姿態，而失去原有的樣貌。在鳥群向熱帶遷徙的路途中，在越冬的駝鹿狂奔返家的路途上，你可能與愛人失散；他可能會化作一條小溪，悄悄潛入地下，哪天又在你不知道的地方冒了出來。

誘惑、痛苦、氣惱、猜疑、邪惡，還有自由選擇所帶來的恐懼，這些問題都曾出現在你的生活之中，現在也同樣會出現。每過幾千年，你所有的原子會從四面八方奔走而來，重新聚集，以人類的形態密密麻麻地重聚在一起；在鄉愁的作用下，重新組成如最初緊湊的群體。憑藉著這樣的一種形態，它們得以感受到一種久違的歡快與親密感。它們聚在一起尋找曾經擁有卻未曾珍視的東西。

○生死轉化間的恐懼與溫暖

面對「死亡」的話題，你是坦誠給出自己的答案，還是選擇迴避呢？

有一棟小房子裡住著一個老奶奶和四個小孩，年紀大了的老奶奶身患重病。有一天，死神悄悄來到這戶人家門前，準備進去釋放老奶奶的靈魂。死神怕嚇到孩子，於是將原本不離身的鐮刀留在門外，隻身走進房裡。死神一走進小屋，孩子們馬上知道死神到來的目的為何，他們感到緊張痛苦。四個孩子之中，只有最年幼的那個敢直視死神的臉。

因為這個孩子敢直視死神的臉，使得死神不再是恐怖的催命鬼，相反地，他善良且富同情心，雖然是執行死亡任務，他自己也表現得莫可奈何。孩子和死神圍坐在客廳，默不作聲，孩子們知道死神為何而來，更知道，時候快到了……為了不讓死神帶走奶奶，孩子們想出了一個計畫：孩子們以為死神只會在夜裡出沒，因此，他們一杯杯地給死神斟滿咖啡，希望儘快天亮。死神喝著孩子們的咖啡，內心十分糾結：對死神來說，他必須得執行自己的使命；另一方面，他能夠理解孩子們心中的痛苦，希望自己真的可以立即起身離去。最終，死神用手蓋住咖啡的杯口，示意時間到了，他要開始執行任務了。最小的孩子這時用小手握住死神的手，求他不要帶走奶奶，她詢問死神：「為什麼？為什麼奶奶必須要死？」

有人說，死神的心就像煤炭那樣漆黑冰冷，這不是真的。在墨黑色的罩袍之下，死神有著朝霞一樣紅通通溫暖的心，那顆心跳動著，

帶著對生命的愛。死神帶著慈愛和溫情，看著孩子，他決定給孩子們講一個故事，用故事來回答孩子們的問題，希望孩子們可以理解，為什麼死亡是自然必須的。

很久以前，有兩個兄弟，一個叫缺憾（Sorrow），一個叫悲傷（Grief）。他們生活在一個憂鬱的山谷裡，過著緩慢沉重的生活。兩兄弟從不向上看，漂浮在山頂的悲傷之雲擋住了他們的視線，使他們看不到外面的世界。

在悲傷之雲的上面，住著兩個小姐妹，一個叫開心（Joy），一個叫快樂（Delight）。兩姐妹過著明亮充滿陽光的日子。但她們在快樂之餘仍有一絲不安，感覺她們的生活裡好像缺了一些什麼，具體為何她們並不知道，但她們明白，正因為這個欠缺，使她們無法盡情的享受快樂。

當死神在講述這個故事時，孩子們不停的點頭，他們能猜到故事的結局：當兩個男孩遇見了兩個女孩，缺憾和開心，悲傷和快樂，他們彼此相愛，成為了夫妻。

死神繼續說著：生和死也是一樣，如果沒有死，生還有什麼意思？如果天從不下雨，誰還會享受陽光？如果沒有黑夜，誰還會在乎白天？死神最後站起來，慢慢走上樓。最小的男孩也想站起來擋住死神的去路，他哥哥卻把手輕輕放到他的肩膀上，阻止了他。不一會，孩子們聽到奶奶房間裡的窗戶打開了。房間裡傳出低沉帶哭腔的吟唱，那是死神的聲音：「靈魂，飛走吧！靈魂，飛到遙遠的地方去吧！」孩子們跑上樓，老奶奶已經死了……一陣難以忍受的悲傷和沉默之後，孩子們得到一股溫暖的平靜。自始到終，死神都陪在他們身旁。

房間裡的窗簾伴著清晨的微風輕輕抖動。死神看著孩子們，輕輕的說：「哭吧！讓心好好哭吧！但不要讓它破碎，讓你悲傷的眼淚幫助你們開始生命的另一段旅程。」

然後，死神消失了。

從那之後，每當孩子們打開窗子，他們都會想起奶奶，當微風拂過臉頰，他們都能感受到她輕輕的愛撫……

對成年人來說，年紀越大，我們對死亡的態度相對也會更坦然；但在人的最初階段，死亡通常代表著神秘和恐怖。所以，進行一定程度關於死亡的生命教育，樹立正確的生死觀，將影響一個人世界觀、人生觀、價值觀的建立，應善加解釋人們對死亡的各種疑問，引導人們樹立積極正面的生死觀；唯有如此，才能讓人們毫無陰影地正確對待生死，通過實現更有意義的事來提升生命的品質。

○直面生死，珍愛一切，積極陽光地生活

＊36歲，阿旭：出院後，全家都開始鍛鍊身體

29歲時，我進了ICU。當時醫生並沒有查出病因，一開始只以為是普通感冒，接著胃痛，然後慢慢嚴重，最後多重器官衰竭，連呼吸器都用上了，還出現急性腎衰竭，需要血液透析。一向自詡身體強壯的我，在ICU裡住了整整30天。

ICU裡床位之間用的是布簾隔間，病床周圍都是各種治療儀器，還有監控生命徵象的機器。耳邊除了醫生、護士的說話聲，就是機器

發出的滴滴滴的聲音，夜深人靜時特別明顯，那種無助感會鑽進你心裡。值夜班的護士會陪我們病患聊天，什麼都聊。還記得有個護士拿了個蘋果給我，說要保佑我平安。也只有病倒了才會感覺到家人對自己是真的好。那時候，父親每天晚上都睡在ICU病房門口，母親則為我能趕快好起來到處奔波。妻子本來是比較內向的人，卻為了瞭解我的病情，看到主治醫生時都積極主動打招呼，找話題聊天。經過那一「劫」，我真覺得自己就像重新活過一次似的，覺得生命中最重要的就是家庭和健康。

出院後，我的生活更加規律了，也更注意養生和鍛鍊。每天吃完晚飯都會出去走一個小時，養成每週至少鍛鍊2次的習慣。家人也和我一起保持健康的生活方式：父親每天早上都會去江濱公園跟師傅學武術；妻子也開始運動，而且減肥成功。原先擔任記者工作的我一周只休息一天，每天都很晚回家。生病前一個多月，是我忙得最凶的時候。那時白天採訪，晚上編輯圖片，基本上得忙到深夜12點多才能回家。出院休養了一段時間之後，我就把工作辭了。

現在我寧願把時間留給家人，每天盡可能都早早回家，每年都帶著家人出去旅遊。有時回想起來會覺得很不可思議，當初為什麼要那麼糟蹋身體？

＊20歲，阿雄：即使背著10斤重的電池，還想再去看世界

去年12月9日，我在武漢協和醫院裝了人工心臟，在ICU裡住了8天。

那8天裡，有個專屬的護士在床邊24小時守著我。那時的我雖然可以說話，但無法控制身體，即使想坐起來、翻個身，甚至只是蹬個腿，都得別人幫忙；餓了就對護士說：「我想吃飯」、「我想喝水」。說到喝水，我從沒對水這麼渴望過。剛做完手術那幾天，醫護們說我一點水都不能喝，嘴都乾到脫皮了，感覺自己像棵快乾枯的植物，只能偶爾用棉花棒沾水潤潤嘴唇。

手術之前，我特別喜歡喝水，尤其是冰水。但手術以後，我變得不愛喝水。因為喝水太多，對我的心臟有負擔。隔壁床一個也是在等心臟移植的病友，病情沒我嚴重，但就是因為一口氣喝了500毫升的礦泉水，突發心律失常，最終沒能被搶救回來。

當初在等心臟移植的過程中，我突發心室性心搏過速、心室顫動，醫生不得不緊急把我送進ICU。在ICU裡，醫生跟我說，10個球不可能10個都進，可能進了9個，只有1個沒進。他的意思是，即使我早期裝了ICD（植入式去顫器），但在近期心律失常頻頻發作的情況下，實在太危險了，一旦ICD有了閃失「打」不過來，人就沒救了。因此，在取得我的同意後，醫生們緊急為我安裝了人工心臟。心臟外科醫生一直鼓勵我，說手術後我將有更多時間等待心臟移植，或者身體也可能就此適應了這顆人工心臟，更理想的情況是，若心臟功能恢復，以後還能免於心臟移植。我也因此變得很有信心，我想，今後我「進球」的概率應該更高了吧。

之前，我總愛往外跑。現在出門前，我會先看天氣預報，確認沒下雨後再出門。我還想再去看看世界，即使得背著10多斤重的電池。我想我會很快適應的。

＊31歲，阿雲：感謝家人，還有很多陌生人的善意

　　3年前，剛過完年，我和岳父去雞場裡抓雞給懷孕的老婆吃。過了一個星期，我突然渾身軟綿綿，還吐了血，在家附近的醫院治不好，被轉送到肺科醫院。到醫院後，我被確診感染H7N9。當下被通知進ICU，再醒來就是20多天後了。17號床，是ICU裡被隔離出來的一個房間。我在那躺了兩個多月。一開始，連話也說不了。母親來看我，才說兩句，我眼淚就滴下來了。她說的第一句是：「在這裡要好好休息」，第二句是：「大家都在等你回家。」

　　當時，我哥還舉著手機讓我和家裡4歲的女兒視訊對話。女兒看我的眼神很陌生，因為我鼻子裡插著管，臉也腫了，她可能覺得像在看一個妖怪吧！老婆一直在旁邊讓女兒跟我打招呼。那時她已懷孕6個月了。還有些事，是後來我才知道的。我哥以他自己的名義向別人借了十幾萬給我治病。我爸，原本就有小中風，聽說我得了這麼嚴重的病，一下子受不了刺激，就這麼離去了。我連他最後一面也沒見著，出院時才知道這事。家裡人在外面替我遮風擋雨，很多事都瞞著我。這也成了我這輩子最遺憾的事。

　　現在，我身體依然不太好，走樓梯還是會喘，還常常過敏。所以只能在家裡帶孩子，由老婆出去工作。要說變化，我覺得以前自己個性太強，傷害了很多朋友，現在比較會顧及別人的情緒。有很多老友都說我變了，沒那麼愛計較，更好相處了。可能身體上的變化會影響心理吧！我現在就想家人和自己都身體健康；錢，慢慢賺就好。

○正念的生死觀：生死一體，死亡也是新生

　　我們每個人都會有必須為死亡作準備的時刻。當我們年紀老邁、罹患重病，或是處在重大危險之中時，我們不能只專注於如何「好轉」，除非「好轉」意味著邁向死亡之後的生命。今日的社會文化在很多方面都以死亡為負面導向，很難找到有益的資訊能使人為安然離世做準備。大多數人都假定，人類的唯一渴望是在世間長壽。然而，死亡就跟出生一樣，是進入新生命的開始。父母如何耐心細緻地為我們的出生作準備，我們就得以同樣的關切為自己預備身後事。

　　正念的生死觀，能為我們必朽的身體披上不朽，這讓我們由衷地渴望靈魂高維度的永恆生命，也激勵我們竭力為永恆做好準備。重要的是，我們要不斷培育我們內在的靈性生命，也就是那永恆的生命。

　　我們給家人或朋友的最好禮物，就是幫助他們安然瞑目。有的時候，他們已經準備好，但我們卻捨不得讓他們走。然而時候到了，我們仍得放手，讓我們所愛的人回到另一個世界，他們原本也是從那裡來的。我們必須平靜地坐在他們身邊說：「不要怕，我愛你。現在安心地走吧！我不再強留你了，自由地去吧！輕輕走，把我的愛也帶走。」這些發自心底的愛語是一份真正的禮物，它是愛所能給出的最美好的禮物。

　　死亡之後就沒什麼「以後」了。「以後」或「以前」這樣的字眼屬於我們必朽的、時空之下三維世界的生命。死亡讓我們脫離了時序的範疇，帶領我們進入高維世界的永恆。因此，對死後生命的種種猜測也僅僅是猜測而已。超越死亡之後，就沒有什麼「首先」與「末

後」，沒有「這裡」與「那裡」，也沒有「過去」、「現在」或「將來」了。高維世界是一切的一切。對那些不再生活在時間範疇裡的人而言，一切都是全新的開始。

我們這些仍活在時間之中的人，千萬不要以為新生是可以解釋或明瞭的事。高維世界的心思意念遠遠超乎我們的心思意念，我們只需要以正念之心對待。關於高維世界，有一點我們是清楚無疑的：高維世界是活人的高維世界，不是死人的高維世界。高維世界是生命，是愛，是美，是善，是真理。

所以，我們無需懼怕死亡。彼岸並沒有嚴酷、殘忍或仇敵在等著摧毀我們，只有愛與永恆在熱切地迎接我們回家。

在正念的生死觀基礎上，構建正念的三觀

正念的生死觀是以當下覺知的態度面對生命的無常，接受生死如潮起潮落，自然流轉，它強調超越恐懼和執著，安住於當下，活出每一刻的深度與意義。

正念的三觀包括世界觀、人生觀和價值觀，它們是人們對於世界、人生和價值的根本看法和態度。

世界觀是人們對整個世界的看法和根本觀點。它涉及到精神與物質、思維與存在的關係，不同的世界觀會對人們的思考和行為產生深遠影響。**人們對整個世界總的、根本的看法，它涉及對事物判斷的反應，受人們社會地位和觀察問題角度的影響，形成各種不同的世界觀。簡單的說，你走過的路，讀過的書，你見過的人，就是你的世界**

觀。不登高山，不知天之高也，不臨深溪，不知地之厚也。一個人的世界觀是由他的所見所聞決定的。例如，你今天結交了一個有智慧的朋友，讀了一本讓你耳目一新的書，或掌握了一個規律，這些都在豐富和拓展你的世界觀。

價值觀是在認識各種事物的基礎上形成的價值看法。個人的價值觀具有一定的穩定性，但在社會群體中，新的價值觀可能會受到傳統價值觀的挑戰。**簡單的說，你認為怎麼做是對的，君子喻於義，小人喻於利。**因為同一件事，可能不同的人看法是不一樣的。例如，有的人認為情義是最重要的，有的人認為健康才是最重要的，有的人覺得財富才是最重要的，有的人認為人命一出生就已經確定了，怎麼努力都沒有用，也有的人認同知識可以改變命運，「我命由我不由天」，這就是價值觀。

人生觀是對人生的看法，包括人類生存的目的和意義。**你的生死觀、世界觀和價值觀共同決定了你的人生觀，同時受到社會關係的影響，每個人的人生觀都有其獨特性。**生死觀有多通透，世界觀有多宏大，價值觀有多堅挺，人生觀就有多遼闊。人生觀就是你讀了那麼多的書，走了那麼多的路，受了那麼多的苦和磨難，然後回到自我身上去思考，我的夢想是什麼，我要成為怎樣的人？

世界觀是填空題，價值觀是判斷題，人生觀是選擇題，生死觀是解答題；世界觀決定看問題的高度，價值觀決定看問題的角度，人生觀決定看問題的態度，生死觀決定看問題的深度。角度用一雙眼睛

看，高度用一顆心去看，深度用靈魂感知，而態度最終決定人生的廣度和厚度。

正念的三觀應具備的品質：正念的價值觀通常包括尊重生命、追求公平正義、誠實守信、善良友愛、勤奮努力和勇於創新等品質和行為準則。這些品質和行為準則能夠幫助人們在生活中做出正念的判斷和選擇，促進個人和社會的和諧發展。

三觀不一致的影響及解決方法：三觀不一致可能會導致溝通障礙和矛盾。例如，在婚姻中，三觀不合的人可能會因為對生活、教育和消費等方面的看法不同而產生分歧。解決三觀不一致的問題需要回到愛裡，唯有在愛裡，才有正確的答案。認知到「**我是一切問題的根源，愛是一切問題的答案**」。需要雙方在愛裡坦誠相待、包容和理解，尋找共同的話題和興趣，以減少分歧，增進彼此的理解和包容。

三觀是辯證統一、相互作用的，崇高的真善美是三觀的追求目標。一個人的三觀是否正念，將直接影響他的行為和人生道路。因此，樹立正念的三觀對於個人的成長和發展至關重要。

○正念四觀的修行與躍遷

通過持續的學習和自我提升，可以逐步在正念生死觀的基礎上，樹立正念的三觀，為個人的成長和社會的進步貢獻力量。

明確人生目的：珍惜生命，追求自我實現，積極面對困難，將挑戰視為成長機會。開放思維與科學態度：保持開放思維，接納不同觀

點，以客觀、理性和證據為基礎認識世界。道德準則與公平正義：尊重他人，誠實守信，勇於承擔責任，強調公平和正義。

＊修行心力創造力的方法：

1. 修行感知力

   強調修感知，感知能力是天生的，但可以通過修行提升。強大的感知能力能幫助人體會到身體的優異，從而延長壽命，提升生命體驗。修感知需要具備以下幾點：

   ①具備一定的感知能力：能察覺到一定的萬物發展規律。

   ②強烈的好奇心與分析能力：能夠快速突破事物的表像看到本質。

   ③知識感知能力：不會被過度的知識所包裹形成壁壘。

   ④遠離感知不高的人：以免受到侵害。

2. 修行領悟力

   重視領悟，領悟力能使頭腦靈活，世間以緣聚開始，以緣散結束。

   ①頓悟與漸悟：頓悟者先天一念一心，漸悟者需要刻苦修行，逐步體察變化之理。

   ②找本心再求解答：不論是情感還是資源，先找到自身的鏡臺，再使其長亮。

3、心性修養

注重心性修養，修心性是提升創造力的關鍵。積極入世，側重個人修身和人際關係處理。保持中正平和，不偏離目標和主張，持之以恆。

三觀修行有三個維度：注重內心修養，積極樂觀，都是為了達到內心的圓滿和提升。

①拿得起：追求入世，講究做事，要求奮發進取、勇於擔當、意志堅定。其最高境界體現在立志、努力與堅持上，通過不斷積累，最終實現事業的成功。鼓勵人們積極面對生活，勇於追求理想和目標。

②放得下：追求心靈的出世，講究寧靜安祥，其最高境界是放下自我和慾望，超脫對外物的追逐，達到內心的無我境界。

③想得通：追求超世與超越生死，講究自然，其最高境界是想得開，順應自然規律，不違背自然，達到天人合一的境界。

世界觀是填空題，是加法，是看問題的高度，是一個人的能力、格局與精神；價值觀是是判斷題，是減法，是看問題角度，是一個人的環境、思想與信念；人生觀是選擇題，是乘除加減法，是看問題的態度，是一個人的行為、境界與身份。你的世界觀有多宏大，三觀有多正確，人生觀就有多遼闊！

第 2 章：
死亡不代表結束，愛與意識仍在延續

　　死亡，是一個永恆的人生話題，在生命呱呱落地那一刻起便注定了它的必然。死亡作為生命的終結，有的人能從容面對，坦然離去；有的人則驚恐掙扎，遺恨而逝。現下，世人死亡教育的缺失導致了大部分世人談「死」色變，不管是死後入地獄，飽受折磨，還是人死如燈滅，一了百了，我們的教育對死亡的描述幾乎是毀滅，黑暗，痛苦和恐怖！

　　對死亡一無所知的人們，沒有餘地，戛然而止的死亡代表著一種永生永世的訣別，我們難以接受又無法抗拒，只能用痛不欲生來應對。

　　小宇對死亡最銘心刻骨的體驗來自與父親的永別，淚水滂沱地將他的骨灰裝缸的那一刻，小宇才真正的意識到三天前還能和自己聊天的父親死了。平生以來，小宇第一次意識到生與死有時離得很近，近到轉眼一瞬間，它會帶走這世上所有的人，無人倖免！小宇深切感受到正視死亡才是最好的珍愛生命。

○正視死亡才是最好的珍愛生命

未知生，焉知死？同樣，未知死，焉知生？

人們覺得死亡是一件遙遠的事情，於是他們生時埋頭生活，用力打拼，愛恨情仇，功名利祿哪一件不勞心勞神？哪天突然有一日，猝不及防地要面對死亡，除了驚慌失措，便只剩下魂不守舍地恐懼，最終在親友的哭天喊地中帶著無盡的遺憾離開，小宇父親離去十年後，他依然記得父親在去世前幾個小時還艱難地開口，懇求醫生為他腫脹的腳開些消腫的藥，每每想起這一幕，小宇都萬分心酸，死生由命，小宇心疼的是他死得如此不甘，如此狼狽！這般死亡，只能是生命的遺憾吧！

那麼，什麼樣的死亡對生命來說是圓滿的呢？

因為人們對於死亡一無所知，沒有正念的生死觀，使得輕生者屢見不鮮。除了少數特殊情形，輕生，它非但不是生命的圓滿，而是一種生命的罪惡。所謂圓滿，應是有始有終，而自行了斷，有何圓滿可言？它是懦夫和自私者的表現。遺憾於「輕生死」文化對民眾的毒害，一個輕視生命的民族是難以走向光明的，這世上所有的信仰都應該是讓人好好地活著，珍愛生命！

○在愛的記憶消失前，請記住我

電影《尋夢環遊記》講述了夢想成為音樂家的墨西哥小男孩米格

在「亡靈節」偶然意外進入了神秘而溫馨的亡靈世界，他與落魄樂手海克特在這個五彩斑斕的神秘世界開啟了一段奇妙非凡的冒險旅程。影片用溫暖的筆觸打破了常規，解讀了死亡的意義，道出了親情的可貴，為我們展現了一個有情有愛的溫馨亡靈空間。死亡成了人生另一個階段的開始。

因為我愛你，所以你不會離開這個世界！墨西哥式浪漫主義的「生死觀」將影片渲染得有聲有色，真摯感人，正如影片所演繹的那樣，墨西哥人祭奠亡靈時載歌載舞，死去的親人在亡靈節那天如回鄉探親一般和在世的親人一起歡度節日。在他們的生死觀中，死亡並不意味著結束。這是自然而然的事情，每個人都會經歷。死亡只是一個新的開始，一切都會死後「重生」，因為愛在延續，死亡成了生命的一種圓滿。

愛能超越生死，我們永遠在一起！墨西哥人對待死亡的灑脫、樂觀讓人欣賞和震撼，我們的成長環境以及所接受的教育或許還無法如此超脫，而我們，同樣感恩，在我們最痛苦無助的時候，愛在我們內心注入了強大的力量。六道輪迴讓我們平靜地接受與親人的分離，有的朋友會問，就這麼相信這些，如果到了那天發現事實並非如此呢？從心理學的角度看，這就是信仰的作用，它可以承接住人們對未知事物的不安全感和焦慮恐懼，從而讓信仰者能平靜地融入當下的時間和空間中，有勇氣接受生命的各種體驗，而非陷入對未來的恐懼中。世界上的人們，儘管人人信仰不同，他之信仰或是你之謬論，但是你得承認，他們也可以活得如你一樣安心平和，因為死亡不是終點，愛與意識將永遠延續。

既然出生和死亡是我們所無法控制的，我們所能做到的便是走好中間的那段路！是的，生命有長有短，生活有苦有樂，而勇敢樂觀地活著，讓死亡成為生命的圓滿，這才是一件最美好的事情。

◦從容不迫地離世：縱然不圓滿，也不會有太多遺憾

著名作家在臉書上寫下文章，預約自己的美好告別。全文內容如下：

我們知道《病人自主權利法》已經立法通過，而且要在2019年1月6日開始實施了！換言之，以後病人可以自己決定如何死亡，不用再讓醫生和家屬來決定了。對我們來說，這真是一件太好的事。

直面死亡，是一種進步。對於沒有希望的病患，總是邁出了一大步！太好的喜訊！雖然我更希望可以立法「安樂死」，不過，「尊嚴死」聊勝於無。

現在，我要在網路公開我的叮嚀。雖然很多人完全瞭解我的心願，同意我的看法，會全部遵照我的願望去做。我卻生怕到了時候，你們對我的愛，將成為我「自然死亡」的最大阻力。承諾容易實行難！萬一到時候，你們後悔了，不捨得我離開，聯合醫生來凌遲我，怎麼辦？我想，你們深深明白我多麼害怕有那麼一天！現在我公開了我的「權利」，所有看到這封信的人都是見證，你們不論多麼不捨，不論面對什麼壓力，都不能勉強留住我的軀殼，讓我變成「求生不得，求死不能」的臥床老人！

今天的《中國時報》有篇社論，談到高齡化社會的問題，讀來觸目驚心。它提到人類老化經過「健康→亞健康→失能」三個階段，事實上，失能後的老人，就是生命最後的階段。根據資料顯示，失能者平均臥床時間，長達七年，歐陸國家則只有兩周至一個月，這個數字差別更加震撼了我！面對失智或失能的父母，往往插上維生管，送到長照中心，認為這才是盡孝。長照中心人滿為患，照顧不足，去年樂活老人長照中心失火，造成6死28傷慘劇，推廣長照政策，不如貫徹「尊嚴死」或立法「安樂死」的政策，才更加人道！因為沒有一個臥床老人，會願意被囚禁在還會痛楚、還會折磨自己的軀殼裡，慢慢的等待死亡來解救他！可是，他們已經不能言語，不能表達任何自我的意願了！

我已經79歲，明年就80歲了！這漫長的人生，我沒有因為戰亂、貧窮、意外、天災人禍、病痛……種種原因而先走一步。活到這個年紀，已經是上蒼給我的恩寵。所以，從此以後，我會笑看死亡。我的叮囑如下：

不論我生了什麼重病，不動大手術，讓我死得快最重要！在我能作主時讓我作主，萬一我不能作主時，照我的叮囑去做！我絕對不能插「鼻胃管」。因為如果我失去吞嚥的能力，等於也失去吃的快樂，我不要那樣活著！不論什麼情況，不能在我身上插入各種維生的管子。尿管、呼吸管、各種我不知道名字的管子都不行！我已經註記過，最後的「急救措施」，氣切、電擊、葉克膜……這些，全部不要！幫助我沒有痛苦的死去，比千方百計讓我痛苦的活著，意義重大！千萬不要被「生死」的述思給困惑住！我曾說過：「生時願如火花，燃燒到生命最後一刻。死時願如雪花，飄然落地，化為塵土！」

我寫這封信,是抱著正面思考來寫的。我會努力的保護自己,好好活著,像火花般燃燒,儘管火花會隨著年邁越來越微小,我依舊會燃燒到熄滅時為止。至於死時願如雪花的願望,恐怕需要你們的幫助才能實現,雪花從天空落地,是很短暫的,不會飄上好幾年!讓我達成我的願望吧!人生最無奈的事,是不能選擇生,也不能選擇死!好多習俗和牢不可破的生死觀念鎖住了我們,時代在不停的進步,是開始改變觀念的時候了!

○何必為「誕生」而歡喜,卻為「死亡」而悲傷

生是偶然,死是必然。談到「生死」,我要告訴你們,生命中,什麼意外變化曲折都有,只有「死亡」這項,是每個人都必須面對的,也是必然會來到的。倒是「生命」的來到人間,都是「偶然」的。想想看,不論是誰,如果你們的父母不相遇,或者不在特定的某一天某一時某一刻相愛,這個人間唯一的你,就不會誕生;別論在你還沒成形前,是幾億個王子在衝刺著追求一個公主,任何一個淘汰者如果擊敗了對手,那個你也不是今日的你!所以,我常常說:「生是偶然」,不止一個偶然,是太多太多的偶然造成的。死亡卻是當你出生時,就已經註定的事!那麼,為何我們要為「誕生」而歡喜,卻為「死亡」而悲傷呢?我們能不能用正能量的方式,來面對死亡呢?

當然,如果橫死、夭折、天災、意外、戰爭、疾病……這些因素,讓人們活不到天年,那確實是悲劇。這些悲劇,是應該極力避免的,不能避免,才是生者和死者最大的不幸!如果活到老年,走向死

亡是「當然」，只是，老死的過程往往漫長而痛苦，親人「能救就要救」的觀念，也是延長生命痛苦的主要原因！用正能量的方式，來對待我必須會來臨的死亡。時候到了，不用悲傷，為我歡喜吧！我總算走完了這趟辛苦的旅程！擺脫了我臨終前可能有的病痛！

「活著」的起碼條件，是要有喜怒哀樂的情緒，會愛懂愛、會笑會哭、有思想有感情，能走能動……到了這些都失去的時候，人就只有軀殼！我最怕的不是死亡，而是失智和失能。萬一我失智失能了，幫我「尊嚴死」也是一種選擇！我們一起「珍惜生命，尊重死亡」吧！

○著名作家的遺言：珍惜生命，尊重死亡

不要哭，不要傷心，不要為我難過。我已經「翩然」的去了！

「翩然」是我最喜歡的兩個字，代表的是「自主、自在、自由」的「飛翔」，優美而「輕盈」，我擺脫了逐漸讓我痛苦的軀殼，「翩然」的化為雪花飛去了！

這是我的願望，「死亡」是每個人必經之路，也是最後一件「大事」。我不想聽天由命，不想慢慢枯萎凋零，我想為這最後的大事「作主」。

上蒼對於生命的過程，設計得不是很好。當人老了，都要經過一段很痛苦的「衰弱、退化、生病、出入醫院、治療、不治」的時間，這段時間，可長可短，對於必將老死的人，是多大的折磨！萬一不

幸，還可能成為依賴「插管維生」的「臥床老人」！我曾經目睹那種慘狀。我不要那樣的「死亡」。

我是「火花」，我已盡力燃燒過。如今，當火焰將熄之前，我選擇這種方式，翩然歸去。我要說的話，都錄在我《當雪花飄落》的視頻裡了。希望我的朋友們，多看幾次視頻，瞭解我想表達的一切。

朋友們，不要為我的「死亡」悲哀，為我笑吧！生命的美好，就在於「能愛，能恨，能笑，能哭、能歌、能說、能跑、能動、能紅塵作伴、活得瀟瀟灑灑，能嫉惡如仇，活得轟轟烈烈……」這些，我都在有生之年，擁有過了！我「活過」了，不曾辜負此生！

我最放不下的，就是家人和你們。「愛」緊緊的繫著我心，你們都是我最最不捨的。為了讓我的靈魂，也能「翩然」，大家為我笑、為我高歌、為我飛舞吧！我在天之靈，會與你們「共舞」的！

別了！我摯愛的你們！慶幸此生，曾經和你們相遇相知。

注意，我「死亡」的方式，是在我生命的終站實行的！年輕的你們，千萬不要輕易放棄生命，一時的挫折打擊，可能是美好生命中的「磨練」，希望你們經得起磨練，像我一樣，活到八十六、七歲，體力不支時，再來選擇如何面對死亡。但願那時，人類已經找到很人道的方式，來說明「老人」們，快樂的「歸去」！

親愛的你們，要勇敢，要活出強大的「自我」，不要辜負來世間一趟！這世間，雖然不是十全十美，也有各種意外的喜怒哀樂！別錯過那些屬於你的精彩！

千言萬語說不盡，最後，祝福大家健康快樂，活得瀟瀟灑灑！

《當雪花飄落》

當雪花開始紛紛飄落
我心裡輕輕的唱著歌
終於等到了這一天
生命裡的雪季沒錯過
這趟旅程走來辛苦顛簸
且喜也有各種精彩唱和
經過了山路的崎嶇不平
挨過了水路的駭浪風波
留下了……留下了……
我那些字字句句的著作
是我今生為愛燃燒的熱火
誰在雪地插了鮮花一朵
陽光映著玫瑰如此鮮活
正像我心中的雪與火

無論是好是壞是對是錯
那個我……那個我……
始終追尋著日出與日落
相信人間有愛初心如昨
這是我最後的選擇
時間已到　生命不會更好
不拖累所愛也超越病魔
我心翩然自如奔放快樂
當此刻……當此刻……
有如雪花與火花同時綻放
我將飛向可以起舞的星河

○親人離世時，我們應該怎麼做？

接受失去是我們的生命迴圈中的一部分基礎。有出生就有死亡，有生長就有衰退。這是自然法則。

我們往往會忘記符合自然法則的軀體是終有一死的。我們所能看到的周遭每一樣事物，在未來的某一天終將會衰亡、結束。這包括所有的植物、動物、人類、建築、城市、地球、太陽，甚至是銀河系。自然界中的每件事物都是暫時的。當人們理解並接納這個事實，我們就會開始尋找其他內在安全的幸福源泉。

面對死亡，我們得問：「什麼是死亡？」能量的本質是什麼？力量、意識在身體內時，是如何引起思考、說話、動作、愛、感覺和創造的呢？既然身體消失了，大量的細胞也就很快分解了。

什麼是生命？生命的目的是什麼？親人的離世促使我們之中的大多數人開始探究這些問題。死亡使我們對於生命的本質和目的認識得更加深刻。

重新檢驗一下我們的生活價值和目標，與死亡的聯繫讓我們認清一個事實：我們總有一天也會死。

這就產生了大量的問題：我們已經實現了此生的生命目標嗎？為什麼我們要擁有這樣一副軀體呢？我們的生命是更偉大進程中的一部分嗎？如果是這樣，它們又能從我們身上得到什麼呢？在那樣的目標下我們如何生活在和諧之中呢？

回答這些問題或許會促使我們改變我們的生活方式，生活地更加

有意義，提高我們的人格，使我們的愛更純潔，或者更進一步探尋生活的真理。我們也許也會發現，當我們重視他人和他人的需要時，生活就變得更有價值了。

○哀傷輔導可以有效地幫助你處理悲傷

心理諮詢師指出，失去親人的人可能會經歷「哀傷輔導」這樣一個過程。因為這個過程並不是只在你一個人身上發生過，也不是只有透過時間才能治癒。「哀傷輔導」意味著你必須處理一些非常困難的情感問題，唯有解決這些問題的家庭成員最終才能從巨大的痛苦中恢復過來。悲傷雖然無孔不入，但你只有經歷了這個過程，才能走出來。

赫赫有名的心理諮詢師——威廉・沃登曾經解釋過悲傷這個問題。接下來我們來討論這個問題。想走出悲傷，也許得花上好幾個月，甚至是好幾年的時間。

・接受失去親人的現實

當親人過世，人們通常感覺這不是真的，會覺得他還活著。所以，第一個任務就是清楚地認識到這個人確實已經不在人世了，想和這個人重聚，最起碼在這輩子是不可能了。失親者可能會告訴你，他們會聽到、看到、聞到、摸到逝者。這些感覺到底是不是真實的呢？這是一個信念的問題。如果失親者告訴我們這些狀況，我們必須明

白,這些現象都是正常的,不代表失親者因為過度悲傷而導致他們腦子不正常。

・經歷悲傷的痛苦

悲傷諮詢師的目標之一就是向諮詢者說明他們會順利度過這段艱困的時期,這樣巨大的痛苦並不會延續一輩子。那些允許自己感受、經歷痛苦的人往往發現痛苦出現的頻率在逐漸減少。有些事能阻止痛苦蔓延。朋友、親戚、同事或許會有意無意地告訴你:「振作精神,繼續撐下去」,好像什麼事情都沒有發生過一樣。或者,有時候失親者會打斷自己的感覺並拒絕痛苦出現。失親者得學習允許自己能有一段時間宣洩自己失去親人傷心或憤怒的情緒。很多人發現這些感情時常出現在他們的日常事務中,比如去雜貨店買東西、開車上班的時候。儘管瞭解這些經歷非常痛苦,但這是走出傷痛的正常程序中無可避免的一部分。

・適應親人已經不在的環境

親人在失親者的心裡和家庭裡有著獨特的位置。他們永遠都不會被取代。但是失親者最終還是會適應沒有他的日子。這個過程或許能幫助失親者發現和其他仍健在的家人或朋友新的相處方式。

・把感情從逝去的親人那轉移到其他關係上

很多人對這個問題產生了誤解,甚至以為這是把親人忘記的表

現。他們認為這是對死者的不敬。其實這個問題只是前三個問題的延續。與其他人建立關係，並不意味著你不再關心原有的關係對象或不再懷念他們。

隨著時間的推移，當失親者完成了這些任務，便能夠在記住親人的同時，不再感到失去的痛苦。

○「喪親」是逝者生命的結束，不是愛的分離

「死亡教育」是一個關於完整生命的課程，涉及一個人如何認識死亡、如何面對死亡，如何看待親人的離世和克服「喪親之痛」。

一項調查顯示，在對111位喪親人士的調查中發現，逾七成的人須面對失眠、健康變差等問題，82%的人於親人去世後常感到孤獨寂寞，三分之一的人更透露曾有自殺念頭。電影《觀音山》裡，常月琴在兒子車禍離世後，陷入巨大的悲痛中無法自拔，終日在不見天日的車庫裡，守著兒子車禍中駕駛的那輛殘破的車，以淚洗面，甚至割腕自殺。她的痛苦，是人在經歷了失去至親後的悲傷反應。親情是一根看不見的線，它連著不能割捨的血緣。如果有一天這根線斷了，這世界上與自己有最深厚血肉心理連結的人，將再也無法在形體上與我們接觸，使我們的心理和生理都會受到嚴重創傷。

○人的一生，得死去三次

　　人的一生，得死去三次。第一次，當你的心跳停止，呼吸消逝，你在生物學上被宣告了死亡；第二次，當你下葬，人們穿著黑衣出席你的葬禮，他們宣告，你在這個社會上不復存在，你從人際關係網裡消逝，悄然離去；而第三次死亡，是這個世界上最後一個記得你的人，把你忘記。這樣，你才算是真正地死了。

　　丹麥繪本《爺爺變成了幽靈》也給人一種直面死亡的溫情：故事的主人公叫艾斯本。他最喜歡的爺爺因為心臟病突發，去世了。小艾斯本傷心極了，每天看著爺爺的照片掉眼淚。媽媽告訴他：「爺爺變成了天使」，爸爸告訴他：「爺爺化作了泥土」。可是，哪一個說法，小艾斯本都不願意相信，他固執地堅信，最愛他的爺爺一直沒有離開。直到有一天，爺爺變成幽靈回來了。爺爺知道自己不應該出現在這裡，他一定是忘記了一些什麼。小艾斯本不想讓爺爺不開心，便陪著爺爺一起尋找他忘記的東西，爺爺努力回憶一生經歷的那些幸福點滴。終於，有一天，爺爺想到了自己忘記了什麼，他告訴小艾斯本，忘記的這件事，原來跟他有關，爺爺說：「我忘記對你說再見了，我的小艾斯本！」爺爺和艾斯本都哭了。認真告別之後，爺爺終於開心地離開了。

　　墨西哥著名作家、諾貝爾文學獎獲得者奧克塔維奧·帕斯曾說：「只有死亡才能顯示出生命的最高意義；是生的反面，也是生的補充。」死亡只對活著的人有意義。每個人都不是孤島，與自己愛的人，和愛自己的人互相銘記關心，賦予人生溫度，才是生命的意義。

賈伯斯認為死亡是生命最好的發明。2005年，在史丹佛大學的畢業典禮上，蘋果創辦人賈伯斯發表了他人生中最重要的一次演講，當時他已經確診罹患癌症，賈伯斯也在演講中坦誠地談到了「死亡」。《賈伯斯傳》如此記錄了此次演講的內容：「沒有人願意死，即使想上天堂，人們也不會為了去那裡而死。但是死亡是我們每個人共同的終點，沒有人能逃脫它。事情本該如此，因為死亡就是生命最好的一個發明。它促動生命的變革，推陳出新。」美國著名心理學家歐文‧亞隆說過，「沒有充分活過的人最怕死」。向死而生，普及「死亡教育」或許可以讓世人活得更坦然。

○積極地處理失去親人這件事

下面這個清單在說明我們處理親人的離世非常有幫助。如果你覺得它們有用，請用大大的字型大小把它們寫下來，放在你可以經常看到的地方。隨時改變它們以便更好地適應你的需要。你可以把這些話錄成一盒磁帶，在你即將休息或者是睡前播放，和別人分享這些想法。

①我擁有永恆的靈魂，我有能力將生活過地更充實、有意義。一切都操之在我，我覺得安全、受到了保護和寧靜。

②我愛的人擁有永恆的、不朽的靈魂，他們在另一個更美的世界繼續生活著。

③因為我愛的人和他們的本性更接近，我希望他們能幸福，也希望我能給我自己以及周遭的人帶來幸福。每件事的發生都

都能在精神上幫助我們成長。因為一些原因，我愛的人可能會先去另一個地方生活，而留我獨自在沒有他們陪伴的地方過日子，這或許是最好的安排。地球上的每個人都會失去親人。這是物質存在的自然定律。

④親人的靈魂從他的軀體中解放出來，精神永存。經歷親人離世，是我們人生成長重要的一堂課程，幫助我們培養內心的力量、寧靜、安全感和自我認同。

⑤我接受上天的輪迴，我放下了因為其他人而在我身上產生的重擔。我愛的人也希望我幸福，積極地、快樂地生活下去。我是一個神聖且純潔的人，我應該得到無條件的愛。我是被認可的、可愛的、有趣的，因為我就是我。

⑥失去愛人也不用羞愧或者內疚，相反，這是一次精神和內心昇華的機會。沒有人應該為另一個人的死負責。每個靈魂都會選擇自己離開的時間和地點。即使現在，我也可以通過內心的交流和祈禱調整我和親人之間的關係。我會跟兄弟姊妹打開心扉交談，畢竟他們依然會和我一起生活。離世的親人也會希望我這麼做。

⑦我會跟別人分享我的喜怒哀樂。我發現生命的意義在於不斷的發展、服務和創造。生命是一份神聖的禮物，我的責任是有生之年幫助我以及他人。親人的精神會在我們的行為和思想中延續。我們會按照親人的想法，繼續在這個世界中對其他人表達愛和關懷。

如何幫助一位失去至親的朋友

你可曾遇過認識的某人正經歷悲傷？或許是失去親人，或許是失去其他事物。想伸出援手的你，擔心會弄巧成拙，使狀況變得更糟，故遲遲不敢動作；卻又怕自己被誤會為漠不關心……

記住，不論做什麼，總比什麼都不做強，即使你覺得自己做的還不夠。不要試圖壓抑對方的悲傷情感，眼淚和憤怒是邁向痊癒過程中重要的一部分。悲傷不代表軟弱，這只是一段親密關係的結束，而這段關係能賦予生者強烈的榮耀感。

安慰悲傷的人最重要的就是傾聽。從沉浸的悲傷中痊癒是個非常複雜的過程，對當事人來說，沉浸在悲傷裡可能使人喪失表達的邏輯能力。你需要耐心的陪伴並細心傾聽，以問句「告訴我你的感受」來引導對方抒發情緒，對當事人會有幫助。最佳的關懷就是耐心傾聽。你的支持，能讓朋友的悲傷更快治癒。

當事人也許能用自己的方式療癒自己，但仍渴望溫暖的援手，確保他們在過程中不會感到孤獨。你能否完全理解當事人哀傷並不重要，只要你在他們身邊就夠了。一趟拜訪不用花很多時間，就算當事人選擇獨自療傷，他們也會感謝你的關懷。釋出你的善意，不論是幫忙接個電話、做一餐飯、給草坪割草、看顧一下孩子、去雜貨店買些東西……總能幫到對方——最小的善行勝過最大的善意。

作為一個朋友或家人，在不知道說什麼才好的時候，做一個傾聽者就好；沉浸在悲傷的人需要大量地談及死去的親人，因為當他們談的越多，就越能認清現實。不要預設立場，治療傷痛沒有固定的時間

表，沒人喜歡聽到：「你不該再繼續傷心下去了。」即使人們在失去親人後很快地重返工作崗位，但要完全接受親人的逝世終究是一個長期的過程。無須避諱談論逝者，別因擔心對方難過故避而不談，因為他們絕大多數時間本就沉浸在懷念逝者的情緒中，你的話能讓他們了解逝者對你也同樣重要，並且你也緬懷他們。

與沉浸在悲傷的友人保持聯絡，他們可能無力維持原有的生活日常，主動打電話問候他們，或者前往探望、邀他們吃頓飯。避免陳腔濫調，真誠的表達關懷，如果不知道說什麼才好，也可以寄張卡片，讓對方感受到你的溫暖。

如何幫助失去親人的孩子

任何曾與你認識一段時間，建立了良好互動關係的人在逝去之後，總令人感到悲傷；這樣的傷痛對生活圈單純的孩子來說，影響更是明顯。不過孩子表達自己的哀傷的方式可能與大人不同，反而常顯現出如「喜怒無常」、「脾氣暴躁」或「沉默寡言」等狀況。

想幫助這樣的孩子，首要任務就是營造出一種安全舒適的氛圍，使孩子能在這種氛圍中確認自己的想法、恐懼，並願意說出自己的願望。這就意味著家長應該允許他們參與任何能讓他們感到舒適的安排、儀式和聚會。首先，以孩子能理解的方式向他們解釋親人到底發生了什麼事，以及這件事為什麼會發生。就好比孩子在祖父母的葬禮上或許不會多說什麼，但是若能讓他畫一幅畫陪伴逝去的爺爺奶奶，放在骨灰盒裡，也許就能讓孩子心裡舒坦許多。

當家長都忙於處理逝者的喪事時，很多家庭會找不是親戚的友人來幫忙照顧孩子。此時的關鍵是允許孩子參加葬禮，但不強迫他們參與這些活動。強迫孩子參與葬禮並不恰當。應平和的跟孩子說明葬禮所代表的意義，並認真地聽他們說自己希望怎麼參與。父母應在孩子面前公開談論死亡、表達悲傷、不捨、哭泣，不要避而不談，別怕因此讓孩子感染你的悲傷情緒，只要注意儘量避免短時間給孩子過量資訊，儘量分散訊息，緩慢的每隔些時間再聊一下；盡你所能的在失去親人的傷痛情緒下保持平衡，讓孩子意識到你對他們的重視。

如果你孩子的生命中曾經面對過死亡，或許是一隻寵物，也許是爺爺奶奶，要向他們解釋何謂死亡可能更容易些。以下是孩子們對死亡常感到好奇的問題與答案：

Q.死了就像睡著一樣嗎？

死亡和睡覺不一樣。當你睡著了，你的身體仍然是在運轉的。你仍會呼吸，你的心臟仍然在跳動，甚至還會做夢呢！但若一個人死了，他們的身體就不再運轉了。記住！別告訴孩子死亡就像是睡著了一樣，這會讓孩子們以後會對「睡著」產生恐懼。

Q.為什麼他們會死呢？

如果是死於疾病，就說死去的那個人的身體再也無法跟疾病作對抗了，它停擺了。確保讓你的孩子知道，如果他們得了流感或感冒，或者是爸爸媽媽生病了，一般人的身體是可以與疾病對抗，並且在最

後好起來；大多數人都會好起來。如果是死於意外，就說那個人受傷太過嚴重，嚴重到身體無法再工作了。一定要讓孩子知道大多數人受傷是可以好起來的，而且還會活很長很長的時間。

Q.你也會死嗎？

孩子們期望得到保證。讓你的孩子知道大多數人都會活很久。孩子也需要知道如果爸爸媽媽或者是監護人死了，還是會有人繼續照顧他們。如果家裡出了緊急狀況，要讓孩子知道他們可以向誰求助。

Q.他們還會回來嗎？

對孩子來說，「永遠」是個很難理解的概念。他們看到人們走了又回來、卡通人物死了又能復活。或許需要多為孩子解釋幾次，死去的人再也不會回來了。

Q.他會感覺冷嗎？他在地下吃什麼呢？

小孩子也許會認為死了的身體在地底下仍然是有感覺的，還會活動、說話。有些孩子可能會想像墓園是一種「地下公寓」。你可能得先解釋一下死去的人身體就不會再工作了，不再呼吸、走路、說話和吃飯。

當孩子面對親人離世，他們需要溫暖、理解，才能接受。這對那些正經歷失親傷痛的成年人來說可能是一項艱巨的任務。當這個孩子

面對悲傷無法用語言表達時，更需要貼心的成年人引導孩子走過這段時期。實際上，對孩子來說，這是一段能幫助他們成長的經歷，教會他們什麼是愛，什麼是感情。

對於我們每個人來說，死亡也是一種教育，也能幫助我們成長，死亡不代表結束，愛與意識仍在延續。

第3章：
宗教、哲學、民間等各個層面的生死觀

　　生死觀是指人們對生與死的根本看法和態度。生與死是一切生命產生、存在和消亡的自然過程。而你我身為一個社會化的人，往往無法逃避「如何對待生死」的這個課題。基於不同的人生觀，人們對生與死就會有不同評價，從而形成不一樣的生死觀。

　　在古代，楊朱提出「貴己」、「重生」，主張以保全個人的生命為人生理想，認為死亡是「吾生」價值的喪失。莊子視「悅生而惡死」為人生的一大桎梏。認為要獲得人生「自由」，就必須超脫死生之變；提出「以死生為一條」，否定生與死的界限，甚至把死亡作為人生自由、幸福的最終實現。

　　人們對生與死的根本看法和態度，將造就不同的人生觀，對生與死有不同的評價，將使人認定生命本身的價值各有不同。

　　孔子謂「殺身成仁」、孟子曰「捨生取義」、司馬遷認為「人固有一死，死有重於泰山，或輕於鴻毛」、莊子認為「生是偶然，而死是必然，不必過於悲哀」。

　　生死問題是一個與人的一生相始終相繫的現實問題，也是一個吸引古往今來無數哲人智者苦苦思索的迷人哲學問題。人生在世，一方面要追求生存發展，另一方面又時刻面臨著死亡的威脅，這是一個難解決的矛盾困惑；然而，正是這種現實感極強的矛盾困惑，迫使人不

斷追尋探求各種解決辦法，以擺脫生死難題的困擾。

○儒家生死觀

儒家意識到，人的生死乃「不得不然」的現象，因而明智地主張看待生死應該超脫一些。儒家的創始人孔子在回答其弟子子路「死事如何」之問時說：「未知生，焉知死？」強調無需追問死後之事，只須關心生而不必想到死，求知生而不必求知死。

儒家「亞聖」孟子也說：「夭壽不貳，修身以俟之，所以立命也。」不必過於關心計較人生壽命的長短，只須致力於一己之修身立命。孟子還提出「正命」與「非正命」的觀點，「盡其道而死者，正命也；桎梏而死者，非正命也。」主張人應為自己的道德理念和信念而死，而不應因逆道非道而死。這和孔子所說：「朝聞道，夕死可矣」大致是相同的意思。這種「知生」、「盡道」、「聞道」的觀念表現出儒家生死觀，具有鮮明的人本主義特色。

同時我們還必須看到，從總括來說，儒家未曾偏離「生而喜、死而悲」的情感套路，據《論語》記載：顏淵死，孔子深嘆：「天喪予！天喪予！」感到痛苦萬分。就個體生命而言，人的生命只有一次，人死而不能復生，故儒家非常注重講究對死者的哀思和喪祭。儒家主張世人應對人的生死觀抱持正確態度，畢竟人的生命只有一次，我們要好好珍惜它。

佛家生死觀

首先,按照佛家的觀念,生死是痛苦的!凡愚眾生,無論在時間或空間,都無法得到絕對的自由;無論是為了自己,還是為了社會,努力的結果,也都無法達到完美的幸福!為什麼?原因很簡單——有生必有死,然而死亡,誰都不願意。

生與死,具有極大的束縛性。世人現在無從得知生與死的來源和去處,使我們侷限在短暫的人生中思索。離我去者,昨日之日不可留;亂我心者,今日之日多煩憂。對於過去和未來,都毫無所知,毫無把握,最多也只是留下一些模糊的記憶,而無法重現它們的真實面目。整體的生命似乎被分割成無數個零落的碎片,隨風飄逝。而感覺中,我們總以為自己像是擁有了什麼似的。對於生前死後的凌亂與隔閡這種無知的狀態,佛法中稱之為「分段生死」。

現實的人生,就是分段生死的展現。形體的美醜、壽命的長短、知識的多寡、情緒的高低、智慧的深淺,人人各不相同,自有特色,彼此之間難以溝通,難以理解,難以想像,種種差別情景,都是「分段」之意。分段生死具有最基本的三種痛苦:苦苦、行苦、壞苦,通常稱為三苦。

苦苦,就是直接的、具體的、客觀的、痛苦的感受。一切不如意的痛苦感受,具有強烈的逼迫性,逼惱身心,不堪忍受之苦。生老病死誰替得?鹹酸苦辣自承當。愛者有別離,怨憎卻相會,所求不如意,五陰常熾然,憂悲惱苦,難以盡言;舊苦未去,新苦又來。

行苦,就是間接的、無形的、變化的、不苦不樂的感受。一切事物無常變化,沒有永恆的存在,亦即這種不知不覺,使人遷流在三界

六道之中，受盡苦楚。時光不待人，漸漸皆遠去；看看他人老，不覺輪到己！人生在世，能讓自己快樂和痛苦的事情，在時間的比例上並不是最多，不苦不樂的感受，才是最多的。

壞苦，這是指直接的、具體的、主觀的、快樂的感受，必將壞滅，從而產生痛苦。所有的快樂感受，都會形成感官上的強烈對比，在失去快樂時，內心就產生極大的痛苦。天下沒有不散的宴席，親人的別離、相愛的分手、青春的逝去、才華的枯竭、財富的消耗、榮華的衰落，無一不是樂極生悲之慘狀。雕欄玉砌應猶在，只是朱顏改；問君能有幾多愁？恰似一江春水向東流。所有快樂，終必損敗，無常世間，誰能久留！人們只知道追求幸福，卻不知道正在幸福的時候，幸福已經漸漸的離去！臨死之際，回首人生，一切都是無常、敗壞、不安之相。

○基督教生死觀

在基督教的生死觀裡，每個個體的生命有三層，一是肉身的生命，這一層生命源自《聖經‧創世紀》的記載，耶和華（神或上帝）創造了世界，也按自己的形象和樣式造了肉身的人，並讓人成為宇宙萬物之靈，而且任何人都沒有權利剝奪他人的生命，「凡流人血的，他的血也必被人所流，因為，神造人，是照自己的形象造的。」。

二是靈裡的生命，靈來自於神向亞當的鼻孔裡吹的那口氣，而由於原罪，人與神斷絕了關係，必須借助信仰與贖罪重生才能獲得靈裡的生命。

三是永遠的生命，根據《聖經‧約翰福音》第11章25節：「耶穌對她說，我是復活，我是生命。信入我的人，雖然死了，也必復活。」可以因信稱義，信了耶穌基督就有了永遠的生命，即使作為肉身的生命死了，靈魂亦可以在神的國獲得永生，基督教信奉永生。

相應地，死亡也有三層，一是肉身生命的死，二是靈裡生命的死，這根源於原罪，是神與人關係的斷絕；三是末日審判後墮入地獄永遠的死。

對於基督徒而言，人類喪失生命的死亡只是第一層次的死，其真實的意義在於靈魂的歸鄉，踏上「回家」的路，再次回到神那裡永享幸福，《聖經》中對於死運用了很溫馨的語彙來形容，比如，死其實是在主裡「睡」了，如同嬰孩安臥在慈母的懷中。所以基督教裡的死不是結束，是一種更好的復活之路，也是一種樂觀的「回家」之路，具備積極意義。

基督教裡的信、望、愛是貫穿生死的倫理訴求。「信」是人對神的絕對信仰，「人非有信，就不能得神的喜悅」，人為了獲得重生，必須信仰神，這是基督教首要的道德誡命。「信仰乃是人類此在的一種生存方式。」馬丁‧路德認為，基督教的信仰來自於基督之死，基督之死使靈魂新生，《聖經‧哥林多前書》第15章45節，經上也是這樣記著：「首先的人亞當成了活的魂；末後的亞當成了賜生命的靈」，從而使人產生信仰，而正是因為信仰，《聖經‧馬可福音》第16章16節：「信而受洗的必然得救……」，每個人都可以成為基督徒。

「望」是一種超自然的美德，儘管人犯了原罪，必遭死亡的懲

罰，但是「望」可以使每個人都期待神之愛，也都保有永生的希望和信心，正如湯瑪斯・阿奎那所說：「當神的佑助對我們成為可能時，我們的希望就最終便指向了神自身。因此，既然正是希望引起了人們的向善行為並使之成為人們所遵循的合適規則，那麼，希望顯然就是一種美德。」

「愛」是神聖的愛，所有生命在「愛」中都有被救贖的可能，消融死亡帶來的恐懼和痛苦，超越生死藩籬，獲得永生。因為基督已替人類受死，信和愛是基督徒的救贖之路，也是基督徒信仰的外在表達，是基督教現實的道德生活，因為「信心若沒有行為就是死的」，「可見信心是與他的行為並行，而且信心因著行為才得成全。」，每個人的「愛」也應該是神聖的，甚至「應愛你們的仇人，善待惱恨你們的人」。

民間生死觀

在人類發展的早期階段，由於社會生產力和人類思維能力極其低下，人類尚無法對死亡進行哲學性的思考，甚至不能用人的眼光和自然的眼光看待死亡，這使人類對死亡觀普遍採非自然的宗教神話形式解釋，也就是說，死亡問題始終與原始宗教神話緊密糾纏。而這樣原始的死亡觀最根本的特徵便是——對死亡的反抗和否定。

①原始死亡觀的一項基本內容是否定死亡的普遍必然性和不可避免性。

②原始死亡觀的另一重要內容是對死亡終極性的否定。

③原始死亡觀的又一重要內容是對超個體靈魂不死的信仰。

彼時,普羅大眾心中的「死亡」概念之含義與意向為:

①把死亡當做一種自然的歸宿。認為死和生是一種自然現象,有生就有死,這是不可抗拒的自然法則。

②死是一種令人恐懼的事件。

③死亡是一種理想的追求。這有兩種情況:一種是把死亡視為追求理想的手段,還有一種就是有意無意地美化死亡。

④死是一種威懾的力量。生命的寶貴在於它的唯一性和不可逆性,人生就一次,死亡就意味著生命的終結,與現世存在的徹底斷裂。

⑤死亡是一種痛苦的解脫。死亡只是人生的一個階段和環節,甚至是不很重要的階段。

○重新認識死亡,探索生死真相

　　重新認識死亡,擁有正確之生死觀,即可知長壽未必可喜,死亡亦不足憂,所應關注者為「死往何去」。靈魂不滅不死,僅在不同時空轉換,死亡即轉換之過渡階段。所謂「學生之道易,學死之道難。」學問為治世之本,求學以增廣見聞智識,學習生存之道,人人皆可勝任。學習如何面對死亡,則非易事。

　　試問:「應如何死?」人皆說:「一息不來便死。」此言固然不差,但是,欲死得自在、死得安詳,卻非易事。一般世間凡夫臨命終

時，多難免掙扎、痛苦，對金錢、子孫戀戀不捨，終至死不瞑目。或在醫院急救，四肢發抖，求生不得，求死不能；半身不遂，手腳不聽使喚；老來多病，身心煎熬，生不如死。總而言之，對生命的執著愈深，面對死亡時之痛苦愈甚。

死亡之情狀約而有四：壽盡而死、福盡而死、意外而死及自如而死。除修行圓滿者可生死自如外，其餘三者皆無法自我掌控。解脫之聖者面對死亡時，其心態迥異於凡夫。

由於古代思想的長期歷史沉澱，人們對死亡的看法也會受這些思想影響，對死亡始終採取否定、蒙蔽的負面態度，甚至不可在言語中對死亡有所提及，它是不幸和恐懼的象徵；而西方文化主要受基督教影響，基督徒由耶穌之死來昇華對「天堂」、「神的國」、永生的信念，他們認為死亡就是皈依天父。這種對死亡的看法遠比傳統中國人的看法積極得多。

對某個事物下定義，在邏輯學上通常是指就該事物的性質加上種概念。然而，世間卻沒有任何人能直接感受死亡。當人活著時不能體驗死；當人死了之後，又無法體驗生，更無法言說。既然死的狀態人們無法感知，無法用精確的語言來描述，故人們對死的認識也就難以建立在客觀觀察的基礎上，得以在實驗室裡重複展現科學的認知水準。因此，「死亡」的真實性質對人們而言將永遠是個謎。「死」的性質無法確切掌握，是人們對「死」無法賦予科學定義的根本原因。

正因為死無法定義，故難以晉升為精確的科學，所以它成了宗教和哲學共同探討的永恆課題。實際上，宗教用情感與信仰解析死亡，用「死」的必至性證明人生的痛苦，從而促使人建構一種超越性的理

念與嚮往，努力擺脫世俗的限囿，以獲得某種永恆不朽與神性。

無論死亡是否被擬人化，或是被用陰性名詞（死亡）或陽性名詞（去世、逝世）表達，死亡都是一種真實、具體、不同形式的名稱，流行於眾多領域中。死亡，其實不就是那種無論從標準還是從定義上，任何科學手段都無法劃定的大寫的「無」嗎？如果說一定要給死亡下個定義，那麼在眾多的領域中，就有著許多關於死亡的描述。

人類最早認識死是從生理學的角度。遠古時代，人們以為一個人不會動了，就是死了；後來人們發現沒了氣息（呼吸）才是真的死了；因為人類的進化，意識到心臟停止跳動才是死；而現代醫學則以腦死亡作為人死的標誌。受基督教影響的醫學定義強調靈魂、肉體的二重性與人、獸的差別；因此，在博恩大夫看來，人的死亡在於靈魂和肉體的分離，而動物的死亡則意味著基本生物機能的終止。

科學上對死亡的解釋是：死亡與器官生命活動的停止同時發生，因此，也與作為獨立生命體系的個人毀滅同時發生；從更普遍意義上來講，死亡是具有生命的物質之最終停止，同時還伴隨著蛋白質的分解。

總括而言，中國古代儒家創始人孔子告誡弟子如何面對死亡：「未知生，焉知死？」古希臘哲人伊比鳩魯也有一段名揚四海、關於死亡問題的論述：「當我們存在時，死亡不存在；但死亡存在時，我們就不存在了。」德國哲學大師海德格爾也曾說，人之「生」與「死」並非人生的兩個端點，而是交織在一起，密不可分的。死亡是人類永恆的宿命，因此，人的生存意義就在於把自己的生命向死亡拋擲出去再反彈回來所得到的結果。所以，人絕不可以只埋

首於「活」,在世俗的生活中混沌不明地「活」,而要時常安靜地「思」,尤其要正視「死」,時刻想到「死」。這就是人「生」中重視死亡問題而思索得來的意義和價值。

第4章：

科學層面的生死觀

　　探究生死真相，會發現這個世界上仍有許多的神秘等待人類找出解答。自古以來，許多問題已經產生，有些問題直到現在仍未得到合理的解釋。一個人去世後有靈魂嗎？如果有靈魂，那麼這些靈魂的終極目的地在哪裡？事實上，這在古代是一個非常具爭議性的話題，科學家們一直在談論它。

　　關於這個問題，許多科學家答覆：人類死後確實有靈魂，在人類死亡的那一刻，他的意識已分離於死亡之後。高維空間真的存在嗎？科學家已經證明，人類靈魂的確就在那裡！但他們的靈魂將被剝奪，也許再過一百年後，他們將進入另一個身體。然而也一些科學家說，人類死後根本沒有靈魂，就像一盞燈熄滅後，什麼都沒有。它可能變成灰塵，並可能導致被細菌分解。到目前為止，這個話題仍持續爭論不休。

　　然而，已有部分科學家就這項問題進行了長期研究。他們相信在人類死後，靈魂將進入高維空間。高維空間是否真的存在？科學家說：高維世界就是靈魂歸宿！但人類目前只是在三維世界生存，甚至四維空間是什麼都不知道，更不用說高維空間了。不久前，一個科學團隊經由一個長期實驗，發現許多核裂變（又稱核分裂）的粒子都進入了三維空間，但其中一大部分粒子卻消失了，這些粒子消失到哪兒

去了？科學家們說粒子可能已經去到另一個地方；至於去了哪裡，不得而知。

愛因斯坦認為宇宙的空間是交織在一起的，由於地球有引力，所以地球上的一切都能在地球上自由行走，但在重力的影響下，很容易產生多維空間；幸好人類一直生活在三維空間，所以我們看不到其他空間的東西。根據科學家的研究，人類的靈魂很可能進入了高維空間，但我們無法看到高維空間中的所有物質，因為只有靈魂才能進入高維空間。

人類文明發展至今，有歷史記載的也不過幾千年，有限的科技水準還未能完全解釋自然現象，更不能解釋許多超自然現象的發生，到目前為止，人類還無法避免生老病死。但自古以來「靈魂」與「肉體」似乎是相輔相成的，只有在人死後「靈魂」才被人們認為會「出竅」進入另一個世界。對於人死後靈魂的去向，宗教有天堂、地獄、西方極樂世界之說；但這些說法過去一直未得到科學界的正式認可。科學講究真憑實據，對於「靈魂」這種只可意會不可目睹的事物，人們一直都把它當成形而上的事物討論。

有科學家針對人死後做了一個量化實驗，通過實驗科學家得到一個結果：人死了之後，身體會變輕21.3克。對這個研究結果，科學家們順藤摸瓜的提出問題：難道這變少的21.3克就是人類死後的靈魂重量？人類的靈魂若沒有隨著肉體的死亡而死亡，那這些靈魂又去了哪裡？這個問題一直困擾著科學家們，研究調查始終沒有得到讓天下人信服的結果。

直到量子力學誕生之後，科學家用量子研究人死後的變化，終於找到了一個驚人的答案。德國的研究團隊竟然發現了靈魂的存在！

研究學者在量子力學的理論基礎上，利用儀器看見人體死後真的發生「靈魂出竅」。這一重磅消息一經傳出，便引起全球科學家的強烈關注，他們為證明該發現的可靠性，也對此進行了更為詳細的探索性實驗，並得出最終的結論——人的組成分為兩個部分，分別是物質所組成的「肉體」，以及波所構成的「靈魂」。故而我們可以通過「波粒二象性」更為清楚的瞭解人類的靈魂。

既然靈魂的本質是波，那麼它也屬於與人類共存的三維世界。但關於靈魂這種特異粒子波，它「出竅」後最終的歸宿在哪兒？會步入更高維度的空間嗎？這還有待科學家們進一步的科學研究。

現代科學造成的固執觀念，使人看不見的就不相信，這使得人什麼惡事都敢做。這使科學的弊端越來越顯現出來。

一般人都覺得人的死亡是一生的結束，人死後就什麼都沒有了。但現在有很多科學家認為人死後還會在另一個世界重新開始。那麼人死後到底會怎麼樣？又會去哪裡呢？

量子力學是20世紀初由德國學者普朗克等物理學家所創立，用以觀察微觀物質世界，並透過計算解釋無法直接看見的現象。每一個宇宙擁有獨立的時空，量子力學幫助我們觀察多重宇宙的存在。人類至今無法真正看見多重宇宙的原因，就是因為我們無法從這個時空跨越到另一個時空。超弦理論更進一步提出物理世界的一種超時空架構，那就是多維時空為了將玻色子和費米子統一，科學家預言了這種粒子，由於實驗條件的限制，人們很難找到這種能夠證明超弦理論的粒子。超弦理論作為最為艱深的理論之一，吸引著很多理論研究者對它進行研究，可用來解釋我們所知的一切作用力，乃至於解釋宇宙。

美國北卡羅萊納州維克森林醫學院大學教授蘭薩聲稱，從量子物

理學角度出發，有足夠證據證明人死後並未消失，死亡只是人類意識造成的幻象，死亡只是一場騙局。

他提出生物中心論支持自己的論點，指稱是生命創造宇宙，有了個人意識才有宇宙的存在，實質上的生命與生物才是真實世界的中心，接著才有宇宙，宇宙本身並不會創造生命；是意識使得世界變得有意義，時間與空間只是人類意識的工具。

心跳停止、血液停止流動時，即物質元素處於停頓狀態時，人的意識訊息仍可活動，亦即除肉體活動外，還有其他超越肉體的量子訊息，或者說是俗稱的靈魂。生物中心論類似平行宇宙：當下所發生的每件事情，在對等的多重宇宙中也在同時進行，當我們開始質疑，並重新思考關於時間與意識的問題時，也會同時影響另一個宇宙中對等的我們的意識。

當生命走到盡頭，即身體機能盡失時，還會在另一個世界重新開始。

有一個西方人前去探索一座巍峨險峻的山脈。當他歷盡艱辛爬上萬仞絕壁之巔時，卻意外發現一位東方老人正氣定神閒地坐在那裡！西方人驚呆了，忍不住問道：「你是什麼時候上來的？」老人淡然笑答：「我已經等了你上千年！」西方人又問：「為什麼沿途之上沒有你留下的任何痕跡？」老人看了他一眼，意味深長地說：「通向山頂的路，其實不止一條啊！」

雖然殊途同歸，但選擇的道路不同，所見到的景象就有可能完全不一樣。不要以為，只有自己的經歷才是一種傳奇，別人經歷只是一種傳說。

許許多多的人探究生死真相，始終不懈的尋覓著生命的奧秘。許多修身養性之士，在「性命雙修、神形俱妙」的境界中，不斷的洞察生命的本源與真相。

　　生命的奇妙之處就是不但具有自我意識，而且還不斷處於進化之中，生命的自我意識如此的強烈，只要軀體不死，靈魂便一輩子不離不棄，這證明我們的靈魂超弦具有強大的穩定性。超弦是目前最先進的科學探索。弦論的一個基本觀點是，自然界的基本單元不是電子、光子、中微子和誇克之類的點狀粒子，而是很小很小的線狀的弦。由於弦的不同振動和運動就產生出各種不同的基本粒子。這種粒子一旦進入生物遺傳基因就形成了自我意識，構成生物體的所有元素在生物圈中被循環利用，而靈魂超弦物質則永不湮滅，這就決定了人的靈魂之所以永恆不滅的特點。人類的靈魂或者宇宙中的超弦是永恆的，甚至比四維空間的年齡更長更遙遠。

第5章：

植物人並非沒有靈魂

在電影《潛水鐘與蝴蝶》（Le Scaphandre Et Le Papillon）中，主角尚–多明尼克・鮑比（Jean-Dominique Bauby）是一名罹患閉鎖症候群的患者。鮑比在1995年12月8日中風，20天後甦醒，卻發現自己的身體幾乎完全癱瘓，只能控制自己的左眼皮，通過眨眼和外人交流。他用了兩年的時間完成回憶錄《潛水鐘與蝴蝶》，整本書經由一名記錄者按順序念出法語字母表，鮑比以眨眼選擇需要的字母所完成。

試想，如果鮑比連左眼皮也無法控制，我們該如何認定他的意識狀態？事實上，如果患者眼睛也癱瘓，則會被判定為「完全性閉鎖症候群」，它也是閉鎖症候群的一種特殊形式。雖然我們都知道心臟停止跳動早已不代表死亡，但對於我們俗稱的「植物人」是否具備以及如何判斷意識的存在，顯然還有很長的路要走。

○人的肉體是靈魂的容器

可以想見，當一個人成為植物人之後，醒來便發現自己被困在一個嚴實密合的盒子裡。這個盒子剛好只有身體那麼大，能把人裝進去，但你又動不了。

盒子跟你的身體完美契合，你的每一根手指、每一根腳趾都與盒子緊密貼合。這個盒子很奇怪，你在盒子裡可以聽到周圍發生的一切，但你的聲音卻傳不到盒子外面。事實上，這個盒子緊緊地貼在你的臉上、嘴唇上，讓你沒辦法說話，也沒辦法製造任何噪音。雖然你可以看到盒子外發生的一切，但外面的世界卻不知道盒子裡在發生些什麼。

　　在盒子裡，你有足夠的時間思考。一開始被困在裡面的時候就像一場遊戲，一場奇怪又有趣的遊戲。到後來，你整個人一直被困在盒子裡。你看到、聽到家人在感嘆你可悲的命運。很多年之後，照顧你的人時不時會忘了打開電視。你一會兒覺得太冷，一會兒又覺得太熱。你總是覺得口乾舌燥，想要喝水。朋友和家人越來越不常來看你了。你的伴侶似乎也放棄了這段感情，開始了新的旅程。而你，只能無聲地獨自面對這一切，其他什麼都做不了。

○植物人的靈魂是醒著的

　　「植物人」的靈魂其實是醒著的，只不過沒有意識。他們的雙眼可以睜開，視線有時還可以移動。他們可以微笑，抓住別人的手，哭、呻吟或是發出嘟噥的聲音。但他們對拍手毫無反應，無法回應別人說的話。他們能做的只是無目的的反射性動作。植物人似乎已經擺脫了過往的記憶、情感和計畫，擺脫了讓我們每個人能成為獨立個體的這些品質。植物人思想的大門牢牢地關閉著。但當你看到他們睜開眼睛時，總是忍不住想：「他們到底還有沒有一絲意識？」答案是肯

定的，他們的靈魂仍醒著，只是無法與我們交流。有些人可能只是被困在自己的身體裡，但他們還能進行不同程度的思考，有不同程度的感受。

○ 歷史上被錯判死亡的人們

半個世紀前，如果你的心臟停止跳動，即使你在移送太平間時可能已完全恢復了意識，但你同樣可以被「宣告死亡」。這很有可能就是歷史上那些荒謬的「復活」故事的真相。那些怕被這樣稀哩糊塗活埋的人就發明出了裝有餵食管和響鈴的「安全棺材」。在2011年，土耳其中部馬拉蒂亞省的一個委員會甚至還宣布建成了一個帶警報系統的停屍間，停屍櫃的櫃門可以從裡面打開。

「死」到底是什麼意思？一個人死的時候，到底應該由誰來宣告他的死亡？是神父？律師？醫生？還是機器？「死亡」的科學定義和「意識」的定義都還沒有得到解決。「臨床死亡」（血液循環、呼吸停止）這個術語給人們造成了許多困惑。這個術語經常被身心二元論者提起，他們堅信靈魂（或自我）可以與身體分開，獨立存在。如今，活著不再與心跳有關。如果我有一顆人造心臟，我死了嗎？如果你用的是呼吸器，那你死了嗎？一個人的身體無法在不經儀器支援下維持獨立生存，難道就是死亡的合理定義？如果考慮那些被困在生、死之間昏暗世界裡的人，還有那些意識游離的人、陷入「最小意識狀態」的人，以及那些受重傷的植物人和昏迷患者，這個問題會變得更加複雜。

早在220世紀50年代，丹麥人工呼吸器誕生後才出現這樣的患者。呼吸器重新定義了生命的終點，定義了腦死的概念，加護病房[1]也由此誕生。在加護病房中，醫生認為沒有清醒可能的無反應昏迷患者會被當作是「植物人」，放棄治療。在病患的治療上，診斷往往是最重要的。想要瞭解恢復的機率、治療的好處，這些都取決於準確無誤的診斷。

○植物人有「隱性意識」存在

大眾眼中，昏迷（昏迷Coma這個詞起源於希臘語「Koma」，意指「深度睡眠」）就是指一個病人一動不動地躺在床上，閉著雙眼，沒有絲毫要醒來或有意識的跡象，病人只要最後醒來就能完全恢復。26歲的教師凱特・班布里奇（Kate Bainbridge）在患流感三天後陷入了昏迷。她的大腦脊髓頂部區域、腦幹（決定睡眠週期）都發炎了。消除感染幾周之後，凱特從昏迷中醒來，卻被診斷為植物人。

幸運的是，她加護病房的主治醫師大衛・梅農（David Menon）恰好是劍橋新成立的沃爾夫森腦部核磁共振造影中心的首席研究員。梅農想知道植物人的腦中是否仍保有認知理解的元素，因此與歐文醫師討論如何使用腦部核磁共振掃描來檢測這些患者腦部的狀況。被診斷為植物人的4個月後，凱特成了劍橋研究團隊的第一個植物人受試者。劍橋研究團隊發表了一項出人意料的非凡成果。凱特不僅對人臉

---

[1]「加護病房」又稱「重症監護室」或「深切治療部」，英文簡稱ICU，是「Intensive Care Unit」的縮寫。

有反應，她大腦的反應與健康的人的反應毫無區別！凱特的腦部掃描結果顯示紅色斑點標示著大腦後側梭狀回的活動，這個區域有助於人類完成人臉辨識。凱特複雜的腦功能斷層掃描影像（此次實驗採用的是正子斷層掃描）顯示出患者有「隱性意識」的存在。當然，當時的學者們還在爭論，這種反應到底是一種反射還是患者有意識的表徵。

這個實驗結果不僅具有巨大的科學價值，對凱特和她父母來說更是意義重大。梅農回憶道：「這不僅排除了這類患者治療中普遍存在的虛無主義，還能讓醫生決定繼續對凱特採取積極的治療方法。」從最初的診斷經過6個月後，凱特終於從這段痛苦的經歷中甦醒了過來。據她回憶，自己有時確實能感受到自己和周圍的環境。她每天都會醒來，再睡著，但和所有這類病人一樣，她無法回應人們的問題。更糟的是，她經常會覺得口很渴，但沒人能及時為她補充水分。

她說：「他們說我感覺不到痛苦，他們錯了。」有時她甚至會哭出來，卻只被護士當作是反射性的動作。她覺得自己被拋棄了，感到深深地無助。醫院裡的人不知她因此在護理上遭受了多少罪。凱特覺得那些物理療法是最嚇人的。護士從來不會解釋他們到底在對她做什麼。他們從她的肺部清痰時，她被嚇得不輕。她後來寫道：「我沒法告訴你那有多可怕，特別是從嘴裡吸除肺部黏液時。」她是如此的痛苦絕望，甚至一度嘗試屏住呼吸，想結束自己的生命。「但我無法讓自己的鼻子停止呼吸，我連自殺都做不到。看來我的身體似乎還不想死。」

凱特說，她的康復過程並不像一下子打開燈就瞬間大放光明，而是一個逐漸清醒的過程。她花了5個月的時間才能再次微笑。當時她

失去了自己原有的工作，失去了嗅覺和味覺，失去了很多對別人來說稀鬆平常的東西。現在，她回到了父母身邊，仍然身有殘疾，需要坐在輪椅上。凱特病了12年後才又能開口說話；雖然對自己在最脆弱時所受到的待遇感到憤怒，但她仍然感激那些幫助她擺脫困境的人。

○植物人甦醒案例，往前一步是奇蹟

在她昏迷前還是1991年，等她醒來，已經是2018年。植物人甦醒已是奇蹟，而阿聯酋女子穆尼拉・阿卜杜拉（Munira Abdulla）的甦醒當屬奇蹟中的奇蹟。她的經歷登上多家世界著名媒體的報導。幾張近期的照片顯示，她坐在輪椅上參觀阿布達比的大清真寺。她現在居住在那，並接受康復治療，已經能進行交流。她的康復為家庭帶來希望。

那是1991年發生的交通事故。32歲的穆尼拉抱著4歲兒子奧馬爾・韋伯爾（Omar Webair），坐在汽車後座。碰撞發生時，穆尼拉用身體護住了兒子，自己卻受到重創，從此昏迷。事故發生後，由於無法及時聯繫救護車，穆尼拉錯過了數小時的救護時間。後來在倫敦醫院，穆尼拉被診斷為植物人，她對周圍環境幾乎沒有任何反應。

隨後，穆尼拉被送回阿聯酋的阿萊茵（AL AIN）醫院。在那裡，她靠鼻胃管維持生命，並接受理療以防止肌肉萎縮。這期間，兒子奧馬爾每天都會花幾個小時陪伴母親。他說，雖然母親不能說話，但可以從她的表情看出她是否覺得痛苦。

2017年，穆尼拉獲王室資助到德國接受改善手腳肌肉萎縮的手術。德國醫生對她進行理療以及控制癲癇。

奇蹟在2018年6月發生了。當奧馬爾在病房因誤會與人爭執之際，穆尼拉竟發出了奇怪的聲音。奧馬爾請醫生來檢查，但醫生卻沒發現什麼不尋常。三天後，奧馬爾被母親叫醒了。沒錯，母親在叫他的名字。幾周後，她已經能夠背誦小時候就熟悉的古蘭經。如今，穆尼拉在阿布達比繼續接受理療和復健，她已經能跟周遭的熟人交流感受。

昏迷了27年的穆尼拉能夠甦醒，的確令人難以置信。據《紐約時報》報導，鑒於穆尼拉得面對癲癇和肌肉萎縮的治療，她難以坐在輪椅上，於是醫生為她安裝了一種補充脊椎腔輸藥的裝置。德國舍恩診所（Schoen Clinic）的費德蒙・穆勒（Friedemann Müller）博士認為，這可能是促使她加快恢復的一個因素。

維持植物人狀態的患者通常有三類。要麼是完全沒有意識，眼睛緊閉，對環境完全沒有反應；要麼是眼睛睜開，但同樣沒有意識反應；還有一類則是有微弱的意識反應，如果受到刺激可能會移動手指。像穆尼拉一樣幸運的人寥寥可數，世界上只有極少數人能夠在進入植物人的狀態下還能在數年後甦醒。

2003年，來自美國阿肯色州的男子泰瑞・沃利斯（Terry Wallis）便是在植物人的狀態下躺了19年後甦醒的。科學家希望用先進的掃描技術來研究他的大腦，這是個罕見的研究機會。研究結果發表在2006年《臨床研究雜誌》（The Journal of Clinical Investigation）上，結論是，自2003年以來，泰瑞・沃利斯的大腦不

斷在自我修復，已成功形成新的神經連結。

然而，對於大部分昏迷多年的植物人而言，他們面對的多半是另一種狀況。

1975年，家住新澤西州的21歲女性凱倫・安・昆蘭（Karen Ann Quinlan）在聚會上因服用鎮定劑和酒精導致昏迷，後成為植物人，她的眼球已不再同向轉動。

接下來的幾個月裡，她在醫院病情加重，體重剩下不到36公斤，並伴隨著不規律且劇烈的四肢痙攣，加上鼻胃管與呼吸器，凱倫的父母不願她繼續承受這樣的痛苦，要求院方停掉呼吸器，但這個要求遭醫院拒絕，院方認為醫生立誓不能傷害病人，且醫院還可能面臨當地檢察官的殺人罪指控。最終在1976年的裁決中，新澤西最高法院裁定凱倫的父親有權決定她的生死。沒想到在拔除呼吸器後，凱倫竟能自主呼吸，後來她在依靠鼻胃管餵食的情況下繼續生存了9年，才因肺炎導致呼吸衰竭去世。去世時她的體重只剩下29公斤。

凱倫一案在人類死亡史上具重要意義，它影響了全球的醫學法律實踐，由此引發了關於道德、倫理、安樂死、法律監護和公民死亡權利等一系列重要議題，醫院裡的倫理委員會也由此設立。

○無法預測的植物人甦醒

目前還難以預測植物人到底能否醒來，以及多久才能醒來。在有記錄的植物人案例中，25歲的印度護士阿魯娜・仙芭格（Aruna

Shanbaug）可能是植物人存活最久的紀錄保持人，接近42年。1973年，仙芭格在醫院地下室遭人性侵，以狗鍊勒住她的脖子侵害她，使她嚴重腦損，成為植物人，直到2015年，享壽66歲逝世。在這42年的歲月裡，她能自主呼吸，對光亮有輕微反應，能吞嚥消化柔軟的食物。然而，她並沒有甦醒過來。

植物人是嚴重腦損傷後常見的臨床表現，是一種嚴重的意識障礙疾病。其實還可以細分，除了植物人的狀態外，還有一種具有輕微意識的意識障礙狀態。人在昏迷後 2 周到 4 周內，如果不能醒來，就會進入植物人狀態或微意識狀態。這使一個人雖然醒著，但表現不出意識跡象，能規律睡眠且有基本的自然生理反應，但無法作出主觀意識反應，便是植物人狀態。如果患者是由於非外傷（腦中風或阿茲海默症）導致成為植物人長達 6 個月，或由於外傷成為植物人達12個月以上，則判定為永久植物人，他們醒來的機率微乎其微，但並非毫無可能。

其中，微意識狀態的意識障礙患者甦醒可能性相對較大，患者能在呼喚時動一下手指。針對這樣的患者，支援性治療是必需的。根據英國國民保健署（National Health Service，簡稱NHS）的統計，大部分意識障礙患者需要經由鼻胃管餵食補充營養存活，同時得定期挪動，活動關節，清潔皮膚，保持牙齒衛生，疏通腸道和膀胱，透過聽音樂、看電視和熟人談話都有機會提升患者的刺激回應。植物人甦醒的可能性取決於患者受傷的類型、受傷的嚴重程度、受傷時的年齡，以及維持植物人狀態所持續的時間。

第6章：

安樂死並不安樂

現在世界各地都有針對「安樂死」的討論。日本有一位名為小島美奈子的女子，得了一種疾病——多發性系統萎縮症（Multiple system atrophy，MSA）。由於日本不允許安樂死，她選擇前往瑞士合法實行安樂死。從用藥到死亡只花了4分鐘的時間。之所以選擇安樂死，一是實在忍受不了病痛的折磨，二是想讓自己臨終時還能保有一點做人的體面和尊嚴。從小就是學霸，有四個姊妹的小島美奈子，在大學裡攻讀外語，畢業後擔任韓語翻譯，工作很是體面。因此，面對多發性系統萎縮症這樣無法治癒的疾病，她選擇安樂死。也有很多兒女，因不忍父母臨終前承受巨大痛苦，在徵得父母的同意後，經過家庭集體表決通過幫老人選擇安樂死。

○因果律與造業

只要你承認人有靈魂，也就等於認同有前世、今生、來世。每個靈魂在生生世世的轉生過程中，不可能沒做過壞事。即使你並非蓄意，也可能在無意中傷害過誰，你可能走路沒注意踩死螞蟻、你開車上高速公路撞死很多飛蟲、你為了吃肉就得有人殺生等等。佛家把這種行為稱之為「造業」。出家人為了避免造業，掃地恐傷螻蟻命，

愛惜飛蛾紗罩燈，為的就是儘量少造業。但人活著不可能不造業。造業，實際上就算是做壞事了。人人皆知，無論做了什麼，每個人都要為自己的行為買單。既然人難免做壞事，那就得隨時還債。

一個人從小到大，在各個年齡層都可能生不同的病，或者遇到一些飛來橫禍，都是在還你造業的債。不管什麼年齡都要還，但當你的生命處上升期時，一些痛苦可能對你來說不算什麼。古人言：「人生七十古來稀，人過三十天過午。」當然，現代人比古人長壽，能活到八十歲的很多。那麼，在你四十歲之前或者五十歲之前就是人生的上升期。這之前遇到的一些災難都還承受得起；進入生命的衰退期後，即使災難的量沒增加，卻也沒那麼好承受了。遲暮臨終的生命就更承受不起什麼災難了。一些老人常說，年輕時多受點磨練和苦難是人生的財富，這真是經驗的總結。

人臨終時所承受的病痛苦難也是每一世累積的錯誤、虧心事所欠下的債。若選擇安樂死，等於還沒把債務還清就逃走了。這世逃避的債務不還，下輩子還是得還的。人世間欠債不還，拖的越久，利息越高，比高利貸還要可怕；這可不是危言聳聽，這一世造的業，如果沒消業障就走，下輩子得還的更多，有可能淪為做牛做馬。因此人常講自殺有罪，也是這個道理。安樂死，不論自己主動選擇，還是他人幫忙決定，都是在增加債務。所以說，安樂死並不見得安樂。

○安樂死的歷史與弊端

上海有一位罹患紅斑狼瘡（一種免疫系統疾病）的女士選擇到瑞

士安樂死，登上了媒體熱搜，很多網友評論：寧可精緻的死去，也不粗糙的苟活；生命應該有如此溫暖和幸福的終結方式；活的瀟灑，死的體面，是對人生最大的尊重。彷彿一時間，安樂死是對於身患重病及身在痛苦之中的人最好的選擇。然而，事實不然。

如果安樂死真有那麼好，為什麼政府不通過這項法律呢？為什麼還要那些身患重疾，已經無法醫治的人經歷最後的痛苦呢？世上最早實施安樂死的國家是德國，早在二戰時期，希特勒為了進一步統治國家，為戰爭服務，他選擇通過安樂死立法，讓德國有近20萬身體殘疾、嚴重疾病的人，執行了安樂死，以減少國家的負擔和開支。

二戰結束後，大部分的歐洲國家再也不提此事，直到1970年代的瑞士，再次通過的安樂死的立法。截至目前為止，在瑞士已形成一條安樂死的產業鏈。比如，如果想選擇安樂死，你首先必須成為安樂死組織的會員，按年繳納一定的會員費用；就算想安樂死也無法馬上實施，你還得排隊，進行體檢，接受心理醫生的多方會談，評估確認這是你自主的選擇，而不是受迫於人。你為了辦理安樂死所入住的飯店食宿，都得在指定的飯店消費；執行安樂死後的遺體托運、處置、死亡證明等整套程序辦理下來，預計整體費用高達50萬人民幣（台幣200多萬），這也跟網上爆出上述上海女士所花費的70萬元大致相符。其實安樂死機構的實際支出只是一瓶藥劑和一個床位，其利潤已不是簡單用獲利頗豐能形容。如果沒有錢，也行！那就必須加簽器官捐贈協定，讓死後的器官，流向市場。一切都是資本導向。

再說一個可能會顛覆大家認知的消息，美國的大部分監獄其實也是私營的。他們一方面能獲得來自政府的補貼，另一方面，經濟狀況

好的犯人，可以經由付費使在監獄的生活品質基本上跟監獄外的生活差不多，只是不能出去；如果犯人經濟條件不好，那就得做苦工來替監獄賺錢。

若法律一旦放開安樂死，可想而知的是各類醫院、媒體將會大肆宣傳安樂死的好處。甚至有些醫生護士會被各大安樂死機構利用，商人會想盡辦法讓那些身患重疾或患心理疾病的人選擇安樂死。甚至可能有不孝子孫，面對年邁父母的疾病治療，刻意消極處置等社會問題。

所以，大部分國家是不支持安樂死的。鼓勵人民快樂生活，積極向上，珍惜生命才是人類的普世價值觀！

○ 安樂死，並不「安樂」

當一個人到了生命末期，若疾病造成他很大的痛苦，某些人或許能靠修行信仰面對；但對多數人而言，結束生命是一種解脫，因此他可能期望能尋求醫生的協助來結束生命，即安樂死，又稱醫助自殺。那麼，據病患要求終結他痛苦生命的醫生，究竟是在造惡業，還是在做功德呢？

普世價值觀認為，珍愛生命是首要位置，無論在什麼情況下，都不提倡安樂死；即使病人正遭受巨大痛苦，若透過人為行動結束他的生命，仍等於間接殺人，不尊重生命。表面看來，經由安樂死似乎能讓病人解脫病痛；對病人來說，這些痛苦乃是過往惡業所感，承受這些痛苦，其實是在消惡業，並非沒有任何意義。因此，若對患者施以

安樂死，惡業就無法消除，那麼來世還會感受到更大的痛苦。因此，安樂死並不能真正解決問題，因果律是人所無法對抗的，醫生真正能做的是幫病患減輕痛苦，而非加工結束他的生命。

古印度有位婆羅門種姓婦女，名叫提韋，原本家境富裕，但自從丈夫死後，家道日漸敗落，五百名奴婢的衣食問題讓她一籌莫展。

當時印度盛行苦行外道，認為快樂必須用痛苦換取，今生越是熬得住痛苦，來世越能得到快樂。提韋對此深信不疑，她心想：最大的痛苦莫過於被火燒死，於是打算自焚，一則換取來世的快樂，二則逃脫家庭責任，三則為求道而獻身沽名釣譽，求個圓滿。

這時，一名覺悟的聖人前來教化她，他說：「你為了擺脫家庭重擔，想自焚一死了之；但得明白，人就算死了，責任也無法免除。為什麼呢？譬如一頭牛不勝拉車之苦，以為若損壞了車子便可不用拉車，故一心想毀壞車子；殊不知車若壞了，主人會安排其他車輛，仍無法解除重擔，牛仍非拉車不可。這就好比前生造了惡業，今生就得受苦，苦未受完，便不能免除，就算身體毀壞，下一世還得繼續受苦。你想燒身求樂，這種邪見必引你墮落惡道，那裡的痛苦要劇烈千萬倍。」提韋聽聞此言，如夢初醒。

○反對安樂死，減少輕生者

結束生命並不等於結束痛苦，幫助他人減少痛苦才是根本。反對安樂死，在一定程度上是減少了自殺事件的發生，這是個極大的功德。

一個有信仰、有文化的國家不可能允許「安樂死」合法化。雖然自殺並不構成犯罪，但協助他人自殺可能就涉犯了故意殺人罪，因為協助人自殺的行為在某種程度上來說侵犯了受助者的生命權，且可能對社會造成不良影響。

　　自殺的族群都有一種共性──無法承受痛苦，他們認為只要結束生命，痛苦就會結束。這是極大的認知障礙，痛苦其實是生命的一部分，如果遇到無法承受的痛苦便要求死，那麼只有一條命的人類真的不夠死。那麼痛苦又是從何而來呢？是不是老天爺或上帝的不公平造成的呢？當然不是，所有的痛苦都是我們自己所造成的。世界上的所有痛苦均其來有自，沒有憑空的安樂，也沒有憑空的痛苦，背後都是因果。

　　唯有承受痛苦，坦然地面對痛苦，痛苦才會消失；若是反對痛苦，抵制痛苦，以死來抵抗這個痛苦，痛苦不會因此消失；痛苦仍在那裡，待下次你換個身體經歷時，痛苦甚至可能加倍。如果有人認為死亡是用短暫的痛苦換來永恆的結束，那可就大錯特錯了。事實上，我們的生命短暫，但我們卻會死很久。現世的痛苦是已知的，來世的痛苦是未知且不可預估的。承受痛苦是完成自己的業報，逃避痛苦是加倍增長未知的痛苦。

　　從另一個角度來說，痛苦是覺醒的開始，若能經由身體和心靈的痛苦開啟你的修行之路，那麼痛苦也是有功德的。相信因果，承受痛苦，消除惡業，增長善業，才能讓我們實現真正的安樂，自殺不是真正的安樂死，而是一種巨大的惡業。

人類往往貪生怕死，每一個自殺者，其實真正想的都不是自殺，他們只是想殺掉痛苦！

　　為情自殺的年輕人，如果戀人能迅速回心轉意，相信他們即刻就不想自殺了。身體經歷巨大痛苦的絕症病人，若有被治癒的可能性，相信他們也不會自殺。被課業壓力壓得喘不過氣的學生，若能得到大於期待的愛，我相信他們也不會自殺。憂鬱症的長期患者並不是一開始就想自殺，而是長久以來痛苦未獲解決。這些人其實都誤會了死亡這回事，以為死了就一了百了，但這樣的邏輯根本不通。

　　舉例來說，若你在公司上班，因為某件工作被老闆痛罵一頓後，你決定先炒老闆魷魚！然而事實上，你無法在轉身當下就立刻跟老闆畫清界線、老死不相往來，對嗎？在你情緒冷靜下來後，仍該回公司交接工作、辦理離職手續，如果你任性地拒絕處理善後，很有可能會遭到起訴。每個人都有自己此生必須完成的任務，不論你正經歷何種痛苦，都必須清理善後。沒有人能任由自己的喜好說來就來，說走就走。自然死亡就是得體的退場，這代表你還完了前世所有的業，同時也種下了來世的因。

　　人類的本能是熱愛生命，但我們無法熱愛痛苦。自己所造的痛苦，無論你想要不想要，都要承擔。人人都想離苦得樂，但不是每個人都能找到正確的方法。人類有八萬四千種煩惱，就有八萬四千個方法來除苦，總有一個方法適合你，但絕對不是自殺。

　　尊重生命，相信因果，面對逆境，自強不息，每個人都要完成自己的生命功課，不得以任何理由為藉口而結束自己的生命。

第 7 章：

道法自然與四道人生

　　天、地、人，總離不開一個「道」字。人在天地間，總要守「道」，安守道德，明白道理。行在人海中，總要知「道」；通曉道義，接收道妙。道法自然，又在人為。道生百善，又滅百惡。

　　「道」極有意味，它順應天時、地利、人和而生，它看不見，聽不著，摸不到，抓不住，卻處處有道。道，不是偏離規律的背道而馳，是順勢而為的人間正道；不是眾人所指的離經叛道，是合乎自然的正己守道；不是投機取巧的旁門左道，是努力堅持的陽光大道。

　　道是遇事果斷，心胸寬闊，律己嚴明，待人和氣的處世之道。是做人有情有義，生活有滋有味，做事有聲有色，人生有進有退的立身之道。

　　天之道是一種行事原則與規律。混沌初開，乾坤空淨。日月星辰，輪迴交替。無人約束而秩序井然，各行其道。

　　地之道是一種無窮耐力與隱忍。優勝劣汰，適者生存。花草樹木，鳥獸魚蟲。無人催促而繁衍不止，生生不息。

　　人之道是一種恒久蓄藏與堅持。發揚長處，彌補不足。刻刻努力，時時自省。無人懈怠而從不放棄，永不衰竭。

　　自古以來，從道而生，離道而滅。

真正的人生，就是一個修行的過程，也是一個返璞歸真的過程，越成長越簡單，越成熟越單純，越修行越年輕。

大家都非常熟悉的一句話——「人法地，地法天，天法道，道法自然」——出自《道德經》第二十五章，是老子對宇宙運行法則的精簡歸納，揭示了人、地、天、道與自然之間的關係。我們逐層解析它的深意：

・人法地——人要效法大地

「法」在這裡的意思是「師法、遵循、學習」，即人應當效法大地的特性。大地承載萬物，滋養生命，不爭不奪，不居功自傲，彰顯無私包容；順應四季更迭，不強求、不抗拒，順其自然，體現柔順與堅韌的智慧。

做人要像大地一樣厚德載物，包容他人，不急功近利。順應環境，不要強求，懂得適應和調整。如大地般踏實，穩健前行，積累福德。

・地法天——大地效法天空

天是高遠的，象徵廣闊、包容、秩序。天氣、風雨、四季變化，都是有規律的，並非混亂無章。大地生養萬物，離不開天的影響，如陽光、雨露、氣候的調節，地依賴天的運行。

人應當順應更高層次的法則，不自作主張，要看清整體大勢。正如大地遵循天空的規律，人亦應遵循社會、自然、宇宙的法則。洞悉天時，順勢而行，方能贏得長遠發展。

• 天法道——天空效法大道

「天」雖然高遠、穩定，但它也不是無源之水，而是遵循更高層次的「道」。宇宙星辰運轉不息，陰陽交替有序，萬物生滅輪迴，皆因「道」之運行。天不因人的喜好而改變，它依循宇宙自然法則，保持平衡。

違背宇宙法則，如輕慢天地，漠視自然，終將自取其咎。學習宇宙的智慧：平衡、流動、無為而治，不刻意強求。「天道無親，常與善人」——宇宙不會偏袒任何人，只有順道者昌。

• 道法自然——「道」順應自然

道是宇宙最高法則，是萬物的本源。但「道」並不是人為設定的規則，而是自然而然地存在。它不刻意控制，不人為干涉，而是順應萬物，讓一切按照本性去發展。

真正的智慧，在於順應自然法則，而非強行改變。無為而治，非無所作為，乃順勢而為，任事自然發展至最佳之境。凡事不要過度干預，適當放手，讓生命自由流動，自然就會趨於平衡。

・層層遞進的宇宙智慧

人要效法大地的寬厚與包容，不爭不奪，順應環境。 大地要效法天空的秩序和運行規律，知天時，順勢而行。 天空效法大道，循宇宙法則，穩中求衡。 大道本質歸自然，無為而治，任萬物循性運轉。 這句話的核心思想： 真正的智慧在於順應自然，而不是違背規律去強行改變世界。

做人如大地，寬容穩重，承載萬物，慷慨給予。 做事仿天空，有序有格，循規蹈矩。 思維若大道，無為而治，順勢而為； 凡事順應自然，不強求、不執著，才能真正得到自由和幸福。

人的使命與價值

假使一個人永遠不追問人生在世有何使命，那就好像無舵之舟在海上漂泊，只能隨波逐流，與世浮沉，那麼生活豈不是毫無意義價值？進一步講，若人沒使命，就沒有完整的人格。想探討人生問題，是人就得自己研究自己，反省自己；然而，瞭解外物容易，瞭解自己其實是最困難的。人生問題既是關於做人，也是個關於道德修養的問題。在某種意義下，一個人最好埋頭熱烈地生活奮鬥，逐漸達到忘我無我的境界。

人的使命或天職，也可稱為人生的理想。但使命固然是一種理想，同時也無法逃避現實。雖說理想是自由的，但使命是固定的，甚至可說是人無法自主、不得不遵從的天命。理想是主觀建立的，使命是客觀賦予的，有時是國家或時代所賦予的。

要瞭解一個人的使命為何，必須對個人的性情、才能、環境、家庭、朋友、社會國家的需要、時代的趨勢，都得加以通盤考量反省。個人的使命就是個人在全體人類社會中的使命、位分、生平工作所可能達到的最大貢獻。具體說來，個人的使命就是個人的終身事業或終身工作。這種終身工作，一方面是建立在自己自由考察、自己選擇、自己擔負起來的工作。一方面也可說是時代所賦予的使命。在完成這項使命的同時，不但實現了自我的本性，也貢獻出對社會、國家、人類的使命。

總括而言，一個人要認真生活做人，就必須要有正能量的使命自覺，這樣的生活才有價值意義，使人感到自己生平的奮鬥莊嚴且有意義，這樣的付出能長久發展，不隨個人的死亡而消滅，這種人生價值是超越生死的。

人生覺醒的三個階段

①初級覺醒：

即老百姓所說的學會做人、做個好人，這是最基本的覺醒。絕大多數有覺悟的人屬於此初級階段。

②深度覺醒：

即明心見性，明白宇宙人生的真相。這個階段，人們應當對自己的人生規劃做出正確選擇，能明白宇宙人生的真相，能堅定信仰、選擇正確的人生道路，切實行動，並實現目標；同時認

識到人類命運共同體的基本法則是：共贏共用、共生共存，生生不息。

③終極覺醒：

即大徹大悟，走向無我，並為萬有服務。也就是說，能夠在自我覺醒後，去幫助更多人覺醒。物我兩忘，還原真實本相。簡言之，真正的覺醒也就是以下所述的四道人生：知道、悟道、行道、得道。

○四道人生 覺醒之路

一、知道

簡單來說，知道就是理解「道」，體悟「道德」的深層含義，讓我們明白「宇宙人生的真相」，即：「道」是我們這個宇宙的本源，是構成宇宙萬物的最根本元素。道生萬物，同時也涵養萬物。

當道存在於具體事物中之際就表現為「德」。由此看來，「道」具備兩種基本屬性，一是能量，是化生萬物的基本元素。二是資訊，也就是「意識」，也可以說是思維、思想、靈性、靈魂。

如果只有化生萬物的能量，沒有意識來支配的話，同樣不會生成萬物。所以宇宙萬物是由能量加資訊所構成的。而能量可以決定事物以什麼樣的形態存在，意識則可操縱、調動能量，從而決定事物的發展方向。所以世上的宇宙萬物都具備了物性和靈性兩個面向。

「道」是生成宇宙萬物的根源，也就是「零」的狀態，表現為虛

無、空靈，只是人們看不到、摸不到而已。

讓我們思考這個問題：宇宙間為什麼會有生命，為什麼會存在生死現象呢？這個問題，至今似乎仍無人能給出人人信服的答案！天地陰陽二氣相合而生萬物，可為生命起源之根本。天地陰陽二氣相推而演化出萬事萬物，應該就是生命存在生死繁衍現象的原因！

我是誰？人類從哪裡來？現在在哪裡？又將去哪裡去？若只是簡單瞭解了宇宙人生真相的本源，光知道是不夠的，知道了還應該去領悟、實行，最終才能真正得道。天人合一、道法自然，既然每一個人都是一個小宇宙，那麼認識自己、瞭解生命，就顯得尤為重要！所以，瞭解宇宙人生真相其實就是了解自己的生命與未來……

二、悟道

悟有兩種：一個叫解悟，一個叫證悟。解悟，就是我們對宇宙人生真相瞭解了、認識了，不再迷茫，是相當明瞭、非常清楚了，一點都不含糊。證悟，就是親證，用身體、用心靈融入宇宙去實悟。

①悟道的最大障礙是「我執」。

人生中最大的悲哀是看不清自己，以自我為中心，過於執著，迷失於自我偏見！一切都不應圍繞著一個「我」字，而應該逐漸做到「無我」的境界。因為人是自私的，有諸多的放不下；放不下親情，放不下錢財名利，放不下所執著的一切。如果沒有隨緣的心態，要求事事都隨己願，那麼任何環境都不可能滿足你。只有放下「我執」，端正身心，用智慧化解心中的障

礙，去除執著偏見、分別和妄想，所有的煩惱才會雲開霧散；否則，有我就不可能平等，有我就失去了整體性，那麼，你就永遠不可能進入道。

②悟道的意思就是達到「無我」的新境界。

透過無我達到和宇宙萬物相生相容而相通的來往境界，與自然的感觀與心靈的境界相輔相成。只有這樣才能真正的放下人心的貪嗔癡，放下自私的慾望和貪念。也只有這樣才能跟宇宙的磁場與自然的能量相合，得到能量的補充和磁場的給予，從而通達於萬物陰陽和天地陰陽，真正融入與磁場的交流和萬物資訊的溝通，這才是獲取宇宙能量、進入開悟的境界。

③悟道就是明心見性，達到一悟百悟，一了百了。

萬事萬物雖然都是道的顯現，但它卻無念。這一切顯現都是自然的緣聚緣散，到達這個境界，才可以說明心見性謂悟道！「如日普照」，是太陽普照，如同太陽出來一樣，整個大地普放光明，是同時的。如果你說見山不是山、見水不是水，那還差遠了！你不但見到那個本體，你本身也變成那個本體的功能之一了，方為萬有之根本。

④悟道在於「道法自然」。

「大道」尊重每一個普羅大眾的自由意志，每個人都有自由選擇的權力，無論誰都無權干涉。自己選擇的路，自己走，沒有理由抱怨。有些人窮其一生，苦苦追尋大道，殊不知這道便在腳下。

其實我們走過的每一步都是道，雖然不盡然合天地至理，但這都是自然之道。要期待，不要假想，順其自然，如果註定，就一定會發生。不亂於心，不困於情，如此安好！人生百年，不如意事十有八九，費多大力氣拿起的，就要費多大力氣放下。冥冥中一切皆有定數，我們需要做的就是以善心處於順境，以靜心安於逆境。只有真正參悟了宇宙人生真相，你才是一個真正的小宇宙，才能融入天地人合一的自然之道。

悟道不是一個簡單的過程，始終貫串整個人生。古語有云：「大道三千。」誰又能真正明白其中的道理呢？人的一生就是悟道的一生，當我們真正的悟透了，才能融入道中。所謂人生就是修行，真正的修行是要悟道天地人三界之間的關係和宇宙萬物的陰陽之理。

三、行道

行道說白了就是證道，證道是實踐。只有親自實證、融入大道，做到身心靈合一才能得道。

人們通常講的性命、命運，實際指的就是性、命、運這三個方面。「性」是人的先天本性，是從宇宙大道本源靈光中分離出來的智慧能量之靈光，性是本體、命是作用，性作用在人身上就是命。「命」相當於我們今天講的「遺傳基因」，實質是資訊密碼。俗話說的「人命天註定」，其實講的就是基因密碼。而「運」則是命的展開，一個人從出生到死亡所經歷的就是運，也就是命的運行過程。所以，人們通常說的改變命運，其實是改變的「運」，我運在我不在天。

那麼如何改變人的「命運」呢？事出必有因，有因必有果。不要合理化自己的過錯，將一切不順己心、不如己意之事怪罪於他人。凡事從自身找原因，是改變命運第一法。一粒種子種下去能否收穫一個好的果實？這完全取決於水、肥、陽光、管理等環境因素，實質是取決於營養，也就是能量。那麼我們「命運」的改變同樣也取決於營養能量。

人有兩套系統：身體系統和精神系統，兩套系統都需要營養。人的身體系統靠飲食來提供營養，而精神系統的營養是「德」。人的「命」這個基因密碼倒也不是完全無法改變，就像電腦硬碟中的資訊，透過一般操作很難將之完全刪除，刪掉的資訊始終殘留在硬碟中，用軟體就能恢復；要想徹底刪除資訊，必須對硬碟進行「格式化」。由此來看，人要改變命運，就要對自我進行徹底的「格式化」，也就是消業障、化稟性，還原本來的靈性。即：通過知道、悟道、行道實現「身心靈合一」。一旦合一，與大道本源靈光融合，就能把萬劫形成的病毒資訊徹底格式化，重新輸入宇宙大道本源資訊也就徹底消除了業障，改變了命運！

所以，行道的途徑方法就是：樹立信念→堅定信仰→抉擇行動→合一。

1.樹立必勝信念

成功不是追求得來的，而是被改變後的自己主動吸引來的。人有了明確目標、樹立必勝信念，就會擁有強大的信心、能量和勇氣。三者具備，則天下沒有做不成的事。要握緊自主命運的無上權力，這是

屬於每個靈魂真正的最高利益！

2.堅定信仰

人類存在的意義源自生命最初的信仰！我們不是為了享受而來到這個世界，人需要活得有意義、有境界、才不枉呱呱落地一回的人生。要知道，行道的殺手鐧是信仰之精神立於不敗之地。不要讓物慾世界成為心中羈絆，我們不能做聲色貨利的奴隸。因為，人的一生其實就是信仰的一生，信仰改變命運，信仰塑造品格。人一旦擁有信仰，就擁有巨大的精神力量，這種力量能使人永不放棄的行動，直到成功。

3.抉擇行動，言行合一

將所知道的、說的道理付諸實行，也就是言行思想都合於道，遵循道的法則，符合道的規範，修正自己的錯誤思想行為。其次要消除恐懼心理。再次遵循自然規律，快樂生活，自由生活。遵循道的規律就是「積德」，違背道的規律就是「缺德」。人的心境決定其能量場的振動頻率，保持快樂心情就能處在較高的振動頻率上，與宇宙中高頻率同頻共振，就能增加能量。其實，人之所以不快樂是因為「看不開，放不下」，只要明白了宇宙人生真相，自然就看得開了！人之所以煩惱是因為不知足，只要是個健全的人就已經具備了最寶貴的財富！所以，快樂的秘訣就是放下，然後無私的去幫助別人！「自由」是道的法則之一，還自己一個自由，自己的事情自己做主。

4.抉擇行動、身心靈合一

就是融入光，融入道，融入全宇宙。做寧靜祥和，高頻共振的人！「身心靈合一」就是身體、大道、靈魂合一，也就是我們的身

體，靈魂融入大道，與道合為一體。如何身心靈合一？

行道要順勢而動，順勢而為，順道而行。因為道的必然因果規律，一系列的因果關係要處理完結，並從中反覆淬煉，直至與道合一，方可得到。一心想成就，一心「為自己」，那是背道而馳，怎麼與道合一？永遠不要在自己的覺知上，判斷一切。「我認為」，就是不覺醒！「無我」的真諦就是徹底放下念想裡對「我」的執著。

人的意識具有兩面性：即顯意識和潛意識。顯意識是後天意識，是習性，是後天形成的，特點是為了滿足私慾，自私自利！潛意識是先天意識，是本性，特點是：仁慈，博愛，大公無私。先天和後天是陰陽關係，先天越強，後天越弱，反之先天越弱，後天越強！

人生價值就在於：不斷的削弱後天而增長先天。如果先天完全顯現，完全沒有了後天，達到至陽，就是見本性，合道，最終得道。反之達到至陰，就是惡貫滿盈。所以人在遇到問題時，往往出現兩個解決方案供你選擇：一個是自私的，為了滿足私慾；另一個是無私的，就是人們常說的「良心」。

具體在日常生活中就是把握當下，做好該做的事：過去的已經過去，無論你怎麼想，都無法改變，未來的還沒有到來，始終處於「變數」之中，想也沒用！只有當下才是真正把握的！明白了這個道理，妄念自然就少了，然後「跟著道走」去做事，自然而然進入無我狀態。

要想找到「無我」，先把「私心」去掉！「心底無私天地寬」。所以「私心一動前功盡棄」，捨棄自私的小我，才能見到本性的大

我，才能得道。這就是「捨小我得大我，捨大我得無我，無我方為永恆我。」

四、得道

　　得道就返璞歸真，得道就是合道，與道合一。要與道融合，人的思想，行為就要和道的特性相同相近。但是大道無形，道的特性難以把握！很簡單，「大道似水」，水的特性非常接近於道，水看得見摸得著，所以我們可以學習水的美德，這樣就可以去接近道的特性了。

①涵養：生養，融容，海納。

②轉化：固態，液態，氣態。固態相當於一、二、三、四維，液態相當於五、六維，氣態相當於七、八維，九維以上就虛化了，無形，無相。水具有淨化作用，它對所有事物都是公平對待，好人、壞人用它都一樣沒有分別心。所以人也要一樣，不但能淨化自己，還能淨化他人。

首先要淨化自己：淨化知言行，淨化身心靈，淨化自我磁場。自身越純淨，能量越高。水只要靜下來，雜質就會沉澱，清水就會分出來。污染再嚴重的水，通過氣化還原，也會得到純淨的水。

人也一樣，人的靈魂從大道中分離出來時，清純質樸，一塵不染，所以無所不能。隨著「私心」出現，能量不斷降低，不斷受到污染，本身具有的能力完全喪失。如果能清靜下來，把所有的問題全部放下，心靈就會不斷純化，純化到一定程度，一

無所有，萬物皆空，完全融入大道中，與道合一，就是和合。

③本性不變。坦然接受一切染著不改真實本色。無論怎樣污濁污染，水的真實本色不會改變。污染只是暫時現象，表面現象，是假象。人也一樣無論受「貪嗔癡漫」的污染有多重，人的真我，本性是不變的，一旦覺醒就會恢復本性。

④謙下、承載。水具有謙下的美德，無色、無味、無形，隨圓就圓，隨方就方，為萬物服務無私奉獻，給予生物生命。水能載舟，亦能覆舟，違背規律要受到懲罰。水最柔，但又能克制最堅硬的東西，「以柔克剛」。所謂「上善若水」我們按照水的品質做人還能不接近道嗎？

得道是在無私無我的狀態中，自覺的為普羅大眾服務的必然結果，要得道必行道，行道實質是「積德」的過程。德能越高，振動頻率越高，生命層次就越高，所處的維度也越高，逐漸升級，直至合道。

而提高德能，提升振動頻率，單靠一個人的力量是非常慢的，甚至有時難以完成。自古以來「修道者多如牛毛，得道者鳳毛麟角」，就是這個原因。所以，要想真正得道，必須團結一致，同頻共振，凝聚一條心，與品德高尚的人一起「同頻共振」，發揮集體的力量，共同升級，靈魂越純粹，維度越高。

人生有兩條路，一條需要用心走，叫做夢想。一條需要用腳走，叫做現實。心走得太快，腳會迷路。腳走得太快，心會摔倒。人生覺醒的精彩，是心走得好，腳步也剛好。但凡成功之人，往往都要經歷

一段沒人幫助的歲月，而這段時光，恰恰是沉澱自我的關鍵階段。無論你是誰，無論你正在經歷什麼，堅持住，咬牙撐過去，你定會遇見最好的自己。

關於人生的成功，有很多定律，比較有名的就是荷花定律、竹子定律。**兩個定律都有共同的精髓：**成功，需要厚積薄發，要忍受煎熬，要耐得住寂寞，堅持，堅持，再堅持，直到最後成功的那一刻。

①荷花定律

一個池塘裡的荷花，每一天都會以前一天的2倍數量在開放。如果到第30天，荷花就開滿了整個池塘。請問：在第幾天池塘中的荷花開了一半？第15天？錯！是第29天。這就是荷花定律。

第一天開放的只是一小部分，第二天，它們會以前一天的兩倍速度開放。到第29天時荷花僅僅開滿了一半，直到最後一天才會開滿另一半。也就是說：最後一天的速度最快，等於前29天的總和。

這其中藏著深刻的道理就是，成功需要厚積薄發，需要積累沉澱。

②竹子定律

竹子用了四年的時間，僅僅長了3cm。從第五年開始，以每天30cm的速度瘋狂地生長，僅僅用了六周的時間，就長到了15米。其實，在前面的四年，竹子將根在土壤裡延伸了數百平米。做人做事亦是如此。不要擔心你此時此刻的付出得不到回

報，因為這些付出都是為了紮根。人生需要儲備，有多少人，沒能熬過那三釐米？

成長不是一蹴而就的，哪有什麼人生開掛，只不過是厚積薄發。這就叫竹子定律。

中國有一位企業家馬先生說過一句這樣的話：「今天很殘酷，明天更殘酷，後天很美好，但是大多數人死在明天晚上，看不到後天的太陽。」大部分人，都是在離成功一步之遙的地方放棄。

科學研究發現，我們認知的物質，僅僅不到這個宇宙的5%。現代量子力學也已經證實，物質都是能量的「聚合體」，聚則為物，散則為能，只是振動頻率不同而已。面對浩瀚宇宙、人類從哪裡來？現在在哪裡？將到哪裡去？這是整個人類無法迴避並苦苦思索了上千年的問題，為什麼許多人會不約而同地問這個問題？這是生命意識自我覺醒的一種本能反應。

其實，在探索真理的路上，也是我們一次次將世界觀打破重組的過程，是我們對人類生命的重新認知。因為，每一個人都是一個小宇宙，認識自己、瞭解生命，就顯得尤為重要！可以說，人類終其一生只在做一件事，那就是覺醒。覺醒是人類永恆的主題。隨著全新文明時代的到來，從物質中獲得幸福的的時代必將終結，而一個人類靈性覺醒的時代必將啟動。

第 8 章：

四觀＋四道，圓滿人生，超越生死

　　生死乃世間之主題，覺悟乃人生之真諦。關懷為真情之透露，死亡為光明之回歸。無我即解脫之前提，慈悲從愛心中爆發，智慧從實踐中做起，最終達到圓滿與超越生死。

　　在人生的棋盤上，每一步都需要精心策劃，因為每一個深思熟慮的決策都是通往成功的鑰匙。面對人生挑戰時，如果我們提前規劃，就能避免尷尬和窘迫；在行動之前三思，我們就能避免那些令人痛苦的後悔和羞愧；在決策時，如果我們能想到多種可能的解決方案，就不會輕易走入絕境。

　　在人際交往中，獲得他人的認可並非難事，關鍵在於我們如何行動。孝順父母、真誠待人、追求高尚的德行，這些都是贏得朋友和尊重的基石，眾緣和合。在人際關係中，最美的牽繫不是束縛，而是成就彼此，看著彼此走向人生的最高峰，看著彼此走向圓滿。

　　在修行的旅途上，我們追求的是一種超越思考的領悟，一種心領神會的境界。想達到這種狀態就是「利他」的德行去踐行。對一切擁有海納百川的態度，不斷地提問，多傾聽，不盲目接受，不盲目排斥；深切思考，擇其善而從之。人生是一個持續的過程，一旦開始，就要堅持不懈；對於「道」的追求，要追求徹底的明瞭；思考時，要力求詳盡無遺；辯論時，追求清晰的邏輯；行動時，要腳踏實地。

要修行圓滿的人生，堅持「四觀」+「四道」，我們不應該沉溺於抱怨，學會感恩的同時，更要明白「君子以自強不息」有其道理。天下之至拙，能勝天下之至巧。「拙」是一種腳踏實地的智慧。「事上磨，心上練」，我們的智慧與人生的圓滿將不斷增長，逐漸趨向完美。

大多數問題源於疆界引起的對立

人類在自然中劃分疆界是如此成功，我們的每一個決定，我們的每一次行動，說的每一句話，都有意無意地是從這些疆界的結構出發的。

每當我們渴望什麼的時候，這意味著我們在「快樂」與「痛苦」之間劃了一道疆界，並且選擇前者。當我們堅持一個觀點時，這意味著在自己認為是「對」與「不對」的概念之間劃了一道疆界。我們接受教育只是為了告訴我們在什麼地方以及如何劃出疆界。維繫法制體系，在「合法」與「違法」之間劃分。發動戰爭，在「敵人」與「朋友」間劃分。研究倫理，在「善」與「惡」之間劃分疆界。顯然，無論是生活的小事還是人生的大事，無論是小決定還是大決策，在生活中處處都劃分疆界。

然而，界線分明對立的世界就是衝突的世界。

我們生活在對立與衝突中，就是由於我們生活的世界處處有疆界。既然疆界就是戰線，人們就面臨這樣的困境：疆界越穩固，衝突就越持久。我越渴望快樂，我就越害怕痛苦。我越想變善良，我就越

害怕邪惡。我越想成功，就越難以承受失敗。我越是貪戀生命，就越恐懼死亡。總之，我越想珍惜，就越怕失落。

○圓滿的法則：對立其實存在於內在統一

我們一直習慣於試圖通過根除對立面的一方來解決對立問題，比如消除死亡，達到永生，但是，要知道生死是一體的，是生命的兩面。同樣，我們處理善與惡的對立時，總是想通過根除惡來解決問題。

問題就在這裡，我們認為疆界是真實的，然後再操控由劃分疆界產生的對立面。我們似乎從來沒有懷疑過疆界本身的存在，頑固地想像對立的兩面永遠不可調和，永遠分離。生與死、善與惡、愛與恨、自我與他人，就像白天與黑夜一樣永遠互相對立。我們常想：如果能夠去掉對立面中不好的或不想要的那一面，我們的生活就會變得絕對快樂。當我們在強化正的方面，消除負的方面的同時，卻忘了如果沒有負向，就感覺不到正的存在了。正負兩個方向儘管如同白天與黑夜一樣有別，但若沒有黑夜，我們又怎麼辨識白天？當我們在消除負面的同時，也失去了欣賞正面的機會。

因此，當我們越是取得進步，就越是失敗，挫敗感也就越嚴重。整個問題的根源在於，我們把對立的兩面看成水火不容、完全分離的。對立的雙方，雖然從某種意義上來講的確有區別，但關鍵在於它們是完全不可分割的。你買東西時，同時就有人賣東西。買和賣只是同一活動的兩面。對立的各方共同擁有一個暗含的統一體。不管現實

各方有多大區別，它們都是一個無法分割的整體，一方消失，另一方也不復存在。

「四觀」＋「四道」，與「道」合一

「四觀」就是正念生死觀、世界觀、人生觀和價值觀；

「四道」就是知道、悟道、行道和得道。

從「對立的兩面」中解脫出來，「四觀」＋「四道」，與「道」合一。在此生中從根本上荒謬的問題中解脫出來，不受對立雙方的衝突束縛。不再通過操縱一方來對抗另一方以尋求平和，而是超越了對立的雙方。不是善惡對立，而是超越善惡。不是生死相對，而是超越生死。在更高維度，與「道」合一。

去發現一個超越並能夠包容對立雙方的平臺，比如，更高維度相容了生與死，也就超越了生與死的概念。統一積極和消極的對立雙方，實現和諧。我們很快就會看到，那更高的維度正是一體的意識本身。

如果我們能夠看穿自己頭腦中的疆界所帶來的幻覺，那麼我們在此時此刻地就能見到：一個有機的統一體，一個對立物的和諧體，一曲由生和死共同演奏出的美妙旋律，一種自由自在充滿勃勃生機的更高維度的世界。

所以生死的過程實際是我們心靈考場的經歷，它是一道試題，

我們的一次經歷，那這個考試對我們整個人生而言是最重要的一次考試，你能不能升到更高維度，還是回到三維空間裡來，是否要留級重修，這個重要時刻就是個分水嶺，是個升等考試。

如果說，生死的過程是心靈考場的經歷，那珍惜生命是圓滿人生的前提，所以真正的智慧是讓我們珍惜每一分每一秒的生命，不徒嘆自己的生命，而更積極樂觀地實現自己的人生使命。

每個生命的每分每秒，都有提升他智慧的機緣，都必須被尊重。就像我們在生死的時刻，每一分每一秒都是重要的，人生平凡生活中的每分每秒也同樣重要，都是提升我們自己的機會。正能量，在引導我們珍惜生命，它使我們不輕易的結束生命，因為生命的每分每秒都是我們成長的契機，都富含不斷向上的成長動能；透過一個又一個微小的成長，最終彙聚成人生的圓滿，就像一滴又一滴的水滴，終將彙聚成汪洋大海。

其實，死亡並非終點，
而是另一次生命的開始。

Chapter 3

第三篇

死亡是維度轉化

第1章：
生死觀決定命運走向

假如一個人慘遭疾患，面臨生死抉擇，命運這個概念馬上就跳出來了。究竟該怎麼辦？狂躁過、絕望過、傷心過、自暴自棄過，但當所有這一切都過去之後，人往往開始思考，開始更願意到世界上闖蕩一番，去獵奇、冒險、成就夢想。所謂命運，說的正是這一齣「人間戲劇」需要各種各樣的角色，你只是其中之一，不可隨意調換……要讓一齣戲劇吸引人，必有人物之間的矛盾、衝突。然而我們終將洞悉，我們原本一直害怕的死亡，原來只是一種生命或能量的轉化，因為，我們的生命不僅僅是肉體，我們還能在其他維度繼續延續自己的生命與價值。

○命運是什麼？

願意的人被命運領著走，不願意的人被命運拖著走。上天的命運安排，自有其道理，我們有限的人生怎麼能猜得透？不要埋怨、不要抱怨，而應該看到生命的本質與死亡的真相。我們要知道正因為世間有個我，還有很多其他形形色色不同的命運，所以人間才精彩紛呈。不論是被命運領著走還是拖著走，反正你無法抗拒，命運已經都安排好了，你終究得走。

古羅馬時代流行著一句諺語：「人間是個大劇場，每個人在裡面扮演不同角色。」後來，西方人喜歡講「天職」，不管你是當總統，還是掃地的清潔工，都是你的天職，上天安排的，沒有等級之分。既然你承擔了這樣一個職位，就得把自己的工作做好。以我們今天的眼光來看，這個觀點很消極。

凡智者都知曉，為他人盡心盡力的行為，不只是對他人有利，最後，福報一定會回到自己身上，對自己同樣有利。

命運是「無常」落地後的樣子

其實每時每刻我們都是幸運的，因為任何災難的面前都可能再加一個「更」字，你會覺得自己有可能更不幸運。若把命運、災難拿來比較，會覺得難以忍受，然而有人比你更加難受。不斷的苦難才是不斷地需要信心的原因。有的人無緣無故受到了各種折磨，災禍降臨到他身上，這其實是「無常」落地後的真實樣貌；因為世間本就是如此，只是我們一廂情願地認為，幸福會永遠、愛會永遠；然而，當我們處於幸福與愛之中時，要時刻準備對付無常與命運。

不要才犧牲一點什麼就去求神拜佛，圖換取一些什麼東西，命運不接受你的賄賂，唯有與希望同在，才是信仰的真諦。而真正的希望，是正念！信仰的真諦就是希望，希望的內核就是正念。就像貝多芬的《命運交響曲》，前奏就是命運在敲門，然而，我們只要有正念，我們的心是不會慌的。

○正念可以改命、超越生死

　　命運的無常，使我們看清了人的命運之悲劇性與殘酷荒誕，毫無道理可言，令人無法參透。但是，我們必須知曉，哪怕是比我們更好、更強的人，也有他的限度，人人都有自己的痛苦。然而所有人不管如何受命運支配，當你眺望未來，仍可「掐住命運的咽喉」——這句是貝多芬的名言，你仍能掌握自己的命運。命運雖然決定了你的方向，但是你仍可發揮自己的自由意志，創造自己夢想的事業。命運是無常的，然而，我們的正念會讓一切漸漸回到我們自主的軌道上來。

○辯證關係：生死本是一體的兩面

　　人生的問題，林林總總，似乎說不清也道不盡。實際上，人生最根本的問題只有一個，那便是生死。只要生死問題弄明白了，其他問題都不再是問題。或者說，人之所以痛苦煩惱困惑，主要原因在於沒有理解生死。

　　既然談到了要理解生死，首先第一點要誠實，不可以對這個問題弄虛作假，引入虛妄死無對證的假設來自欺欺人。在忠於自己心智的前提下，然後才能談生論死。大部分人談論生死，都選擇了自欺欺人；用虛妄的彼岸之物把生死遮蔽掉，同時也蒙蔽了自己的心智。

　　在生死問題上自欺欺人，有的是基於恐懼，有的人是因為偷懶，還有人是被人蠱惑。這些人把自己糊弄了一番，便單方面宣布成功解答了生死的終極問題。生與死，並不存在這些人所說的此岸和彼岸，

因為生和死都是同時發生的，它們是一體的兩面。

任意時刻，根據你的不同抉擇，既可以出生入死，也可以出死入生。忠於自己，敞開自己，別讓心智蒙蔽，放下恐懼和懈惰，就可以進入下一個環節：剖析生死。人為什麼會生，又為什麼會死？生之前在哪裡，死之後又去哪裡？生向著死運動，是不是死也在向著生運動？這裡面的深層機制到底又是什麼？有的人認為人在生之前是虛無，死之後又重歸虛無。生因為動，而趨向死；死因為靜，而趨向生。生為死之徒，死為生之始。這便是生死相徒的道理。就好比海洋中浪潮洶湧，浪花被濺出水面，為生；浪花落入水面消殞無蹤，為死。浪花被濺出之前，它就是海洋的一部分；它落入大海而消殞，則再次化為海洋的一部分。這個海洋，就是生的來處，和死的歸處。生命就像浪花一樣，當它躍出虛無，便是出生；當它消殞重歸虛無，便是入死。

○人生正念：生活大於活著，每個人生而有自己的使命與價值

在人類思想的深邃長河中，生死一直是最為核心且神秘的課題之一。中國人造文字特別有智慧，準確的說，有來自上天的啟示和智慧，「生」字的最後一筆是「死」字的起筆，「死」字的最後一筆又是「生」字的起筆。生死相依，循環往復。生即是死，死即是生，心不死則道不生。當我們真正參透這關於生死的哲思時，人生的得失便如同過眼雲煙，生命也將以一種更為豁達、從容的姿態舒展。

從呱呱墜地的那一刻起，生命的畫卷便在我們面前徐徐展開。新生兒的啼哭，打破了塵世的寂靜，那是生的宣告，是一個全新靈魂開啟未知旅程的號角。生命伊始，一切都是那麼純粹而充滿希望，世界以無限的可能和新奇呈現在眼前。童年時，我們在懵懂與天真中探索周圍的世界，對萬物充滿好奇，每一個小小的發現都如同打開了一扇通往新世界的大門。那時時間彷彿是一條緩緩流淌的溪流，無憂無慮的日子在歡笑與嬉戲中度過，生命的活力在每一個跳躍的腳步和燦爛的笑容中彰顯無遺。

　　然而，隨著歲月的流轉，我們漸漸長大，步入了紛繁複雜的成人世界。在這個過程中，我們開始追逐各種目標，名利、地位、愛情、成就……這些追求在豐富我們生命內涵的同時，也帶來了諸多的煩惱與困惑。我們會因為一次考試的失利而沮喪，會為了職場上的競爭而焦慮，會在感情的糾葛中痛苦掙扎。在得失之間，我們的心靈被不斷地拉扯，或喜或悲，或憂或懼。有時候，我們在忙碌的奔波中迷失了自我，忘記了生命最初的模樣，被世俗的標準和外界的期望所束縛，心靈逐漸疲憊不堪。

　　作家余華有一篇著名的小說《活著》，還拍成了電影，看過的人會覺得影片是對中國人這種非人的活法之批判。但是後來我看到他在新版小說的序言裡這樣表示：「人是為活著本身活著的，而不是為了活著以外的任何事物所活著。」人活著就是為了活著，他小說裡的主角福貴，儘管最後什麼都失去了，所有的親人都死了，沒有任何活著的理由，但他自己還活著，而且活得很自在，每天唱著小曲，跟他的老牛為伴。余華竟認為這正活出了人生的真諦，因為「生命大於活著」。生命不僅僅是活著，活著只是你還沒死，而生命除了活著外還

包括愛情和自由。裴多菲的詩：「生命誠可貴，愛情價更高，若為自由故，二者皆可拋。」為了生命的重量不被輕易抹去，我們要憑著正念與正能量過自己想要的人生。讓過去和未來沉甸甸地存在，從肩上和心裡感到它的重量。什麼才能使我們成為人？什麼才能使我們的生命得以擴展？什麼才能使我們獨特？唯有正念、正能量和夢想！

那麼，什麼是死？肉體的死並非真正的死，如果還有靈魂的話，那就還沒有死。只要靈魂不死，肉體死了還不是真正的死，西方就把肉體的死看成是真正的重生，唯有肉體死了，你的靈魂才能再生、重生。即使從科學眼光來看，靈魂不死也是無法推翻的，但卻有可能證實，你沒有理由否認這個可能性。如果你站在可能世界的眼光來看，那麼靈魂不死雖然沒有證實，但人人都能感知到自己靈魂的存在。現在科學家裡面也有很多人相信靈魂不死，還有人給靈魂秤出了重量，說一個人的靈魂相當於21.3克，人死之後秤重，屍體上少了21.3克。

科學需要「大膽假設，小心求證」。大膽假設在科學裡面很重要，它是推動科學發展的動力。那麼靈魂不死何嘗不是一種猜想，一種假設？這不光是假設，更是希望。人類希望靈魂不死，這個希望無關乎科學，而關乎人道。這是說一個作惡者更傾向於相信人沒有靈魂，因為人沒有靈魂，他就可以為所欲為，不怕死後遭到報應，就沒有任何心理負擔了。俄國大文豪杜斯妥也夫斯基說：「如果沒有上帝、沒有來世，人什麼事情幹不出來啊！既然死後什麼也沒有了，那麼我死後哪怕洪水滔天？」正念的生死觀，認為靈魂不死導致了信仰，如果你相信或者希望靈魂不死，那就導致信仰的存在。因為死亡是虛妄的，生命將憑藉靈魂得以長存。就像是一台手機，儘管手機有用壞的一天，但是，手機SIM卡是可以永遠存在下去的。

生與死的轉換並非僅僅侷限於個體生命的兩端，它在自然和文化的諸多層面都有著深刻的體現。在自然界中，四季的更迭便是生死交替的宏大敘事。春天，萬物復甦，大地從沉睡中甦醒，嫩綠的新芽破土而出，花朵含苞待放，生命在每一寸土地上蓬勃生長，這是生的盛景。然而，隨著季節更迭，到了秋冬，草木枯黃，樹葉凋零，寒風蕭瑟中似乎瀰漫著死亡的氣息。但我們深知，這並非終結，而是生命在積蓄力量，等待下一個春天的輪迴。落葉歸根，化為泥土中的養分，滋養著來年的新生，這種生死相依、循環往復的過程，深刻地詮釋了生命的頑強與不息。

　　在文化的長河中，許多古老的傳說和宗教教義都蘊含著生死輪迴的智慧。例如佛教中的輪迴觀念，認為生命在六道中不斷流轉，根據前世的業力和修行決定今生的命運，而今生的善惡行為又會影響來世的走向。這種觀念在一定程度上引導人們超越對當下生死的狹隘認知，以更為宏觀和長遠的視角看待生命的歷程，從而追求心靈的解脫和精神的昇華。又如古希臘神話中的鳳凰，牠在火焰中燃盡自己，卻又能從灰燼中重生，以更加絢爛的姿態翱翔於天際。鳳凰涅槃的故事，象徵著生命在經歷死亡與毀滅後的重生與超越，激勵著人們在困境中堅守希望，勇敢地面對生命的挑戰。在歷史的長河中，無數仁人志士以他們的生命踐行了對生死的崇高理解。

○生命正念：芸芸眾生並非草木，每個人都可以閃閃發光

托爾斯泰的《伊凡・伊里奇之死》則以一種更為細膩而真實的筆觸描繪了一個普通人面對死亡的過程。伊凡・伊里奇在患病期間，從最初對死亡的恐懼、否認，到後來逐漸接受，在這個過程中，他對自己的一生進行了深刻的反思，對生命的意義有了全新的認識。這部作品讓我們看到，死亡並非僅僅是生命的終結，更是一個促使我們重新審視生命、反思人生價值的契機。它提醒我們，在忙碌的生活中，不要忘記思考生命的真正意義，以免在臨終時才追悔莫及。

在中國古典文學中，莊子的生死觀獨樹一幟，充滿了豁達與超脫。莊子認為，生死是自然的變化過程，就如同晝夜交替、春夏秋冬的迴圈一樣，不可抗拒也無需抗拒。他在妻子去世時鼓盆而歌，並非對妻子無情，而是他深知生命從自然中來，又回歸自然的道理。這種超越世俗情感的生死觀，展現了莊子對生命本質的深刻洞察和對自由精神的追求。他的思想啟示我們，要以一種更為豁達和從容的心態面對生死，擺脫對死亡的恐懼和對生命的執著，從而達到心靈的寧靜與自在。

從這些文學作品中，我們可以深刻地感受到，生死的主題不僅僅是對個體生命起止的描述，更是對人類存在意義、價值追求、道德困境等諸多深層次問題的探索與叩問。它像一面鏡子，反射出人類內心最深處的恐懼與渴望、迷茫與堅定，促使我們不斷地思考生命的真諦，尋找在有限的生命中實現無限價值的道路。

在現實生活中，我們常常會面臨各種與生死相關的情境，這些經歷往往成為我們深刻理解生死意義的重要契機。比如，當我們目睹親人或朋友遭受病痛折磨時，內心會充滿無奈和痛苦。在醫院的病房裡，看著生命在疾病的侵襲下逐漸脆弱，我們會深刻地感受到生命的無常。然而，也正是在這些時刻，我們可能會看到生命的頑強與堅韌。那些與病魔頑強抗爭的患者，他們在痛苦中依然懷抱對生的希望，他們的眼神中透露出對生命的不捨和對未來的憧憬。

　　這種在生死邊緣的掙扎與奮鬥讓我們明白，生命是如此珍貴，每一個活著的瞬間都值得我們用心去珍惜。而當我們面對死亡的那一刻，無論是親人的離去還是自己生命的終結，我們都會經歷一場深刻的心靈洗禮。在悲痛與哀傷中，我們開始反思生命的意義。我們會回憶起與逝者共度的美好時光，那些曾經被我們忽視的細節、那些平凡而又珍貴的瞬間，此時都成為了生命中最寶貴的財富。我們會意識到，生命並非僅僅是功名利祿的追逐，更是情感的交流、愛的傳遞和對他人、對世界的貢獻。親人的離去雖然讓我們痛苦，但他們留下的愛與回憶將永遠活在我們心中，成為我們生命的一部分，激勵著我們更加珍惜眼前的生活，用心去關愛身邊的人。

　　那些在平凡生活中默默奉獻的普羅大眾，他們雖然沒有驚天動地的壯舉，但同樣以自己的方式詮釋著生死的意義。比如那些長期堅守在偏遠山區教育崗位上的教師，他們放棄了城市的繁華與舒適，將自己的青春和熱血奉獻給了山區的孩子們。他們在艱苦的環境中默默耕耘，用知識的火種點燃孩子們的希望之光。從某種意義上說，他們犧牲了個人的安逸生活，卻在教育事業中獲得了另一種生命的延續和價值的體現。他們的付出，讓山區的孩子們有了改變命運的機會，他們

的精神也在孩子們的成長和傳承中得以永生。

當我們把目光投向文學藝術的殿堂，生死的主題更是貫穿始終，成為無數創作者靈感的源泉。在莎士比亞的經典名劇《哈姆雷特》中，主人翁哈姆雷特對生死的深刻思考構成了整個戲劇的核心衝突之一。「生存還是毀滅，這是一個值得思考的問題。」這句經典的臺詞，道出了人類在面對生死抉擇時內心的掙扎與困惑。哈姆雷特在復仇的道路上，不斷地徘徊於生死之間，對人性、道德、命運等諸多問題進行了深入的探索，使讀者和觀眾也隨之陷入對生死意義的沉思。

○超越狹隘認知，獲得正念生死觀

心不死則道不生，這裡的「心死」並非是指消極的放棄或絕望，而是一種對世俗執念的放下，一種對自我狹隘認知的超越，即獲得正念生死觀的過程。

人經過歲月的歷練與摧殘，心智開始提升，突然有天明白了，看透了，當我們不再被功名利祿所迷惑，不再被外界的評價所左右，不再因一時的得失而痛苦不堪時，我們的內心便獲得了一種解脫和自由。這種內心的寧靜與空靈，為我們開啟了一扇通往更高精神境界的大門，讓我們能夠以更為純淨的視角去審視生命的真諦，領悟生死的奧秘。

當我們真正理解了生死的輪迴相依，便能以一種坦然的心態面對生命中的得失。在得失之間，我們不再焦慮、不再抱怨，而能相視一笑，以平和的心態接受一切。因為我們深知，生命中的每一個經歷，

無論是成功還是失敗，無論是得到還是失去，都是生命旅程中不可或缺的一部分，都是命運給予我們的寶貴禮物。它們共同構成了我們豐富多彩的人生畫卷，塑造了我們獨特的靈魂與人格。

在面對生死的問題上，我們或許可以從那些前人的智慧中汲取力量，學會在生死之間尋找平衡與和諧。珍惜生命中的每一個當下，用心去感受生活的美好，關愛身邊的人，努力追求自己的夢想與價值。同時，也要以豁達的心態面對死亡，將死亡視為生命的另一種開始，一種回歸自然與永恆的歸宿。當我們能夠坦然面對生死，放下心中的執念與包袱時，我們的人生便會變得更加坦然、輕鬆、自在。我們將發現，世間萬物皆有其規律美好，正所謂一切都是最好的安排。在這生死的長河中，我們以渺小而又偉大的姿態書寫著屬於自己的生命傳奇，領悟著生命無盡的奧秘意義。

○基於正念的生死觀，認知自我，超越生死

人們終其一生都在「認識自己」和「尋找真我」。

古希臘奧林帕斯山上的阿波羅神殿殘留的一塊石碑，上刻著「認識你自己」的碑文。這也是蘇格拉底的哲學宣言，是我們每個人從出生到死亡都得面對的終生課題。日本設計師山本耀司有一句話說：「什麼是『自己』？人們往往看不見『自己』，只有撞上一些別的東西，反彈回來才會瞭解自己。」

以正念為基礎的生死觀，不論尊嚴、意義感、價值感，都不僅只是自身的感受，也不是過度依賴外在的評價，而是有了更趨近於本質的內涵。每個人作為一個獨立的個體，或多或少都有自己的標準，也無法避

免會有自我的偏見，需要特別去發現並接納，採取正念來消除偏差。

人活著的一生有太多偶然。我們降生於哪個年代、誰會成為我們的父母、身體是否健康，都不是我們所能選擇的。但這並不代表自我不重要，我們一生中仍須做出很多重要選擇，別將選擇權都交給旁人與社會；若是都交由他人決定，這樣的一生你真覺得自己有真正地活過嗎？只要缺乏自我認知，便總想著活成別人眼中最好的自己。

然而，人們終其一生，為的就是擺脫他人的期待，找到真正的自己——「真我」，追尋「真我」，既是向天地萬物求索，更是一種「內求」的大智慧。中國人造字真是有大智慧，「我」字是由「找」字加「一撇」所組成的；人一輩子就是在不斷地尋找那一撇，有人可能覺得那一撇是健康、愛情、兒女、財富、地位等等或所謂的成功，其實這些都不是答案，這一撇必定是那個「真我」。一旦找到真我，人類才能覺醒開悟。在這之前，每個人其實都活在虛空假象裡。有道是：「修行，都是以假修真。」

一般來說，人是由「社會自我」和「心理自我」所構成，是複雜且多面的。如果可以，請每天留出一點時間用心感受我們的身體，感受我們的意識，覺察我們自己的情緒，分清哪些是假我構建的，哪些是真我所存有的，內在的覺知才能慢慢升起，幫助我們不再迷失在頭腦所創造的假象之中。人生的時間有限，唯有得到正念，才能真正開始屬於自己的人生。不要被教條所限，不要活在別人的觀念裡，不要讓別人的意見左右自己內心的聲音。最重要的是勇敢去追隨自己的心靈和直覺，只有自己的心靈和直覺才知道你自己的真實想法，其他的一切都是次要。當我們不斷認識自己，同時也正是在不斷建構新的自己，這才是生命的真諦。

第 2 章：

恐懼源於未知與缺乏正念

人生有三大根本疑惑：「我從何而來？」、「我是誰？」、「我要往何處去？」。

很多人都是莫名其妙地來，迷迷糊糊地走，這一輩子沒弄明白，就如同匆匆走了一個過場。更多的人搞不清楚活著做什麼才有價值、才有意義？會這樣一切都是源自於缺乏明確清晰的「生死觀」！來時糊塗，去時迷糊，空在人間走一回；要想來去不迷，生死自在，首先得要體悟生命無常。

曾經我有個朋友，在剛剛得知自己的肺裡長了個「壞東西」的時候，感覺自己的世界瞬間崩塌，他還有妻子孩子，實在不知道該如何面對他們。於是他找了我傾訴一番；然而，我的鼓勵並未能徹底幫助到他。原本他有一個非常幸福的家庭，事業成功，妻子賢慧；但因為他突然得到癌症，一切都被打破了。從醫生診斷他罹癌開始，他的情緒變得很糟，不僅他自己在承受痛苦，連他身邊最親的人也跟著他一起受苦，還要承受他的壞脾氣。在灰暗的心境下，他一天一天的消沉、消瘦下去……這就是「無常」來臨時的樣子，就是「死亡」陰影籠罩下的人生，它可以讓強者變弱，也可以逆轉幸福人生為悲情人生！若人生無法做到珍惜每一刻，那就儘量別留下遺憾，儘早對「生死觀」有所認知。

○沙白的故事

網紅沙白20歲的時候被確診罹患紅斑性狼瘡，這種免疫系統疾病目前仍無法根治，紅斑性狼瘡所引起的發炎可能影響許多不同的人體器官，包括關節、皮膚、腎臟、血細胞、腦、心臟和肺，得長期用藥，還不能曬太陽，同時有變胖的副作用，不適合戶外活動……沙白不願意過這樣沒有生活品質的日子，她認為活得精彩比生命的長度重要，她不想忍受病痛苟活到80歲，寧可轟轟烈烈美麗精彩地活一天算一天。

本身十分優秀、精通多國語言的沙白，曾造訪40多個國家創業教跳舞，一年賺180萬花100萬……按照她的說法，她的生命比別人的幾輩子都還精彩。然而，不遵醫囑加上創業旅遊的辛勞，使她的病情加重，當她面臨末期腎衰竭一週須洗腎三次時，做出了自己的決定──到瑞士安樂死，她成為中國境內第一個獲得批准的人。在去之前，她把這個過程在網上公布，此舉猶如在社會上投下了一顆重磅炸彈，如今她已離開人世，但引起的波瀾才剛要開始。

群眾的觀點主要有三個面向：

1. 讚賞

到底該怎麼描述沙白對生命的態度呢？是勇敢、豁達，還是灑脫？她的舉動難以用言詞貼切形容，但是此舉讓很多一生忙碌的人猛然停下腳步，重新思考生命的意義。說不上是支持或反對，因為很多人根本未曾花時間、有意識地去思考生命。沙白的經歷和選擇，對很多讚賞她的人來說，是一次藉此使自己直

面生命的機會，也是一種生命體驗的拓展。從這個意義上來說，是很難得的。

2. 反對

畢竟沙白的做法不管是從法律的層面或倫理上看，甚至是對價值觀而論，都是在挑戰傳統。很多人苛責她不遵醫囑，認為俗話說：「好死不如賴活。」也有很多人覺得她不孝，為什麼不能為愛她的人好好活著。面對這些質疑的聲音，沙白都在她的公開視頻裡做過回應，這是她個人深思熟慮後的選擇。

3. 傳媒觀點

這一類觀點認為，雖然她自己有權為自己選擇，無關對錯，但是公開傳播就是不妥。因為會影響他人效仿。雖然她在視頻中反覆強調不鼓勵其他患者仿效她，但結果卻不是她所能控制的。這個說法固然沒錯，但可能忽略了仿效安樂死的成本高達70萬人民幣，因此實際上造成的影響並不可能太大。

當然，人們在惋惜一個年輕生命殞落之際，也看到她視頻影片中父親強忍著淚水，全程陪伴女兒的偉大畫面，令人動容。同時，沙白的視頻確實能喚醒忙碌的人們停下來思考生命，無論思考的結果為何，能這樣直面生命思考終究難得，沙白確實透過視頻拓展了很多人的生命體驗。我想，她也不捨愛她的父親，留戀這個多彩的人間，但是更看重自己的獨立意志，期望有尊嚴地活著；所以她選擇戴上父親送的圍巾，畫好美麗的妝容，洋溢著微笑，和這個世界瀟灑告別。雖然網路的評論鋪天蓋地，有的讚揚她勇敢、有的抨擊她自私；但終究，沙白已逝，應對逝者給予尊重、對死亡心存敬畏。不管怎樣，沙

白的故事都給了我們一個機會，進一步思考生死的話題，探尋人生的意義。

○ 直面死亡的勇敢，源自對「意識永存」的信念

沙白和父親的對話中提到，他們相信意識永存，死亡不是終點，未來他們必將以另一種形式再次見面。世人之所以害怕死亡，多多少少是因為對未知的恐懼。由於生命的兩端連接著生與死，每個人都是向死而生。正所謂「反者道之動」，死既是此生輪迴的終點，又是下一生輪迴的起點。有人說，這不是唯物論。其實，得看是站在哪個層面上評論。若微觀一點，人體細胞的新陳代謝，便是代表細胞有生有死，幾乎每分每秒生死交替都在進行著；皮膚的細胞每28～45天更新一次，死與生相伴而行。宏觀去看，這個世界每天都有人死、有人生，死與生讓整個世界維持平衡。那中觀呢？就個體本身來看，生與死這兩個時點都是空空如也，差別在哪呢？就像玩電腦遊戲，遊戲開始時你是新手，遊戲結束時你是不是已經過了幾關、升了幾級？即使哪天遊戲結束，你早已不再是遊戲起點的那個你。

如果把人生當作是一場盛大的遊戲，道理是否也一樣呢？所以，稻盛和夫說：「讓我們與生俱來的靈魂向美好的方向變化，這就是我們人生的目的。人生謝幕時的靈魂只要比開幕之初高尚一點點，我們就算活出了價值，就算不虛此生。」王陽明臨死說：「此心光明，亦復何言！」生是為了無憾的死。「無憾」是對此生經歷的滿足，是與真我合一的喜悅，是對此生使命的踐行。

人生謝幕時，靈魂的高尚來自於無愧於心、利益他人。願人在一生終點時能帶走的那些美好關乎真誠與善良，關乎付出與貢獻。踐行人生使命的過程便是今生修煉的道場。唯有清楚自己的使命，才能活得明白、活得熱烈、活得不留遺憾。對平凡的眾生而言，縱使我們的人生不能像科技先驅、英雄模範那般被世人傳頌，但只要你心懷他人，也能在平凡的崗位上贏得尊重。

感謝軟弱給了我們無窮的力量

軟弱實際上是一種「軟弱感」或「脆弱感」，是一種感受，會因人、因時而異，並不是一成不變的；關鍵是你如何看待它。你越害怕它，它就越強大，你正視它，它就是它。你知道它就是這個樣子，該怎樣就怎樣，不與它對立，不過度思慮，就能相安無事。我們總是祝福別人或祈求自己萬事如意、吉祥順遂，然而誰都知道一生中不可能沒有波瀾。沒有波瀾，人生就得不到鍛鍊與成長；沒有軟弱就不會有反省、正視自己的機會。耶穌基督的門徒保羅在《聖經·哥林多後書》第12章9～10節寫道：「祂對我說：『我的恩典夠你用的，因為我的能力是在人的軟弱上顯得完全。』所以，我更喜歡誇自己的軟弱，好叫基督的能力覆庇我。 我為基督的緣故，就以軟弱、凌辱、急難、逼迫、困苦為可喜樂的，因我什麼時候軟弱，什麼時候就剛強了。」

所以好好抱抱軟弱的自己，感謝軟弱的時刻，讓我看到自己，看到軟弱裡所蘊含的平靜而深邃的力量。《道德經》裡說：「柔弱勝剛強。」願我們都能從軟弱裡看見力量，轉化成柔弱的能量！

我們大概都有過這樣的經歷，不願談論生死這件事，這都源於內在有個軟弱的自己，我們害怕由這件事引發情緒上的波動。然而，你越害怕生死這件事，實際上是以不斷「迴避」的表象不停「上演」情緒演化的戲碼，一次次加大負面的情緒，使你喪失處理這件事的認知與能力。

當你能真實地、如實地面對生死，面對自己的情緒和感受時，不必勉強自己，只是平靜而溫暖地觀察自己情緒的變化，很多畏難的、不悅的情感都會因為我們直面人生的真相而自動消失，這時你就超越了恐懼，也超越了軟弱的自我。很多事並沒有我們想得那麼難，那麼糟糕，而你擁有無限潛力改變生命的底色。用迴避或某種看似快樂的痛苦去替代眼下的痛苦，並不能解決問題。真正有效、徹底的辦法是直面它、超越它，這才是正念的起點。

○珍惜生命，熱愛生活

一位知名女作家選擇在家中用一氧化碳自殺的方式結束生命，並對公眾留下了遺書和告別影片。沒想到已經86歲的她，頭腦還停留在青春愛情作家的意識中。她前一天晚上還非常體面地與兒子、兒媳相聚甚歡，第二天便突然與這個世界永別。從遺書中看出她的心態還是挺積極的，不想臨終因無法自由活動而遭罪。女作家一生創作無數，影響了幾代人，她的離開看似很美、很灑脫，但這絕不是善終。

可惜的是她對生命的無知和不珍惜，做為一個擁有無數的粉絲的公眾人物，她的一舉一動都會為整個社會帶來不小的影響，接下來的

日子裡不知道會有多少人學習她、效仿她。據悉她並非絕症纏身，只是因坐骨神經痛苦不堪言，然而她在遺言影片鏡頭裡的精神面貌狀態都非常好，還沒有到活不下去的地步。世人雖能理解她希望能有尊嚴的離開這個世界，這是一個美好願望，但她所理解的「善終權」只是精神層面，她對生死的認識幾乎是一張白紙，不知道自殺後會發生什麼事情。所謂「善終」，最重要的一件事就是善待生命，是不加速也不減緩死亡的到來，而不是在死亡未到之前提前以極端的方式殘酷的終結它，這是一個最大的不善終。就像我們玩電腦遊戲一樣，玩到一半在關鍵點還沒過關，突然不繼續打，直接把遊戲關機，難道能說這遊戲是打完過關了嗎？

儘管她的遺言曾這麼說：「注意！我死亡的方式，是在我生命的終站實行的。年輕的你們，千萬不要輕易放棄生命，一時的挫折打擊，可能是美好生命中的磨練，希望你們經得起磨練，像我一樣，活到八十六、七歲，體力不支時，再來選擇如何面對死亡。但願那時，人類已經找到很人道的方式，來幫助老人們，快樂地歸去！親愛的你們，要勇敢，要活出強大的自我，不要辜負來世間一趟！這世間，雖然不是十全十美，也有各種意外的喜怒哀樂！別錯過那些屬於你的精彩！」

生命是珍貴的，每個人都免不了得面對死亡，唯有珍惜生命、熱愛生活才不枉此生！

生命是什麼？生命是大自然中一種神奇的存在，它有生也有死，有美麗也有醜陋。有人說，生命像一棵樹，人的一生總在不斷地成長，而生命也不斷地在變化著。從一開始的「無知」到「覺知」到最

後「超脫」，我們正是在變化中不斷地認識生命、感悟生命。

　　生命的意義就是使生命在我們活著的時候更有意義、更有價值。讓我們為了自己所愛的人和愛自己的人努力奮鬥，不斷地豐富自己的生命，不斷地創造更美好的生活；因為愛而努力，因為努力而不斷進步，因為不斷進步，所以此生活得精彩。

　　生命就像是一個舞台，我們每個人都是舞台上的演員，在這個舞台上我們為自己認真演出一段又一段精彩而美麗的人生。生命也像是一趟旅行，我們每個人都在不斷地往前行走，然而在前行的過程中，若因風景獨特而停下來欣賞品味，也別忘了該繼續前進；因為在遠方還有更讓你意想不到的風景。

　　生命的價值是什麼？有人說，生命的價值在於創造；也有人說，生命的價值在於奉獻。我覺得這兩種說法都有一定的道理，但也都有一定的侷限性。生命是需要被珍惜、被尊重和被敬畏的。尊重生命、珍惜生命，就是尊重我們自己，就是尊重整個人類社會。生命就是一個不斷成長和感悟的過程，也是一個不斷體驗和經歷人生的過程。生命是神奇的，它像一張白紙，我們可以隨心所欲地描繪出不同的色彩；生命也是脆弱的，它像一顆流星，轉瞬間就消失得無影無蹤。但我們堅信：只要我們努力地活著、奮鬥著、成長著，就一定會擁有一個美麗而充實的人生！

第 3 章：

死亡到底是什麼

　　如果人們能獲得對生死的正念，就會明白死亡與絕症其實並不那麼可怕，可怕的是你心裡的恐懼，恐懼源自於對生死真相的無知。有一位絕症患者說：「我從沒想過要結束生命，在我心裡不存在恐懼，我一定會積極配合治療，創造奇蹟。」一個內心有正確認知且心存希望的人，死神也會尊敬他。

　　人的一生中不時在面臨危險，有些人小時候就曾與死亡擦身而過，因此開始探究生命的真相，認識「無常」其實是無處不在的。我在此分享自己年幼時的親身經歷。當時，年僅9歲的我與鄰居小孩一起在溪邊玩耍，因連日陰雨使溪水漫過水堤，壩上長滿了青苔，我一個不小心腳下一滑，便掉進了大壩裡。潭水非常深，年幼的我不懂水性，沒學會游泳，一口又一口喝了好多口水，以為自己一定會被淹死了。說來奇妙，也許是我命不該絕，又或是神明眷顧，迷糊中我摸到一條樹根，我馬上抓住樹根，後來順著樹根爬到岸邊，順利得救。

　　當時的我原本是注定要葬身水下的，我相信一定是神明給了我一線希望，也許讓我活著不是為了別的，而是為了讓我寫好這本書。當我落水的那一刻，同行的鄰居小孩並沒有看到我，是後來張望發現我不見了，遂害怕地跑掉了。也就是說，他根本不知道我發生了什麼狀況，也不曉得要找人來救我。

這個死裡逃生的經歷一直影響著我，經過生死的考驗，我的心思變得通透，我心裡並沒有責備鄰居同伴，因為在人世間的大部分人都活在迷霧之中，當無常來臨時，只有最鎮定的那一個才能獲救。勇於直面死亡的人，可以諒解這世上的大多數事情！

　　上述所說的可不是一條普通的小溪，由於溪水清澈，風景如詩如畫，隨著溪水在山谷蜿蜒起伏，瀑布連綿不斷。當地政府利用地理優勢，在此處建設了一座水力發電站，從溪中攔截建設了一個水壩，以用來蓄水發電。這對沒有見過什麼大世面的鄉村老百姓來說，確實是個壯觀的大水壩，壩高10米左右，壩寬大約100米，水壩裡有很多鯉魚、甲魚、各種貝殼之類的水生動物，溪裡也有魚貝小蝦，向來貪玩的孩子總在水壩兩側和溪裡玩耍、抓魚、撿貝殼等；到上了小學，便開始以水壩為捷徑，節省到學校的時間。幾十年過去了，現在想想還是有點恐怖，其實那麼高的水壩是非常危險的，小的時候卻不懂得害怕。在我的記憶裡，好像也未曾發生有人跌落受傷或死亡的事故。

　　當我們能勇於直面「生死」，理解「死亡只是一種能量的轉化」，是為了更積極地度過精彩的人生，也是為了當生命最後一刻來臨之時，自己依然能淡定、從容，心存愛意地與他人、與世界和解，對他人與世界保留一份感激與愛意！人活著，每一天都是24小時，開心是一天，沮喪也是一天，選擇以「正念」度過這24個小時，無論健康與否，都要對自己負責，保持良好的心態；每個人都有離開這個世界的一天，誰也不知道那天何時到來，但是我們能做到的就是活在當下，我們終將明白，死亡並非是終點，而是另一個新的起點！

死亡的7種滋味

人們死亡時的心理體驗似乎比我們原先所認為的要廣泛得多，死亡的7種滋味包括：恐懼、看到動植物、強光、暴力和迫害、似曾相識、見到逝去的家人、回憶如幻燈片播放等心臟驟停後所可能發生的事情。

這些心理體驗樣態種類繁多，既有恐怖經歷，又有極樂感受。例如，有些人感到害怕或覺得遭受迫害。「我被迫完成一個儀式……這個儀式是把人給活活燒死。」一位病人回憶道，「當時有4個男人跟我在一起，誰說了謊誰就會被處死……我看到棺材裡的男人被當場燒死。」另一個人記得被「拖過深水」，還有一個人表示：「我被告知即將死去，而最快的方式是說出我所能記住的最後一個短詞。」

然而其他人卻體會到截然不同的感受，有22%的研究對象自稱擁有「平靜而愉悅的體驗」。有些人看到生物異相：「放眼所及滿是花朵植物」，有人說：「看到獅子和老虎」，還有人說自己被籠罩在一道「燦爛的光芒」中，或者與家人團聚。與此同時，有人感覺看到了似曾相識的場景：「我感到自己能提前知道人們要做什麼事情。」高度敏感、對時光流逝的失真感知以及靈魂出竅的感受，也是這些起死回生者們常見的體驗。儘管「人們在死亡當下明顯獲得了一些體驗」，但具體而言每個人解讀這些體驗的方式，則完全取決於他們的背景及其原本存在的信仰。

所有的這些事情——什麼是死亡？什麼又是靈魂？什麼是天堂和地獄？根據人們的出生地和背景的不同，可能會有成千上萬種不同的

解讀。必須要將這些現象從宗教範疇中抽離出來，以客觀的視角看待它們。

○生死是一體的辯證關係

生死就如同農作物發芽、生長，然後開花結果。成熟之後會怎樣？果實會掉下來腐爛，種子會重新回到泥土中，這算是死亡嗎？其實，死亡並非終點，而是另一次生命的開始。避諱談「死」似乎是很多人的普遍觀念。這很大程度上與生死觀教育的缺位有關。很多人小時候，只要提到「死」這個字，馬上就會被大人喝斥。說到底，很多人從來不思考這件事，所以在我們的思想意識裡，根本就沒有死亡的一席之地。

「生死觀」是什麼？就是對生死的觀念，涵蓋生命與死亡，但兩者並非並列關係。生死學的核心就是生死，不是生加死，而是一體的相對辯證關係。何謂一體？舉個例子，一個人說話，一個人傾聽，說話時的邊想邊說消耗了很多腦細胞，傾聽的人邊聽邊思考也消耗了很多腦細胞，有的腦細胞死去，有的腦細胞生成，形成了反覆的迴圈。正因為生死相依，所以不能把生死絕對地切割開來看。落紅不是無情物，化作春泥更護花。

生死雖然一體，但兩者的確也是對立的，正因為兩者存在對立性，人類才有趨利避害的本能。清明時節是農耕世界每年最忙碌的時節，萬物播種，生命復甦，人們在此時紀念先人，原本就是在用生命在緬懷死亡。在播種時過清明節，在豐收前過中元節，都是把對亡者

的追念以最符合生命化的方式處理。

　　坦然面對死亡，是讓人體面離世的一種尊重。臨終陪護，就是跟老人平靜地如常生活，跟他說說外面發生的事情，把他視為家裡尋常的一分子，而不是一個將死之人，這就是給了他最後的尊嚴。

　　世界是無常的，明天和意外哪個會先來，誰也說不清楚；但是，愛能讓人心安，讓我們在不確定的世界裡擁有一顆安穩的心。善終寧靜，就是坦然面對死亡，讓逝者可以體面地離開人世，這是一種必要的尊重。古時候，人到了60歲就會提醒子女為自己準備後事，子女會給父母準備壽衣和棺木，為的就是怕萬一死亡突然到來，倉促之下使老人家走得沒有尊嚴。當老人背上生滿了褥瘡，皮膚潰爛，生活完全無法自理，家屬卻硬是用儀器維持著老人最後一口氣；與其如此，是否該考慮讓老人體面地安詳離世呢？許多病人在臨死之前會有嘔吐、大小便失禁的情況，在面臨無休止的病痛折磨時，人可能是毫無尊嚴的。這是死亡困局的迷思之一，相較之下，與其體面地面對死亡，人們還是更希望能把病治好，繼續過俗世的生活。如果能更坦然地面對死亡，讓病人充分利用最後時間去做想做的事，才能了無遺憾。

　　安寧療護旨在為疾病末期患者在臨終前提供身體、心理、精神等方面的照料，控制痛苦和不適症狀，提高生命品質，讓病患舒適、安詳、有尊嚴地離世。到了生命不可逆的階段，病患通常敏感且恐懼，他們害怕被遺忘、被拋棄，此時就應該進行安寧療護，將緩解病人的痛苦放在第一位，讓患者能平靜、有尊嚴地走完人生最後的旅程。

　　人們對死亡無知的一大表現便是「逃避」，想改變逃避最直接的方式就是接受與提高認知，獲得對生死觀的正念，慢慢克服對衰老和

死亡的恐懼，學會如何與人好好相處，學會愛和被愛。

○靈魂與維度

　　宇宙對人類而言，一直以來都是個神秘的存在，儘管隨著太空科技的快速發展，我們已能前往地球以外的星體，但也是因為科技的侷限，使得我們僅能到達地球的附近而不能航向遠方。宇宙之大，是現在的我們所難以估計的。即便如此，現實還是無法阻止人類探索世界的腳步；為此，科學家大膽提出了一個更進一步瞭解宇宙的假設。他們認為，或許人類死後就能知道宇宙的秘密了。不少人認為，儘管人類死了，但這只是他們失去了有形的肉體，其實靈魂還是存在於地球上，只是我們看不到這些靈魂的存在。此外，也已經有科學家曾利用儀器探測到靈魂的存在，故證實了靈魂是真實存在的這一觀點。

　　科學家認為，或許靈魂能揭開宇宙的奧秘，當肉體死亡後，人類的靈魂將失去載體，飄蕩在空氣之中，因此，他們極有可能在宇宙中隨處飄蕩。或許有的靈魂在飄蕩的過程中真能到達宇宙的邊際，甚至發現宇宙中一些不為人知的奧秘；但是由於他們只是魂魄，不能與人類進行交流，故無法將所發現的資訊傳遞給人類。

　　這樣的想法在很多人看來或許像是天方夜譚，但我們得記住，世間萬物的存在皆有其意義，如動物活著有其活著的意義，死後也有其死後的貢獻，人類亦是如此；當人死了之後，或許其靈魂的意義就在於發現宇宙、探索宇宙呢！

現代尖端科技界提出了「曲速空間[1]」的這個概念。

打個比方：紙上有相距10釐米的兩個點，A點和B點。從A點出發，至少得跨越10釐米的空間才能到達B點。但如果把這張紙捲曲起來，使A點與B點重疊，那麼A到B的距離就變成了0，使人可以直接從A點跳轉到B點，不需要經過任何的時間和空間。這就是時空隧道或稱為「蟲洞」的產生原因。

我們再談談時空維度[2]，我們知道點構成了線，線構成了面，面構成了體。點是沒有維度的，稱為零維。無數的點構成了線，直線是一維的，它只有長度這一個維度。無數的線構成了面，平面是二維的，它有長、寬這兩個維度。無數的面又構成了體，立體是三維的，它有長、寬、高這三個維度。我們人類所生存、所能認知的這個世界就是三維空間，我們生存在三維度時空之中。那麼究竟有沒有比人類更高維度的時空存在呢？

根據現代物理學的尖端領域——弦理論（英語：String theory）認為：我們這個宇宙至少有11個維度的存在，還有很多維度是我們人類感受不到但確實存在的。低維度時空可以在高維度時空中發生扭曲，而開啟時空之門。比如，一條直線是一維，紙一樣的平面是二維的，我們可以在二維的時空之中將一維時空扭曲，將這條線在紙上彎曲，成為曲線。再比如，我們人存在於三維時空之中，而一張紙是二維的。我們可以將這張紙折成紙箱，或卷成紙筒，那麼這個二維的平

---

[1]「曲速空間」即 space warp，百度百科譯為「翹曲空間」，出現在《星際大戰》等科幻電影中，物理學家尚未找到這種超光速航行技術如何實現。

[2]「維度」，又譯「次元」，英文為 Dimension，是描述物件狀態所需要的獨立參數（數學）或系統自由度（物理）的數量。

面便在三維時空中產生了扭曲。同理，三維的時空也可以在四維時空中產生扭曲……

我們都是三維度時空中的生命，我們所能認知的這整個世界都存在於三維度時空之中。

那麼更高維度時空中有沒有其他生命的存在？

現代科技界目前還無法證實高維度時空中的生命存在，但同時也無法否認他們的存在。若高維度時空中存在著生命，那他們對我們人類來說，就是高層生命、高級生命。我們可以先抱著這個假設，如果最後這個假設能夠被圓滿解釋，沒有漏洞，那麼它就是成立的，這才是科學的研究精神。

低維度時空中的生命，並不知道高維度時空的存在。因為他們受所在的時空維度限制，在思維結構上往往跳不出他們所在的時空維度，接觸不到，更無法感知、理解高維度時空中的存在形式。而高維度時空中的生命卻可以隨意進入，或離開低維度的時空。比如，水平面是一個二維度的時空，我們在三維度時空之中將一片樹葉放在水面上，那麼這片樹葉就進入了這個二維度之中，憑空出現。我們在三維度時空之中，再將這片樹葉拿走，那麼樹葉就在這二維度時空之中憑空消失了。

歐洲大型強子對撞機（英語：Large Hadron Collider，縮寫：LHC）是現在世界上最大、能量最高的粒子加速器。坐落在瑞士和法國交界處的侏羅山地下100米深處，於2008年開始啟動。目前在大型強子對撞機內發現了一種奇怪粒子，說它是粒子，但是它卻可以無故消失，說它不是粒子，有時又會真實存在於我們的世界裡。這種粒子

被稱為奧德龍粒子（Odderonparticle），也就是說奧德龍粒子能在我們這個世界中無故消失，又能憑空出現，神祕莫測。

另外，高維度時空中的生命雖然可以隨意進入低維度時空之中，但是不能完全進入，只能片面部分的進入。比如，水面是二維的時空，我們在三維時空中將一隻手垂直放下水面中，當中指最先進入水面時，在水面這個二維時空中所呈現的只是中指的橫截面——如同一個圓的形狀。當兩根手指進入水面後，所呈現的也是兩個圓、兩根手指的橫截面……永遠無法完整的呈現整個手的樣子。當我們向二維時空中的生命講解手的樣貌時，它們是無法理解也無法承認的，因為它們的思想和認知領域中沒有這樣的概念，它們缺少一個維度。它們認為三維時空中的手是一個圓，或幾個圓。這只能像是盲人摸象一樣，認為大象是一根柱子，或是一根繩子……這在它們的層次維度中看似正解，因為在這低維度中所呈現出來的就是這樣，但在更高維度中看來，卻是荒唐可笑的。所以世間流傳著一句格言：「人類一思考，上帝就發笑。」

假如地平面是一個二維的時空，我們人站在大地上，這個二維時空就在我們的腳底下。我們會說這個二維時空是地，是泥土。但這麼說，這個二維時空內的生命無法理解，它們概念中的地、泥土，只是它們腳底下的那一條線，那條一維的線。它們會認為我們三維時空中人所說的地，只是地上的一條線，而不是它們所在的整個地平面——他們的整個時空世界。這是因為不同時空維度的內涵差異，所造成的錯誤理解。同樣的道理，我們人類所在的三維時空，僅只是靈魂所在的高維度時空體系的最表面、最低層。

我們所在的這個三維時空是由原子構成的，我們這個時空內的一切都是由原子這層粒子所構成的，所以我們這個三維時空又稱為粒子時空。

○人類具有無限的潛力

受三維認知干擾，人類一步一步失去了用自己的心識體察宇宙的能力，這種能力就是現代人類的潛力，是每個人都具備的。如果你自我發現並使用這些潛力，用自己的心識操控能量運作，作用於物質，那麼一切物質在你眼中就不再是束縛。靈魂不是單一運動的，而是以靈魂群的方式整體存在。靈魂群在物質和能量世界的機體轉化也是以整體的方式運作，於是就存在更高維度世界的生命群體與機制。宇宙中有多種維度存在，每個維度有很多層面的能量性和物質性存在，並相互交織在一起。每個層面有很多時空，時空不一定以線性存在，有彎曲、圓性、折線性等能量和物質變化而存在。這些全部重疊、交叉在一起，構成了無比複雜龐大、超出任何想像和任何知覺的一個無限存在。無限靈魂的心識運動，無限的能量流動和無限的物質存在就處在這個無限的範圍內。一切都在運動變化著，一刻不停，並無限的進行下去。

第4章：

解讀生命：天命、地命、人命

除了生死，人生一切事都是小事，從生死的根本出發，關懷、關愛每一個人，就是大愛！

近二十多年來，筆者對人體健康進行了各種深度的研究思考，舉辦參與各種健康養生講座、健康促進營等線下活動，進行身心靈的教育輔導、各種正念冥想的學習與實踐，再加上鑽研學習《黃帝內經》、《道德經》、《易經》、《聖經》等各種典籍及各種屬靈書報刊物；加之，筆者以一顆慧心時時觀察周遭形形色色的人、事、物，對於人的生命有自己的解讀和理解。

○ 天地人三命

天命就是宇宙法則，生命的終極規律。天命的核心是超越個體的自然法則、宇宙運行的規律。天命是指不以人的意志為轉移的客觀法則，比如：太陽東升西落，四季更迭；生老病死，萬物更替；因果迴圈，能量守恆。

它是更高維度的存在，不管個體如何掙扎，都無法改變。我們只能順應天命，理解它的規則，在其中找到自己的定位。如果把天命比

喻成一條大河，所有其它生命都是其中的浪花，河流的方向已定，誰都無法左右，但可以調整自己在河流中的姿態。

地命就是環境限制，個人的外在條件。地命的核心就是出生環境、社會結構、文化背景、家族命運。地命是個體所處的外在條件，包括你出生在哪個國家、家庭；你的經濟狀況、教育資源；你所處的社會環境、時代機遇。

這些因素塑造了你的起點，但並不決定你的結局。不同的人在相同的地命下會有不同的發展，這取決於如何運用自身的智慧和努力。如果把地命比喻成一塊棋盤，你無法選擇起手的棋子，但你可以決定如何走好接下來的每一步棋。

人命就是自主選擇，個人的修為與成長。人命的核心就是個體的選擇、修煉、智慧和心性。人命決定了你如何面對天命和地命，如何在有限的條件下，活出最好的自己。例如，你如何應對逆境？你如何選擇自己的道路？你能否修煉自己的心境，活得自在？

人命是唯一可塑的部分，它決定了你能否超越地命的限制，甚至影響你對天命的理解和接受度。如果我人命比喻成掌舵的經驗和技巧，你無法決定海洋的風浪（天命），也無法改變你手上的船隻（地命），但你可以學會掌舵，讓自己安全地到達理想的彼岸。

○天地人三命的關係

天命是客觀規律，無法改變，只能順應理解。地命是外在環境，給予了你限制或機遇。人命是個人選擇，決定你如何應對前兩者，活出自己的精彩。真正的智慧在於敬畏天命、善用地命、修練人命，最終達到順勢而為、安然自在的生命境界。

○人體包括四部分：肉身、魂、魄和靈

只有人的肉身是屬於三維空間的，受時間和空間的限制，其它三部分都是屬四維或更高維度空間的存在，不受時間和空間的限制。魄常常以附體的方式存在。

人的肉身有生有死，肉身會衰殘、敗壞、化為塵土，魄會散盡、不再聚集。魂是人裡面最複雜的生命層面，包括心思、情感、意志，可以出謀劃策，思緒萬千，穿越時空。而人的靈與魂是不死不滅、不垢不淨、不增不減、永遠長存的。

○人的靈需要激活才有功用

靈只能接受靈界的能量資訊，靈是人裡面最深處的一個隱藏的、最單純的、看不見的、生機的、無形的器官，對於一個靈尚未被活化[1]、尚未開悟得救贖的人來說，他的靈是沒什麼功用也沒什麼特別

---

[1]「激活」一詞，原本用來形容軟體通過密碼的驗證，而得以使用的狀態，有活化、啟動的意思。

感覺的，然而一旦某天機緣巧合，緣分到了，他開悟得到了救贖，他的靈便被激活啟動，就像瞎眼的人重見光明，能看見一切，得到了新的生命！隨著持續的修行、自律鍛鍊，靈就會慢慢成長，當靈性有了一定的增長，從量變到質變，就能參透萬事萬物，成為像古人說的先知，就能過不一樣的人生，超越生死的人生。

人人情況不一，有人年紀輕輕就獲得開悟，有人終老一生至死也沒有開悟，有些人靈性很快成長，而有些人靈性卻始終原地踏步。

○激活的靈有10大特徵

靈可以從其本質和作用來加以理解。它是人生命中最本源、最高維度的部分，被認為是超越肉體與魂的永恆存在，與宇宙神性有直接聯繫。

被激活的靈至少有以下10個主要特徵：

①永恆不滅

靈能超越時間和空間的限制，是永恆存在的本源；無論肉體如何變化死亡，靈的生命始終存在，不受世俗生死的影響。

②純淨神聖

靈代表生命最純淨、無瑕的部分，超越情感、慾望和世俗束縛，是人跟宇宙神聖本質連接的核心。

③無我包容

靈不以「自我」為中心，它超越個體意識的侷限，具備無我、利他、包容的特質，與萬物一體、和諧共生。

④智慧真理

靈承載宇宙真理與至高智慧，能洞察生命的本質，超越短視的現實感知，直達深遠的生命意義與存在目的。

⑤超然主導性

靈是人生命的最高指導，不受肉體需求和情感波動的影響。在理想狀態下，靈能主導人的魂與肉體生活，使人生趨於和諧、平衡和圓滿。

⑥超越性與連線性

靈具有超越個體存在的能力，它不僅屬於自己，還跟宇宙、自然、神性、他人的一切生命有深刻聯繫，是生命彼此相通的橋樑。

⑦使命啟發性

靈通常與一個更高的使命相連。它能推動人們追求真理、實現價值、完成自己在宇宙中的角色，並經由激活啟發讓人感知內在的神性和更高的生命目標。

⑧能量與振動性

靈是一種高頻率的能量存在，其振動狀態遠高於肉體和魂。它能影響人們的生命能量場，透過與自然宇宙的能量互動，使生命充滿活力與正向能量。

⑨超越善惡的覺性

靈能立於超越善惡二元對立的維度，理解宇宙的整體性與萬物的和諧。它的視角是全然的、接納的，而非評判性的。

⑩創造與化生性

靈蘊含無盡的創造潛能，能通過啟發和指引使魂實現突破，帶來智慧的光芒、藝術的靈感和生命的更新。

靈是生命的最高維度，具永恆神聖的智慧，是人類生命與宇宙神性連接的核心。它以無我的姿態引導魂和肉體，幫助人超越侷限、實現和諧圓滿。透過與靈的連接，人們能感知生命的真實意義，體驗更深層次的安寧與喜樂。

○人的魂有9大特徵

①意識與感知

魂是人類意識的載體，具有感知、思考、記憶和情感的功能。它是人們自我意識的核心，能夠分辨善惡、喜怒哀樂，經直覺或靈感感知外界資訊。

②個體獨特性

每個人的魂具有獨特的性格、愛好、價值觀和習慣，這種個體性源於靈與環境、經歷的共同作用，形成了獨一無二的生命表達。

③成長可塑性

魂在一定程度上是可塑的,能經由教育、修養、經歷等途徑改變成長。例如,反省修練,人可提升心靈的平和智慧。

④與身體的依附關係

魂在世時依附於肉體,借助肉體的感官與物質世界互動;但肉體只是魂的暫時居所,魂的存在超越肉體的生死。

⑤與靈的連接

在許多傳統文化宗教中,魂被認為是連接肉身與靈(更高次元或神性)的橋樑。靈是生命的本源,而魂則是靈在個體生命中的表現形式。

⑥受到情緒與外界環境的影響

魂易受到情緒波動、外界環境以及人際關係的影響。這種影響可以是積極的(如鼓舞、激勵)或消極的(如創傷、壓抑)。

⑦永恆性與輪迴

在許多宗教與哲學體系中,魂被認為是永恆存在的,會隨著肉體的死亡進入另一個存在狀態,或經歷輪迴、轉世。

⑧帶有使命意義

魂常被賦予一個獨特的生命任務或使命,讓人得在人生旅程中探索完成。這種使命可能與愛、成長、服務他人或自我實現有關。

⑨與內在的和諧息息相關

魂的健康狀態取決於內在是否和諧，是否能順應自然規律，與身體、靈性以及外界保持平衡。修練和調養（如冥想、禱告、反思）能使魂更加純淨強大。

魂既是人類自我意識的核心，又是超越物質生命的重要維度。它具有獨立性、感知性、成長性和使命性，但也需要與靈性、身體以及自然世界保持協調，才能實現其真正的價值意義。

洞悉生死，死亡便不再是一座高牆，而是一扇通往新生的門

瞭解到生命的組成結構，領悟了生命的意義與價值，才能真正建立「正念的生死觀」。

本書透過「正念的生死觀」為讀者構建圓滿富足的自在人生。圓滿富足的人生需要有四觀：生死觀、世界觀、人生觀和價值觀。

正念的生死觀是決定人生命運前途走向的關鍵，生死觀決定著一個人的世界觀，世界觀塑造人生觀，而人生觀最終影響著我們的價值觀和幸福感。正如同種子決定了樹的樣貌，生死觀深深紮根於我們的內心，影響我們如何面對生活的高山低谷，也決定了我們如何告別這段人生旅程。因此，正念的生死觀，是整個人生的基礎，唯有優先解決基礎問題，其他問題才能迎刃而解！

每個人來到這個世界上都有自己的使命，沒有貴賤之分，只是

使命不同，即分工不同而已，每一個人都是來學習修行的。從「正念的生死觀」出發，覺醒和修行的路上四個最最重要步驟是：知道、悟道、行道和得道。「四觀」，加上「四道」，人生才能真正圓滿！

知道，是覺知，是對生命課題的學習，知曉生命和死亡的真相，理解人生的無常；

悟道，是覺醒，是在生命體驗中參透真理，明白活著的意義；

行道，是實踐，是以覺悟之心落實於生活點滴，珍惜當下的每一刻；

得道，是圓滿，是心靈自由，超越生死，達至平靜與智慧。

這「四道」看似簡單，實則貫穿於我們生活的每一個瞬間。

你是否曾因害怕失去，而忽略眼前的幸福？

你是否曾因死亡的陰影，而失去享受生活的勇氣？

當我們走在「四道」之上，死亡便不再是一座高牆，而是一扇通往新生的門。

生命是什麼？關於這個問題，不同的人給出了不同的回答。基督徒認為生命是上帝的作品，文學家認為生命是情感的載體，化學家認為生命是一系列化學反應，早期的生物學家並不追問生命的本質，他們關心的是生命是如何進化的；如今，分子生物學家會把生命的基石理解為一系列基因和組織蛋白（histone）。

○從物理學理解生命

物理學家之間流傳著一句玩笑話：「所有的一切在物理學家看來，統統都是物理學問題。」薛丁格（德語：Erwin Rudolf Josef Alexander Schrödinger）認為，物理學一定能對理解生命的本質有幫助。

在薛丁格的時代，科學家還沒完全理解遺傳到底是怎麼回事。人們還不知道DNA是長鏈雙股螺旋結構，也不知道DNA的內部組成成分，不知道遺傳物質是核酸。當時的技術條件僅僅能識別染色體。薛丁格注意到，生物學家會用X光（X-ray）引發突變。他進一步發現，X光所能影響的原子數量很少，但為何卻能引發這麼大的影響？照射過X光，就能使果蠅突變，要麼長不出翅膀，要麼沒有眼睛。薛丁格推測，原子本身不可能帶有太多資訊，真正的遺傳密碼是在基因之中。一個基因中所包含的原子數量之少是無法克服漲落效應的，但是，遺傳性狀的穩定性來自於基因組的結構。物理學家熟悉的是晶體結構，然而生命的密碼是建立在非晶體結構之上。

○生命科學出現的兩次革命

在薛丁格之後，生命科學出現了兩次革命。一是分子生物學的革命，其重大指標是DNA的發現。分子生物學的出現，受到薛丁格等物理學家的極大影響。同時，物理學還為生物學提供了X光、核磁共振、電子顯微鏡、高速離心機等工具。二是基因組學，就是我們所說

的測序,這是數學、電腦科學和生物學的交互重疊。分子生物學使我們得以像瞭解一輛汽車的零件一樣,對細胞、染色體、DNA等有了透徹的瞭解。基因組學則是把「生命天書」給拷貝了下來。這好比是汽車的維修手冊,出現什麼故障問題,該怎麼修復,書上寫得清清楚楚。甚至像是人為什麼會衰老,如何防止人們衰老等問題解答,其實統統在這本天書之中;只是,我們對這本天書還沒能完全讀懂。

現在,生命科學正在經歷第三次革命。這次革命最大的特點是:生命科學和物理、化學、工程不再是簡單的交叉重疊,而是我中有你、你中有我,共同發展,共同驅動。

生命的概念構築在所謂的「非週期性實體」(aperiodic solid)的基礎上,同時也將DNA解讀為蘊含生物遺傳基因定序密碼的高分子聚合體。

許多人將生命理解為一種全或無、非黑即白、非正即反、非此即彼的現象,涇渭分明地毫無重疊。然而,讓我們來設想這樣的一種可能性——生命或許是一種具連續性、可標準化、也可度量的屬性。同樣的,許多思想家也試圖將生命奉為「巔峰級的複雜性」。但讓我們試著將這句話中的「複雜性」換成「複雜性再現」(replicated complexity)或「交互資訊」(mutual information)吧!

兩張由大量隨機分布的墨點所組成的圖像看起來可能同樣複雜,相似之處與不同之處一樣多。同樣的,兩塊石頭的原子排布形式也許看似一樣複雜。但如果我們看到的是呈鏡相對稱的複雜墨點,譬如羅夏克墨漬測驗(Rorschach Inkblot Test)中的圖案,抑或是一塊「有生命的石頭」,我們就會產生這樣的感覺:這麼多資訊應該不是經由

一種可預測的方式從上一張到下一張、從上一片葉子到下一片葉子、或者從每一片葉子中的上一個細胞到下一個細胞所複製傳遞的。兩種複雜的隨機圖案可能是無機無生命世界的一個微不足道的產物，但兩種看起來幾乎近似的複雜典範則往往是一個生命的指標。

○用生物學思維理解生命

我們是誰？我們從何而來，又將向何處去？這不僅僅是科學，甚至也是藝術，長久以來共同關注的「天問」，卻至今沒有一個確鑿統一的標準答案。

經歷了40多億年的時間，演化歷史上的許多重要事件早已灰飛煙滅，「但今天每一種地球生命的體內都蘊藏著來自古老祖先的遺傳信息，都記錄著過去幾十億年地球氣候環境變遷的歷史，以及對生物特徵的修飾和篩選」。把其中的要點解析出來，就能找到他想闡釋的地球生命現象的底層邏輯和普遍規律。

如果把生命比作一座大廈，那麼構成大廈磚頭瓦塊的就是氨基酸、蛋白質、RNA、DNA等物質。氨基酸是地球物質最重要的基礎，米勒的燒瓶實驗尚且可以輕易地造出它們，意味著想要得到這些生命的原材料還不是太難。問題是，從氨基酸到更複雜的蛋白質、RNA、DNA的過程就不那麼自然而然了。是什麼驅動力讓它們從混亂的狀態中產生秩序，好將大廈的材料組裝起來，保持穩定的結構？答案是能量。

從普遍的能量使用方法中，推出了兩個非常重要的基本概念——

ATP及其合成酶。有了材料，也有了組裝的方法，可大廈的構建怎麼可能一帆風順？即便建成了，經歷多少意外、破壞仍能亙古不衰的理由又是什麼？那便是自我複製。物質、能量、複製是構成地球生命最基本的三個要素，可至此，演化的歷史已經過去了將近10億年，第一個獨立的細胞還沒有誕生。原因是，缺少了能把能量分子和遺傳物質包裹起來的結構，也就是細胞膜，稱之為「分離之牆」。一層小小的薄膜勾連出科學家持續300多年的研究歷史，這大概是科學探索曲折反覆最經典的案例之一了。

接下來的環節，單細胞生物開始走向了複雜化的歷程，生命的多細胞形態使地球有了無窮的可能性，因為不同的細胞出現了精細化分工。演化的方向雖然不是從低級到高級、從簡單到複雜，但對今日的人類而言，演化史上最匪夷所思的一幕最終上演了，那就是智慧。從知覺到學習記憶，從合作到語言，直至自我意識。

有關生命的主題總充滿神秘難解的特性。愛因斯坦說：「我們所能感受到的美是神秘的，神秘性是一切真正的藝術與科學的來源。」所以，只要對這個世界、對我們自己還抱有好奇和興趣，都可以試著去撥開生命的迷霧，一窺究竟。

「在這個過程中，不要在意你吸收了多少知識，重要的是，人們能瞭解生物學家是循著什麼路徑來理解這世上的生命現象，生命現象反過來又能被拆解成哪些底層和通用的概念思考。」

希望，不論你幾歲、從事什麼行業，都能因此感受到生命之美、科學之美、科學探索之美。

○靈魂是一種永恆的意識或能量

人類正站在人生的邊緣上，向後看的同時，也別忘了向前看。向後看，人生來這一世，究竟是為什麼呢？為了探索人生的價值；那麼如果向前看呢？難道往前走到人生的盡頭，就什麼都沒有了嗎？當然，人的軀體死後火化就沒有了，但人的靈魂呢？難道也消失了嗎？大多數人以為靈與魂是分不開的，常常混為一談，我們更是得深入思考，洞悉一切。

當我們思考深層生命話題時，有兩大主題必須探討，一是人生的價值，二是靈魂的去向。前者指向生，後者指向死。當我們的思考越來越深入，便會明白這兩個問題其實是密不可分的。

人生在世，得更深入地挖掘明瞭靈魂的最終目的。我們生來都有一個目標，即是在核心深處已被烙印我們體內的某些東西，有待我們此生實現。

我們大可經由仔細觀察周遭世界中的一切來理解這點：所有生物的生活都被設定此生為為了尋求增長，改變和擴展而來；所有的動植物、宇宙星體等都經歷了這樣的迴圈，包含我們人類也是。

因此，基於這樣的觀察認定，靈魂的最終目的是成長得更為成熟。事實上，為了達到這個目的，靈魂得經歷了許多不同的階段。

當開悟發生時，個體的靈魂會重新全面融入於精神之中，當將自己的理解為個體的意識下降漂移得夠遠時，就像墜入深海一般。一旦靈魂落入超靈（最高等靈魂）的狀態，這樣的經歷通常會被稱之為「回歸天家」或「返回我們的本性」，能超越生死、操縱、脫離恐懼

生活的有限自我，達到無我與永恆。

但是，這趟旅程可能花上一輩子也未必能達成，甚至連開悟也不見得是終點，因為任何靜態的東西都是死的；最終，靈魂仍是永恆不滅的，世上不再有死亡，因為靈魂始終會不斷地深耕擴展。

靈魂是一種永恆的意識或能量，具有自己的身分意識，生生世世都不會改變。

靈魂在本質上是「宇宙意識」（Universal Consciousness）的一部分，而「宇宙意識」正是創造靈魂的最初源頭，永恆則意味著意識將無法遭受破壞，因為能量不滅，只可能改變形式。

當我們在討論靈魂時，顯然是在描述能量的本質，而這與意識能量本身是毫無差異的。當討論靈魂時，最重要的問題是使自己如何不仰賴任何類型的信仰，而能客觀地確認並體認到自己的靈魂。換言之，人們能在內心向自己證明──自己的確具備靈魂，同時能透過某種方式體驗靈魂。

○ 如何證明物質是假象

1927年丹麥物理學家尼爾斯·波耳提出了光，即物質既是波也是粒子；物質具有波粒二象性。1935年物理學家阿爾伯特·愛因斯坦為了反駁波耳的解釋，提出了EPR悖論（相距無限遠的兩個光子之間不可能存在如幽靈般的瞬間聯繫）。1964年，物理學家約翰·貝爾提出了可經由實驗進行檢測的貝爾不等式（即貝爾定律），用以檢測兩

者何為正確。在檢測技術不斷成熟後，1982年法國物理學家阿蘭‧阿斯佩用無庸置疑的確定性實驗打破了貝爾定律，一勞永逸地證明了波耳的假設是正確的。這讓世上所有物理學家們不得不去接受這一違反常識、無可辯解、沒人能想得通的結果：「物質既是波也是粒子。」（實驗證實了兩個光子無論相距多遠，都能如同是一體似的存在著瞬間聯繫；這證實了一個光子在檢測之前，它同時存在於宇宙空間中的任何一點上）

　　由此所帶來不可思議的結果是：在意識之外一切物質，都以不斷在進行擴散著之「波」的方式存在著。在意識的當下，波即崩解為粒子，物質即成為實際的存在。

　　由此帶來的進一步結論是：假設有一個精神實體存在於大腦中，組成大腦的電子、原子、神經細胞就必須是實際存在的。然而波粒二象性讓你及世上的人們不得不去接受一個違反常理的結果——組成腦神經細胞的光子、電子是由另一個「非原子」的物質使腦中的電子光子等藉由擴散的波崩潰為實在的粒子，然後才出現原子、蛋白質、細胞以及出現神經電流的發放，繼而才產生出精神現象。所以，精神現象只是個假象，不是先有物質及腦才出現了「心」，而是先有了「心」，然後才出現了物質及腦，繼而才出現了「精神現象」（妄心）。所以，創造出物質的存在，即讓波崩塌為粒子的「心」並不存在於肉體的大腦中；反倒是大腦及其突顯出的精神現象（妄心、靈魂）才是「真心」所創造出來的假象。

○量子力學證實靈魂存在

美國亞利桑那州大學意識研究中心主任、心理學和麻醉學系教授史都華‧哈默洛夫博士提出這項準宗教理論，基於「引力導致量子系統坍塌」的意識量子理論，他和英國物理學家羅傑‧潘洛斯提出──靈魂源自於大神經元內部的量子計算中產生。據他們指出，瀕死體驗是一種微管量子引力效應，此一效應稱為協調客觀還原（英語：Orchestrated objective reduction，簡稱Orch OR），因此靈魂並不只是大腦神經元之間連接的產物。

事實上，靈魂在宇宙中形成的說法與佛教和印度教理論──「人類意識是宇宙的主要部分」十分相似。基於這些信仰，哈默洛夫博士稱，人類在瀕死體驗中，由於腦神經元微管失去其量子態，其中的量子資訊並未遭到破壞，便能離開身體，返回宇宙。

諾貝爾生理醫學獎得主法蘭西斯‧克立克經過一系列的論證，曾提出一種說法：靈魂不存在於宗教，不存在於哲學，也不存在於心理學，唯獨生存於高維世界之中。靈魂或說意識能與大腦分離，且無法以科學理論解釋已經是過去的舊神話。回顧人類研究大腦的歷史，早已不僅只是刻畫大腦如何接受刺激，而是掌握了「人類的靈魂本質」。

○人的靈魂隸屬於高維空間

靈魂，一指傳說附在人的軀體身上作為主宰的一種非物質，靈魂

隸屬於高維空間。由於靈魂不生不滅，離開軀體之後人即死亡；二指生命的精神、思想、情感等；三指人格、良心；四比喻事物中作為主導或決定作用的因素。

根據人類學家的研究推測，距今25000至50000年前的人類就已經具備了靈魂的觀念，或人死後靈魂繼續生活的概念。然而大抵而言，原始人所具有的簡單古樸之靈魂觀念，往往含有強烈的物質性格。直至宗教、哲學漸次發達之後，人類的靈魂觀始趨向非物質化之「精神統一體」。

從來就沒有證據能顯示人死後還有生命，也沒有證據能證明死後沒有生命。究竟什麼是前世？前世，即今生之前的世界。你相信前世今生嗎？相信的人都說，是前世的因緣，造就了我們今生的個性與境遇。你的前世是達官顯貴？還是一介布衣？你可曾感受過前世的影響？很多時候，我們在做某件從未做過的事情時，竟會產生似曾相識的既視感，彷彿自己早就經歷過了一樣。據說這樣的記憶與自己的前世有關，是前世的你對今生的你產生了影響。

○證明世界上有「靈魂」的5大實驗證據

靈魂是否真的存在？這個問題一直是人類所談論和爭論不休的話題，至今一直沒有一個準確嚴謹的科學解答。對於世界上到底有沒有靈魂，有一系列令人好奇的科學實驗，都在極力證明世界上有靈魂存在，你知道是哪些實驗嗎？今天我們就在這裡介紹人類曾經做過許多關於靈魂的實驗。

一、靈魂的重量實驗

有人說，人類之所以能與其他生物有所區別，那是由於人類擁有不可思議的靈魂。靈魂是什麼？靈魂是否真的存在？人類雖然對此進行過許多的探索，但是至今也沒能給出個準確的答案。據說在20世紀初的美國，有科學家為了證實靈魂真的存在，做了許多死人的體重實驗，並得出了靈魂存在且重達21.3克的結論。

死人體重實驗是指根據測試人類在死亡瞬間的體重變化，來探究靈魂是否真的存在。早在1907年，就有一位名叫鄧肯·麥克杜格爾醫生，在美國麻州的哈佛山進行實驗。當時麥克杜格爾醫生將六個身材性別不一但奄奄一息的病人安置在能準確的顯示他們體重的特製病床上。參與研究的六位病人在死亡的瞬間，體重都不約而同地減輕了21.3克；而麥克杜格爾醫生也嘗試在相同條件下對15條將死的狗做出了相應的實驗，結果這種現象並沒有發生在狗的身上，牠們死後的體重並沒有絲毫變化。麥克杜格爾醫生經由這樣的實驗得出一個結論——人類的靈魂確實存在，且重達21.3克；然而，從這個實驗結果卻顯示，狗似乎沒有靈魂？

二、人死瞬間的靈魂出竅事件

在死人體重實驗80年後，也就是1987年，一張疑似靈魂出竅的照片，在科學界引起一陣騷動與熱烈討論。這是墨西哥的一位心靈學家胡力安·馬爾撒斯所公布的病人死前一剎那的照片；照片中，病人在死亡的瞬間，有一道白色的影子正從身體向上衝。

心靈學家解釋，這就是死者的「靈魂素粒子」即將離開死者的軀

殼，這種初次出現的靈魂，在心靈科學上被稱之為「靈魂的正體」一旦失去了它，人體便無法再生存了。靈魂學研究者把附著於人體的物質稱做「靈魂素粒子」，當人死後，靈魂素粒子就會從人的體內跑出來，隨後人體便只剩下一具沒有靈魂的軀殼，這具軀殼隨著時間的消逝，不久就會腐壞。

在此之前有很多人仍不免質疑死人體重實驗的真實性，而靈魂出竅事件讓此事變得看似更加可靠起來，但對於人死後靈魂去了哪兒卻一直沒有定論。

三、靈魂轉世實驗

澳大利亞心理學家彼得・拉姆斯特（Peter Ramster）1983年拍攝了一部名為《靈魂轉世實驗》（The Reincarnation Experiments）的紀錄片。實驗期間，拉姆斯特發現了靈魂轉世頗具說服力的證據。

在紀錄片中，一個女人憶起她在法國大革命期間的生活。在處於恍恍惚惚的狀態下，這個人能講一口純正的法語，能以法語對拋出的問題應答如流，並熟諳一些街道的舊名稱，即使這些街道的名稱早已改變，只在舊地圖上才找得到。

全球最受歡迎的精神科回溯催眠治療專家布萊恩・魏斯博士（Brian Leslie Weiss）表示，一些真實的夢境可能是前世的記憶。而有4個跡象或特徵可以說明一個人擁有自己的前世。

1.似曾相識的既視感（法語：Déjà vu）

擁有前世最常見的跡象之一就是似曾相識的既視感，在你見過

一個人或到過什麼地方以前，就對其擁有一種似曾相識的熟悉感。這種似曾相識的感覺正是在前世與特定的人或特定地方曾有接觸的訊號。

2.你的夢就像真的一樣

當你做了自己在不同時間地點非常生動、詳盡的夢時，那可能是前世記憶的湧現。過去的生活回憶不盡然是實際的回憶，它們可能包含一些跡象，需要加以解釋，使其背後的意義和資訊能夠變得清晰。

3.天賦和興趣

當一個人擁有非凡的才智和能力，對喜歡的感到有吸引力，與對不喜歡的好惡分明，這些都可能是前世的線索。這些線索包括：你可能被自己從未接觸過的某些人或文化深深吸引，即使你從不認識他（它）們。你可能會發現學習特定科目職業比別人容易。歷史上不乏一些令人驚異的神童故事，比如，5歲不到便能學會彈鋼琴，輕而易舉就可彈出很多世界名曲；小小年紀書法就達到龍飛鳳、一氣呵成的境界；有些兒童能輕易掌握某種外語，但對其它語言則感到困難。或者你可能對某個時期的歷史事件，如古埃及或內戰時期擁有與生俱來的濃厚興趣⋯⋯這些現象，也許都與前世有某種一脈相承的關聯。

4.擁有靈魂伴侶（群體轉生）

一群人（靈魂）共同出現在不同世代的生活中是很尋常的。我們稱其為靈魂伴侶和靈魂家庭。人們的關係可能會隨著每一世的生活而有所改變，但靈魂本身並無不同。他舉例：你的祖母

可能投胎轉世化身為你的孫子。從這個意義上看來，我們永遠不會失去我們的親人。

四、超自然電子雜訊現象（EVP）

超自然電子雜訊現象（英語：Electronic voice phenomenon，簡稱EVP）是一種神秘現象，人們能接收到來源不明、彷彿人聲一般的影音出現在現代的錄音帶、無線電等電子設備上。有關EVP的具體解釋是：已死的人，透過在現代電子設備上產生的靜電干擾或白噪音等雜訊來傳遞聲音或影像，藉此達成與現實世界相互溝通的目的。目前，全球已經有40多個組織在研究所謂的超自然電子雜訊現象，並有許多人聲稱他們經由EVP已經跟亡故的人進行過交流。

比如，美國超自然電子雜訊現象協會於2003年8月錄到露絲貝斯的聲音：「我再也見不到你了！」，但露絲貝斯早在1987年就已經過世；麥可・基頓2005年主演的影片《白噪音》（White Noise）就完全聚焦於EVP現象，主角原是一個唯物的無神論者，從不相信所謂的活人能與死人進行溝通的理論。但在妻子神秘死亡後，他開始嘗試藉EVP與已故的愛妻取得聯繫。

越來越多的這些超自然現象衝擊著人們對生與死的認知，漸漸使一些人逐漸相信我們可以與已逝的親人進行聯絡！

五、威廉・克魯克斯實驗

威廉・克魯克斯爵士是英國倫敦皇家化學學院的化學家和物理學

家，致力於光譜學研究。克魯克斯的一個重大成是在1874年研製出「陰極射線管（克魯克斯管）」，造就了日後X光和電子的發現。

克魯克斯對靈異事件感興趣事出偶然，主要皆因他年僅21歲的弟弟在1867年病逝。1870年，克魯克斯認為，科學應擔負起對與唯心論相關的現象進行實驗的責任。

他實施這類實驗所提出的條件為：「必須在我自己熟悉的房間，自主挑選朋友觀眾，根據自己設定的條件進行，自己可以盡情嘗試自己喜歡做的事情。」在這些實驗中，他表示自己目擊了遠處的身體在移動，身體的重量在變化，身體在空中漂浮，還出現了發光體、靈魂怪和沒人在場的書寫字跡，這一切均指向超自然靈異事件。克魯克斯在1874年實施的研究結果顯示，這些現象無法透過科學解釋清楚，應進一步研究。

第5章：

為什麼靈魂永恆不滅

　　為什麼每一個人，面對死亡都這麼恐懼？絕症病人面對死亡，普羅大眾面對死亡，雖然狀況有別，但恐懼均一樣強烈，這都是源自於人們缺乏正念的生死觀。只要每個人回憶小時候，回憶人生的種種經歷，我們都會產生很多感悟。

　　前面已經談論過，人體包括四部分：肉身、魄、魂、靈。肉身如同空置的手機機體，可以經歷更新換代，而人的靈魂則類似於手機門號，能得以保留並遷移至新的機體之中。人類的死就是從一個三維的手機遷移到另一個高維的手機；或者像是從一個三次元的房間出來，進入到另一個高維度房間；抑或像是從一種三維能量轉換成另一種高維度的能量；從一種三維的狀態到另一種高維狀態。人類的肉眼無法觸及高維世界，諸如人的思想、情感，以及自然界的風、空氣、電流等無形之物，因此，死亡其實就是一次維度的轉化！

　　然而，在頓悟此一真相之前，我們會經歷很多的徬徨、困惑與探尋。

○迷茫的生命是一場苦旅

以下是我兒時的真實經歷：我是一個在農村長大的孩子，剛滿11歲時與鄰居一位小我1歲的男孩非常要好，經常結伴遊戲、砍柴、上山採野果，玩在一起。然而，好景不常，有天我突然被告知，玩伴發高燒，得急性腦膜炎病死了，從此再也見不到他了！這對當時11歲的我來說，突然接觸到死亡的殘酷事實在自己身邊發生，大大的震動了我！我始終想不通這到底是怎麼一回事……從此我開始注意生命的課題，隨著我的成長，初中、高中和大學，我常會不知不覺的思考生命的本質與死亡的真相。一個活生生的人怎麼說沒就沒了呢？這背後的道理值得用一生的時間追尋探索！

曾經，我有一個非常要好的高中同班同學，成為好朋友的我們，放假總一起吃、一起住、一起玩、一起照相，形影不離。高中畢業後不久，沒考上大學的他，靠關係在當地找到一份體面的工作，我則因出外讀大學與他分開。那個年代沒有手機，沒有微信，聯繫不便，只有寒暑假才能見上一面。記得我讀大二放暑假回家時，突然有同學告訴我，那個高中同學不在了，得癌症去世了，從發現癌症到去世，前後不超過三個月。當時，我心想，他明明家庭背景優渥，前途不可限量，怎麼會突然說走就走？聽說，他高中畢業後，很快就在工商管理中心成為一個小主管，工作和生活條件都不差，怎麼就病逝了呢？可見命運無常，不論人的身份貧富貴賤。

我的另一位高中同學，高中一畢業沒考上大學，花錢補習了一年，還是沒有考上，非常沮喪失望。後來輾轉以第一名的成績通過招

聘考試進入了一家新辦的工廠工作，由於他文學底子不錯，頗受長官賞識，一步步從基層做到了中階幹部。才工作半年時間，他已成為與廠長、副廠長的左右手，全工廠團結和樂，同事們經常一起開會探討工廠的未來發展，以迎接新時代的挑戰。

有天清晨，副廠長帶著剛新婚不久的夫人搭乘工廠專車前往外地出差，車才剛出門大概半小時，就有人打電話來通報：工廠的車出事了！整輛車已衝到橋下，那位副廠長與一位同行的幹部當場死亡，同車的副廠長夫人尚在搶救中，汽車司機和另一位同車的出納同事沒有大礙。當我同學趕到現場親眼目睹這天人永隔的慘狀，在場的人無不感慨生命的脆弱無常，內心深受震撼。生死之間，人人恐懼，唯有正念才能讓內心變得強大。

○肉身會腐朽，但靈魂永恆不滅

當我們窮盡一生探索宇宙的奧秘，結果卻發現宇宙竟然就在我們的內心；當我們試圖探索生命的意義，結果卻發現生命並沒有意義，一切都是虛無；當我們探索靈魂的終點，結果卻發現靈魂不死，永恆不滅……

究竟什麼是生命的意義？是靈魂不同階段的修練，是靈魂向更高層次進化的過程。無形的推手一直在修正左右我們每個人的靈魂朝不同的方向前行……

什麼是生命重生的意義？生命的重生實際上正是靈魂重新進入一個新的載體，是一個軀體因死亡不能再承載靈魂之後，使靈魂重新在

高維世界中漂泊，而後因某種機緣再重新獲得三維生命的過程……

現世所提及的生死是相對於三次元空間的概念，然而靈魂卻是永恆不滅的；因此，事實上，人的一生只是靈魂進化的一個過程……那永世的未知的世界才是真實，我們在人世間一切恍如南柯一夢……目前地球的文明還處於三次元的物質空間世界，隨著人類靈魂的進化，最終將走向更高維度的世界。

靈魂不佔有時間和空間，時間和空間是相對於三維世界的物質的生命而言，所以靈魂也就沒有年齡的概念。如果說生命有意義，那必定是當下人與人之間的緣分：愛情、親情、友情……

人之所以為萬物之靈，就是靈在人能擁有靈魂。在上天賦予人類的諸多能力中，最特別、最寶貴的就是思考能力。古希臘哲學家赫拉克利特說：「思想是人最大的優點。」這其實是絕大多數哲學家的共識。在巴門尼德筆下，太陽乘載著思想者行進在光明大道上，而不思想者則始終停留在黑暗之中。

亞里斯多德視沉思為完美的幸福，因為它最為自足，不依賴外部條件，就此而論是最接近神的活動。巴斯卡把人比喻作一支會思考的蘆葦，人縱然是脆弱的生命，卻因思想而與其他一切生命有所區別。笛卡兒乾脆直說：「我思故我在。」我們或許可以引申說，一個人唯有充分運用了上天賦予的思考能力，才是真正作為人而存在。

愛因斯坦把獨立思考的能力稱作「大自然不可多得的恩賜」，人因此而獲得了內在的自由，能夠不受權力、社會偏見以及未經審視的常規和習慣的支配。換言之，思想是人之所以為人的高級屬性，思想的快樂是享受人高級屬性的快樂。

○死亡只是人類意識造成的幻象

現代科學所造成的固執觀念，使人看不見的就不相信，使人什麼惡事都敢做。科學的弊端越來越凸顯出來。

再這樣繼續下去，人類是不是越來越危險？

一般人認知人的死亡是一生的結束，人死後就什麼都沒有了。但現在有很多科學家都覺得人死後還會在另一個世界重新開始。那麼人死後到底會怎麼樣呢？又會去哪裡呢？

量子力學是20世紀初由德國學者普朗克等物理學家所創立，用以觀察微觀物質世界，並透過計算解釋無法直接看見的現象。每一個宇宙擁有獨立的時空，量子力學幫助我們觀察到多重宇宙的存在。人類至今無法真的看見多重宇宙的原因，就是我們無法從這個時空跨越到另一個時空。

超弦理論更進一步提出物理世界的一種超時空架構，即多維時空為了將玻色子和費米子統一，科學家預言了這種粒子，由於實驗條件的限制，人們很難找到這種能夠證明超弦理論的粒子。超弦理論作為最為艱深的理論之一，吸引了很多理論研究者對它進行研究，是萬有理論的候選者之一，可用來解釋我們所知的一切作用力、乃至於解釋宇宙。

美國北卡羅萊納州維克森林醫學院大學教授蘭薩聲稱，從量子物理學的角度出發，有足夠的證據能證明人死後並未消失，死亡只是人類意識所造成的幻象。心跳停止、血液停止流動，即物質元素處於停頓狀態時，人的意識訊息仍可活動；亦即除肉體活動外，還有其他超

越肉體的量子訊息，或者說是俗稱的靈魂。當生命走到盡頭，身體機能盡失時，靈魂意識還會在另一個世界重新開始。

巴克斯特是美國中央情報局的測謊專家。1966年他意外地經由測謊儀記錄到植物類似人類的高階情感活動，並隨之開展了一系列的研究，他的研究轟動了全世界。近代，許多生物學家對這項研究產生了濃厚的興趣，紛紛加入此一研究行列，揭示了植物生命的諸多奧秘，證實了植物具有意識、思維及喜、怒、哀、樂等各種情感，還具備著人所不及的超感官功能。現代科學的發現證明了萬物皆有靈的古老的學說，物質和精神是一體的，只要物質成立就有其精神和思想表現。我們眼見的人體是人的身體、植物是植物的身體等等。既然萬物皆有靈，那麼，宇宙及更大的天體和蒼穹是不是靈體呢？其實都是一樣的，生死一體，物質與精神一體。

○人死後會不會去另一個世界

一般人們都會認為死亡是一個單向的過程，人死後就什麼都沒有了。但是，大多數的科學家卻認為人類死亡之後會進入另一個世界。

一旦關於空間和時間是精神層面結構的理論被接受，意味著死亡和死後進入另一個世界的理論是沒有空間和線性界線的。同樣地，理論物理學家認為存在著不同狀態生命的多維度世界，任何事物可能存在於多維度世界中某一點，意味著死亡不會存在於任何真實感官意識，人類生命死亡過程猶如多維度世界中花卉綻放和凋謝的四季輪迴。當今的科學已經逐漸證明了靈魂的存在，而其中站在最前端的是

心靈科學，此心靈科學已逐步提出靈魂存在的證明，也就是人死後世界的證據。

有關多維度世界的新發展，以及關於意識的研究都已相當進步。在瞭解大宇宙及靈魂的奇妙上，科學家們已深深地瞭解到，若不認定靈魂的存在，是無法解開大宇宙與精神的奧妙之謎，而心靈科學便成為解開萬物之謎的方法。心靈科學的最終目的就是要證明人死後的生存世界。確信生命是永遠的人，乍看之下或許會令人感到無聊，但人類是容易受迷惑的，即在此物質萬能的時代裡，日常生活中還是有千千萬萬個迷惑人類的亂象存在。不過，若能以科學證明靈魂的存在，那麼過去受控於物質世界的論調就將被推翻，而生命是永恆的也將使每一個人深信不疑。

轉世存在於所有人類身上，你與我已不知是幾度轉生於世；對人類而言，死亡就是轉世。而所謂的轉世，是將不滅的靈魂，再度以適當的形態出現，也就是再度擁有肉體。長久以來，人類都深信轉世是理所當然的事，只是隨著文明的進步，反而迷惑了睿智之眼。

一旦能證明靈魂世界的存在，將可給予人們一顆溫暖篤定的心，也可去除人們最後將面臨死亡的不安感，也就能解決人類一生中最大的煩惱，更能讓人愉快地過一生。

○尖端科學已經觸及到靈魂世界

量子科學對多數人來講，是一門深不可測的學科，因為量子的特性很詭異，它不但存在「波粒二象性」、「量子糾纏」、「量子疊

加」等特性,而且粒狀的量子不遵循牛頓力學,波狀的量子不遵循波函數。這讓研究量子科學的物理學家們一頭霧水,這是因為量子科學,已經觸及到了靈魂世界!

科學界對「量子」的定義存在偏差,量子不是傳統物理學上的最小單位,而是一個客觀上不可分割的獨立個體單位,沒有大小,因為大小是人的分別心所主觀創造的一個概念;然而客觀的靈魂世界,只有能量無關好壞,只有數量無關大小,甚至沒有時間與空間的屬性……

人類對物質世界的科學研究已經相當透徹,但對靈魂世界,研究才剛剛開始。或許,靈魂就是傳說中不可分割的量子,獨立而恆在的個體!當我的靈魂表現為「我」時,我和我周遭的人的意識聚焦在我身上,我便表現為有形的「顆粒」狀態。當我表現不是我時,我的意識焦點聚集到周遭的人身上,我的意識就「分身」到周遭人的意識體上,我的表現就不再是我,而是一種無形的「波函數」狀態。

所謂靈魂的「量子糾纏」,正因為靈魂就是量子,所以靈魂具備量子一個的突出特性——糾纏。什麼是量子糾纏?即兩個相關的量子之間,一個量子的改變必然會引起另一個量子的變化;而且,兩者的改變是同時同量發生。比如,母女二人,女兒生了個孩子,女兒就變成為媽媽,而母親則變成了外婆。母親是被動同時同量地發生了存在狀態的變化,這就是量子糾纏。

在靈魂世界裡,靈魂與靈魂互相糾纏。比如,我產生出一個想法,周遭的靈魂不但都能感應得到,並且會做出相應的反應;同理,周圍靈魂的想法,也會引起我的靈魂反應,這個狀況的發生是同時同

量的。好比我們經常講：人不是只為自己活著。一個人活著，時刻都在受到其他人的影響，這就是「量子糾纏」。你關愛別人，別人的靈魂能感受得到並會同時做出關愛的迴向。相反地，當你怨恨別人，別人也會做出怨恨的迴向。當周圍的人迴向給你的關愛多時，你的生命能量將會大大提升，身體健康，事事順利；當你迴向的怨恨多時，你的生命能量將會大大降低，身體發病，諸事不順。

關於人死後生命是否依然存在的問題一直被各界爭論不休，然而俄羅斯《晨報》2012年10月30日文章卻指出，這一問題的答案已是肯定的，學者們找到了有力的證據，證明人在心跳停止後依然存在著「靈魂」。研究人員表示：「當人的心跳停止，血液停止流動時，微管失去其量子狀態，但存在於其中的量子資訊不會被破壞，所以它們會散播在宇宙之中。因此加護病房的病人若存活下來，他們多半會敘述那「一束白光」或看到自己如何「靈魂出竅」；如果病人去世，那麼量子資訊就會存在不確定的期限記憶體肉體之外，即「靈魂」。

○為了永恆的靈魂，多行善事，多積福報

「此時此刻，在你周圍，比原子還小的粒子正在不斷地出現又消失。它們憑空產生，又轉瞬即逝。沒有它們，無論是你，還是整個宇宙都將不復存在。它們被稱為幽靈粒子，是所有科學中意義最深遠、也是最匪夷所思的理論」破解幽靈粒子憑空產生之謎，將是本世紀最尖端的研究課題。

小時候，許多人都問過這樣一個問題：「媽媽，我是怎麼生下

來的？」或者說：「媽媽，人是從哪裡來的？」這時，母親往往笑著說：「你是從路邊撿回來的！」或者說：「人是從猴子變來的！」那麼，猴子又是從哪裡來的呢？於是，我們就會沒完沒了地問下去。

「我是誰？我從何而來？我將到何處去？」

這是整個人類無法迴避並苦苦思索了上千年的問題，為什麼許多人會不約而同地問這個問題？我想，這是生命意識自我覺醒的一種本能反應。

因為人們不相信靈魂的存在，如今這個世界，無所事事、為非作歹者，人人都習以為常。而遵守戒律與底線的人，反被視為異類。紅塵滾滾，萬般誘惑，財權名利，恩愛纏綿，幾人能捨？很難想像，一個連煙酒都戒不了的人，怎能一輩子遵守道門的清規戒律？故前人有云：「出家修行，乃艱苦卓絕之事，非大丈夫所不能為也！」

因為人們不相信靈魂的存在，故世人多行不義之事。譬如，有些人身為人夫，卻壓根是個混蛋，常在家使用暴力，愛喝酒又不聽勸，你越忍耐，他便越得寸進尺；還有人因軟弱受不了誘惑而出了軌，雖說自己會悔改，但是卻一犯再犯。

曾有一幅絕妙的漫畫，命題為：神仙也受賄。畫的是一個人貢奉雞鴨魚肉，燒香拜神，祈求升官發財。殊不知，作惡多端，進廟燒香未必有益；行善一世，遇神不拜倒也無妨。人們往往自以為是，總是將自己的誤解當成別人的錯誤而不自省！其實，有幾個人真正懂得真理？多數人只不過是人云亦云，隨波逐流罷了！

你可以不加思索地斷定人沒有靈魂！人死如燈滅，死後什麼都不存在；但你無法否定世上有許多頂級學府和一流的科學家，他們並

未輕易地下定論，他們仍持續在收集大量的資料，長期進行不懈的探索。

曾有位貪官大言不慚地說過：「我已住過最豪華的別墅、坐過最高檔的小車、穿過最名貴的衣服、吃過最精美的宴席。現在，就是把我斃了，我也死而無憾！」他為何敢如此囂張？因為，他不相信靈魂存在，不相信因果報應，不相信生死輪迴；所以，難怪他如此肆無忌憚！實則可悲、可憐、可嘆。

超弦是目前最尖端的科學探索。弦論的一個基本觀點是，自然界的基本單元不是電子、光子、中微子和誇克之類的點狀粒子，而是很小很小的線狀的弦。弦的不同振動和運動將產生出各種不同的基本粒子。這種粒子一旦進入生物遺傳基因，就形成了自我意識，構成生物體的所有元素在生物圈中被循環利用，而靈魂超弦物質則永不湮滅。

生命的奧妙就在於不但具有自我意識，而且還不斷處於進化之中，生命的自我意識是如此強烈，只要軀體不死，靈魂便一輩子不離不棄，這證明我們的靈魂超弦具有強大的穩定性。而穩定性源自於強大的螺旋所產生的抗力和向心力，以至於星球從誕生之前所經歷過各種暴力的塌陷，核融合（英語：Nuclear fusion，又稱為核聚變）中得以安然無恙，否則宇宙的環境如此惡劣多變，經過漫長的40億年，我們的靈魂早就飛灰煙滅了。

所以有人猜測，人類的靈魂或者宇宙中的超弦是永恆存在的，甚至比四維空間的存在時間更長更遠。人死後靈魂超弦肯定還在，並且是以超弦的形式存在。生物體死亡後，雖然超弦的意識暫時進入了休眠期，但一定會再尋找下一個宿主，即精與卵的細胞結合，後共同構

成了我們的各種遺傳特徵。

　　人是一種相當依賴精神性的生物，人死的時候，整個一生都將被重新評價，這種評價完全不依賴於你是否家財萬貫，身份地位顯赫，而僅僅取決於你一生中與他人分享的愛與溫暖有多少。

　　在宇宙中地球存在的無盡歲月裡，人類才出現不算太久，因此其中的奧秘我們還無法參透，雖然，現今的科學仍無法對靈魂作出明確的解釋，但我們也不該盲目否定。也許你覺得輪迴違反了自然規律，但其實不然，這只是超出了人類所掌握的知識。

　　對待死亡的看法和如何迎接死亡，根據各人基礎的不同和世界觀、人生觀的不同而有林林總總的答案。在一些修行者的眼裡，死亡反而是檢驗自身與成就道業的契機，所以他們對死亡向來特別有興趣。

　　總之，不管死後的世界如何，我們都應該對天地萬抱持敬畏之心，對一切存在保持恭謹之意。世事豈能盡如人意，但求無愧於心。

　　人看不到自己的靈魂，就像人無法看清自己的面貌一樣；人對靈魂的無所知就像對自身生命的不解一樣。人透過鏡子看照自己的形象；修行的人則修練靜心，當心靜如明鏡，就能看到自己的靈魂的模樣，看到自己的生命過程；修行更上層樓者，還能看到自己的前生前世、多生多世，那是靈魂在人世間多個時空中輪迴的軌跡。

　　人通過別人對自己的看法瞭解自己，通過看別人的優缺點認識自己。修行的人用道法的標準要求自己，在無我中提高對自我靈魂的認

識，達到身神合一，達到靈肉比肩的統一高度。人不僅有靈魂，萬物皆有靈；而且靈魂是有思維的，靈魂的存在是有形象的，在那之中才有人的真像、本像。

更進一步的研究發現，人的靈魂是不滅的。人的肉體會死，靈魂卻永遠存在。我們在告別式聽見悼詞：「他雖然死了，但他的精神永遠與我們同在。」那才是真正的實話。說白了，人們口中所說的精神，就是人的靈魂。人死後靈肉分離，靈魂還得繼續走自己的路。用物理學來解釋，即——物質不滅。人的肉體死了，人的分子、原子、質子等不會因此而消失。

希望人能藉由對靈魂的認識，更認識自我，完善自己，完美人生。

第6章：

能量守恆，死亡不是結局

拿智慧型手機來比喻，智慧型手機有很多功能，靈魂就好像手機SIM卡，少了它手機也沒法使用，或者說，手機SIM卡就是手機的靈魂，空機是手機的肉身。蘋果公司創始人賈伯斯去世了，流行音樂界神一樣的存在的麥可・傑克森，也去世了。人不管有多偉大、多知名、多富有，都難免一死。但是，在全世界粉絲的心目中，他們的精神常在，靈魂是四維空間裡的存在，它是超越時空，永恆存在的。

其實，死亡對人來說只是一種轉化，因為世界的基本原理是能量守恆，能量不會消亡，靈魂將永恆不滅。

○人死，靈魂不滅，業亦不亡

根據能量守恆定律，能量是無法被創造，也無法被消滅，能量只能轉移或轉化；既然能量是不滅的，所以，業力也不會消失。根據科學角度分析，業力本身也是一種能量作用，它是基於科學反作用力的效應所顯現出的一種能量回饋模式，善業屬正能量的回饋，惡業則屬負能量的回饋模式。至於能量的轉移和轉化，就物理學上來說，須具備一定的條件才能實現。

不明白死亡是一種轉化，常導致巨大痛苦。

一個80歲的老人，因腦出血入院。家屬說：「無論如何，請拯救他的性命！」經過4個鐘頭的全力搶救後，他活了下來。不過氣管被切開，咽喉被打了個洞，放入了一根粗長的管子連向呼吸器。

偶爾，他醒來痛苦地睜開眼。這時，家屬格外激動地拉著醫生的手說：「謝謝你們拯救了他。」家人不分晝夜地輪流陪護他，目不轉睛地盯著監護儀器上的數字，每看到一點變化，便立刻找醫生詢問狀況。

後來，他腫了起來，頭部像是漲大了的氣球；更糟糕的是，他的氣管出血不止，這使得醫護人員需要更頻繁地幫他清痰。每次護士都得用一根長管伸進他的鼻腔，將血塊和分泌物抽吸出來。這個過程令他萬分痛苦，只見他神情驚恐，拼命想躲開伸進去的管子。

每當此時，他的孫女總是轉頭，不忍目睹。但日日反覆清理，卻還是能清出很多分泌物。我問家屬：「想繼續下去還是放棄？」他們卻表示要堅持到底。孫女說：「如果他死了，我就沒有爺爺了。」

治療變得越來越無奈，他清醒的時間變得更短了。然而僅剩的清醒時間也被抽吸、扎針無情地佔據。醫生的心裡明白，他的死期將至，便對他孫女說：「你在床頭放點薰衣草吧！」

她連聲說：「好。我們不懂，聽你的。」第二天查房，只覺芳香撲鼻。他的枕邊有一大束薰衣草。老人靜靜地躺著，神情柔和了許多。

十天之後，他還是過世了。他死的時候，膚色變成半透明狀，針

眼、插管遍布全身，面部水腫，已不見原來模樣。

如果病人能表達，他願意多活這十天嗎？在這十天裡，他受到了肉體上的百般折磨，生命的意義何在？讓一個人以這樣的狀態多活十天，就證明親人很愛很愛他嗎？世人的愛難道就這樣膚淺嗎？

我們必須明白——死亡只不過是一種轉化，因此有人面對死亡寫下了豁達明智的原則：

1.如果遇上絕症，生活品質遠遠高於延長生命。我寧可用有限的日子多陪陪親人，多回憶往事，儘量做一些想做但一直沒做的事。

2.當遇到天災人禍，而醫生回天乏術時，不要再進行無謂的搶救。

3.沒有生病時，珍惜健康，珍惜親情，多陪陪父母、妻子和孩子。

關於安寧療護的重要定義，指減輕或免除末期病人臨終前生理、心理和靈性痛苦，施予緩解性、支持性之醫療照護，讓生命的最後一程走得圓滿有尊嚴。其有三條核心原則：1、承認死亡是一種正常過程；2、既不加速也不延後死亡；3、提供解除臨終痛苦和不適的辦法。

為了這類緩和醫療，建立了不少緩和醫療機構或病房，當患者所罹患的疾病已無法治癒時，緩和醫療的人性化照顧被視為是理所當然的基本人權。這時，醫生除了「提供解除臨終痛苦和不適症狀的協助」外，還會向患者家屬提出多項建議要求：1、要多抽時間陪病人度過最後時刻；2、讓病人盡可能說出希望在什麼地方離世；3、聽病人談人生，記錄他們的音容笑貌；4、協助病人彌補人生的種種遺憾；5、幫他們回顧人生，肯定他們過去的成就。

死亡是一種轉化，死亡是在孕育新生

傳統觀念總認為死亡是一場悲劇、令人悲傷、避諱，因此在人們的生活中，往往強調生命，甚至因執著於生命而排斥死亡。這是一種心態的偏頗。試問，若只是歌頌白天，而不懂得欣賞黑夜，那麼我們的生活豈不是會嚴重失衡嗎？

宇宙的運行需要仰賴正反兩極的交互運作，只有正極而沒有負極是違反宇宙法則的。如果生命是正極，那麼死亡就是負極，它們兩者必須合作無間，人生的進行才會順利、才會平衡。如果你慶祝生命的降臨，那麼你也要慶祝死亡，因為生是死的開始，它們是連綿不斷、無始無終之生命長串裡的兩個小點。永恆包含了生命，也包含了死亡。

我們對死亡要有一個全新的正確認知，人們常說應具備正確的人生觀。相信瞭解死亡在生命中的地位對我們建立正確的人生觀將有很大的幫助。如果能藉著瞭解死亡而免於對它不必要的恐懼，那麼一個人將會變得更有勇氣，使生命力的開展得以發揮得更淋漓盡致。

每當有人過世——你所認識的、曾經愛過、曾一起生活，已變成你存在之一部分的人——某種在你裡面的東西也死了。你自然會感到一種真空，但那個真空可被轉化成一道門。死亡是唯一一道沒被人類所染指、腐化的門。當人們面對死亡，會覺得悵然若失，不知所措，他們無法客觀地去瞭解它，把它當成一個學科研究；還好有越來越多人開始關注死亡，並為此做了很多很有意義的探索。

多少世紀以來，人們總被告知死亡是反生命的，死亡是生命的敵

人，死亡是生命的終點。因此世人害怕死亡而無法放鬆地坦然接受死亡，這將使你的人生持續維持在緊張狀態，因為死亡跟生命並不是分開的，生與死本是一體。

除非你認清死亡不過是一種轉化，接受死亡，否則你將保持偏頗，處於恐懼之中。當你同時也接受死亡，才會變得平衡，那麼所有的一切都能被接受——白天與黑夜、夏天和冬天、光明與黑暗，全都被接受。當你全然接受生命的兩極，你就能得到平衡，就會變得鎮靜，變得完整。

○人去世後體內的原子去往哪裡

經歷過死亡的人，或親眼見過死亡的人，會更愛自己的家人。因為根據能量守恆定律，我們與親人之間，不僅此世有緣，他生他世我們還可能再次成為親人。唯有永遠珍惜彼此，才能讓我們有更微妙的善緣。每一次離家，離開爸爸媽媽，請十分珍惜地跟家人告別，為的是哪天若意外降臨，能少點遺憾。生命是無常的，有可能一走就回不來了。世界的能量總是不停地在轉化，創造出一個無常的世界。在這無常的人間，人應該時常回去探望父母親，告別之時，盡可能抱抱他們。珍惜當下，為的就是永恆的意義。

什麼是能量守恆和轉化定律？能量的守恆與轉化，是對物質不滅原理的自然科學確證，物質不僅是數量不滅，其品質也是不滅的。物質本身具有不斷轉化的條件能力。任何個別事物都不是從「無」中產生的，而是從它物轉化而來，事物的滅亡也非變為「烏有」，從這一

點上看來，死亡一直以來只是一個假象，是一種能量的轉化。

能量守恆定律是俄國科學家羅蒙諾索夫於1756年最早發現的。後來，拉瓦錫透過大量的定量試驗，發現了在化學反應中，參加反應的各物質之品質總和等於反應後生成各物質的品質總和。這個規律就叫做能量守恆定律。也稱為物質不滅定律。它是自然界普遍存在的基本定律之一。在任何與周圍隔絕的體系中，不論發生何種過程變化，其總質量始終保持不變。或者說，任何變化包括化學反應跟核反應都無法消除物質，只是改變了物質的原有形態結構，所以該定律又稱物質不滅定律。化學反應的過程，就是參加反應的各種物質（反應物）之原子，重新組合而生成為其他物質的過程。

能量守恆定律的歷史驗證：〇世紀初，德國和英國化學家分別做了精確度極高的實驗，以求能得到更精確的實驗結果，實驗顯示化學反應前後的質量變化小於一千萬分之一，這個誤差是在實驗誤差允許範圍之內的，因此能量守恆定律是建立在嚴謹的科學實驗基礎之上。能量守恆定律就是參加化學反應的各物質的品質總和，等於反應後生成的各物質的質量總和。例如，把鐵釘放在硫酸銅溶液（藍色）裡，當反應結束（會有明顯的反應現象）後，剩餘物質的質量將嚴格地等於鐵釘的質量和硫酸銅溶液的質量總和。實驗證明，物體的質量具有不變性。不論如何分割或溶解，質量始終不變。在任何化學反應中質量也保持不變。燃燒前碳的質量與燃燒時空氣中消耗的氧的質量之和準確地等於燃燒後所生成物質的質量。

既然能量守恆和轉化定律，是對物質不滅原理的自然科學的確證，人的生命和身體也是物質，自然也應遵循這個規律。所以在生命

的終結，人們常常沉思靈魂的歸宿，卻很少注意到構成身體的微小物質。從碳、氫、氧到氮，這些原子曾構建我們的每一個細胞、血液以及淚水。那麼，當我們告別塵世後，它們將何去何從？是永遠存在還是消失在宇宙的某個角落？這背後隱藏著生命與宇宙的無盡奧秘。

人們論及生命的終結時，常被視為一個生物生命的結束，但從科學角度審視，死亡其實是一個物質化的現象，而非終結，是轉變的開始。死亡的瞬間，體內的細胞並未立刻停止活動。心跳的停止意味著人體中的血液和氧氣不再流動，使細胞逐漸進入缺氧狀態，代謝反應減緩到最終停止。缺乏氧氣，使細胞膜的離子梯度消失，完整性受損，隨後細胞內的酶和蛋白質變性，使細胞膜溶解。

與此同時，體內細菌尤其是腸道中的厭氧菌開始大量繁殖，隨著細胞自溶，它們侵入其他部位，開始分解人體組織。細菌分解碳水化合物、脂肪和蛋白質，轉化為氨、硫化氫、甲烷等簡單化合物。這些化合物不僅產生特有的氣味，還逐漸滲透至周圍環境──土壤、水體，甚至空氣中。以碳為例，作為人體內的主要元素之一（約佔體重的18%），死後大部分將以有機分子的形態存在，如蛋白質、脂肪和醣類。微生物分解過程中，這些碳轉化成二氧化碳、甲烷等釋放至大氣中。此一過程受環境影響顯著，在溫暖潮濕的環境下，微生物更為活躍，分解的速度更快，若在寒冷乾燥的條件下則大大減緩分解。在某些特殊條件下，如泥炭沼澤或火山灰中，人體可能經歷不完全分解，便形成所謂的「自然木乃伊」。值得注意的是，死亡不僅是個體的消亡，更是身體元素的重新分配。

這種再分配使元素重新進入生態系統，成為土壤、礦物質，滋

養植物，進而被食草動物攝取，成為更高等動物的營養食物，最終回歸自然循環。想像一下，樹根吸收埋葬於土壤中的微量養分，這些元素曾屬於某人的身體，透過光合作用轉化為葡萄糖和其他碳水化合物，滋養樹木生長繁茂。不僅如此，這些養分可能繼續流入更大的生態圈。果實落地被草食動物吃掉，再被捕食者捕食，人體中的原子不斷轉移再轉換，最終成為多種生物體的一部分。在此過程中，人類元素融入自然萬物，與其他生命體建立了千絲萬縷的聯繫。然而，這只是個開端。在更廣闊的宇宙尺度下，這些原子的旅程遠遠超過地球範圍。

地球不是孤立的系統，它持續暴露於宇宙射線和塵埃粒子的轟擊下。每年有數千噸的宇宙塵埃進入地球大氣層，源自彗星、流星等天體。這些粒子在大氣層中摩擦生熱，通常在高空燒毀成更小粒子或氣態分子。在這些外來粒子的轟擊中，地球物質逐漸逸出大氣層而進入太空。例如氫和氦這兩種輕元素很容易逃離地球引力的束縛，在宇宙射線和太陽的風力推動下離開大氣層，一旦進入太空，這些原子的命運便與宇宙射線緊密相連。宇宙射線是來自太陽系乃至銀河系外的高能量粒子流，以接近光速的速度穿越宇宙，轟擊星際物質，包括地球所釋放的原子。這些原子可能發生核子反應產生新的同位素，甚至被打碎為更小的亞原子粒子。

此外，在宇宙射線的推動下，這些原子加速進入銀河系深處，穿越星雲、恆星形成區，甚至是黑洞周圍的極端環境。一旦原子穿越了黑洞的視界，其命運將變得撲朔迷離。根據廣義相對論，原子可能被壓縮到密度的極端狀態直至奇點。有一種假設認為，在黑洞奇點的極端條件下，原子可能徹底「分解」，所有物質「融化」成無法描述的

狀態。這種狀態下，物質不再以已知的形式存在，可能轉變為未知能量或量子波動。因此，原子似乎迎來「終極消失」。

然而，根據量子力學原則，物質不可徹底摧毀。著名的物理學家史帝芬・霍金提出理論：黑洞透過「霍金輻射」的過程逐漸蒸發。如果霍金輻射的過程夠長，原子所攜帶的內容可能透過某種形式重新釋放。

從微觀的生物循環到宏觀的宇宙進程，原子的故事是一部永無止境的輪迴。正如哲人所言：「我們都是星辰之塵。」這句話不僅詩意地揭示出我們的起源，也從科學層面說明了人類的終極命運。構成我們身體的每個原子都是數十億年前恆星死亡爆炸的產物，死後這些原子將再次返回宇宙繼續旅程。生命的結束並不意味著存在終結。我們的原子將在宇宙浩瀚的長河中繼續漂泊，可能成為新生命的一部分，或凝結成遙遠行星的塵埃。在這樣的過程中，我們曾經的存在以無形方式在宇宙記憶中得以延續。生命的終結，就算喪失了意識，也就是無形的人之靈魂消失，但組成身體的物質也將轉化為其他形式，永遠不會消失。

能量守恆定律如何體現在人生命運中

能量既不會憑空產生也不會憑空消失，它只會從一種形式轉化成另一種形式。古希臘哲學家赫拉克利特說：「萬物流轉」。這話表達的是同一個意思：「天地間唯一不變的就是變。世界上永恆不變的，就是所有事物都處在不斷的流轉之中。」

◦ 財富是「得」，能量是「德」

　　財富就是外在，是「得」。而我們內在的能量、福氣，是「德」。所以當內在大於外在時，能量就會轉化為物質，於是財富會自動存在；當外在大於內在，也就是能量不夠的時候，物質會自動消失，對應到生活當中就是出現健康、財富等外在的損失，甚至災難。由此就能更容易地理解人們常說的「厚德載物」是什麼意思了。

　　「電影是由電影放映機所播放出來的動態圖像」，然而我們的人生就像是一場電影，我們生命中所呈現的一切，像是家庭幸福、身體健康、子孫成材等等，是為現象，都需要最根本的能量來推動。

　　當我們的德行充沛，精神力超出物質時，宇宙的規律會自動恢復平衡，使得物質和精神平衡，你所需要的物質會自然就會出現。物質與能量要平衡，必須進行相互之間的轉化。同理，我們的人體也是一樣，當陰陽不平衡時就會生病，當陰陽極度不平衡就會死亡，這是無法拒絕的。「成功其實是無法拒絕的，是無路可走，無法選擇的。」正是這個道理。

　　如果一個人德行缺乏，物質過剩，結果就是超出精神部分的物質將會消失，這是無可抗拒的事情，甚至會出現天降災禍。所以，現在大家知道災難是怎麼來的了嗎？用古人的話說，就是「不配位」。就像妄想用0.5噸的聯結車去拉動5噸重的黃金，結果就是車毀人亡。

　　人們無需特別看重物質，必須始終將注意力放到精神層面上，當我們積德的時候，就算暫時得不到物質回饋，但是心裡會感到踏實，生命會特別喜悅。

愛因斯坦後來說的E=mc²，能量的作用遠遠大於物質。

當我們明白了能量守恆定律後，就可以主動運用這個定律，去創造平衡，主動改變命運。

當我們發現生命中的物質遠遠超出自己的能量，外在的擁有遠遠超出內在的精神時，就應該主動將多餘的外在物質奉獻出去，用來支持傳統文化、希望學校、幫助災區等，把它捐獻出去，讓這部分的物質回歸到能量狀態，這樣就能實現平衡了。

很多人不瞭解這個道理，只顧著拼命追求物質生活。正如許多大老闆賺大錢之後大量買進別墅、車子，生活奢侈，卻不思補充精神能量，讓人看在眼裡忍不住為他捏一把冷汗；因為若不積德，日後哪天會發生什麼事誰都不知道。所以，有智慧的人在問題事發之前就懂得預先防範解決，不智的人總是等事情發生了才想著收拾善後，但有些事一旦發生，想再去補救已經來不及了。

總而言之，如何將能量守恆的原理應用於我們的生命之中？核心就是把握使內在永遠大於外在，重視精神大於物質。智者能提前明白這些道理，並善加珍惜，努力運用在生活之中。

正能量提升生命品質，防止負能量侵蝕

經常積德行善的人德行豐厚，厚德就是高能量，高能量就可以轉化為高物質。很多人願意信任他、投資他，願意跟著他做事成就他，金錢也將聚他而來。因為他的內在能量，足以支撐這個世界拋給他的

任何美好。他承載得了這巨大的福報。這樣的人足以提供他人缺乏的價值，別人自然願意以金錢財富回饋他。如果人類的慾望與德行和能力無法匹配時，就是德不配位，即使得到了，也會有千萬種方式使這種財富快速消逝，回歸到守恆狀態。

能量也是如此，能量也會自動被消耗。

每天早上人一起床的時候，往往是一天能量最飽滿的時候，等到工作了一天快下班的時候，能明顯感覺到個人的能量開始不足，人也感到疲憊。

無論是工作或生活中，能量的消耗都不可避免。

至於那些到處散播負面情緒、無時無刻都在向我們傳遞負能量的人，無論對方是誰，只要我們不予回應，不去接受，對方的負能量就無法影響到我們自己，我們的能量也不會被破壞吸走。我們可以學著不散發負能量，也不應回應任何負能量。

將負能量遮蔽，我們才有更多能量去提升自己。

1.不說喪氣話，不做消極的自我暗示，不貶低自己，不質疑自己，不打擊自己，不過度反省自己，也不指望從別人那裡吸取能量。

2.不把煩心事掛嘴邊，逢人就埋怨，期待從別人那裡得到一遍又一遍的安慰。

3.不到處抱怨，不把過去的挫折或苦難掛在嘴邊，不四處展示自己的軟弱無能。

4.遇到煩心的事，要麼好好去睡一覺，要麼去做事，讓自己忙起來，慢慢消化掉。

5.困難永遠都有,問題會源源不斷地出現,壓力跟情緒始終會在,但我們可以靠自己的力量搞定一切,要相信自己。

6.積極樂觀一點,相信凡事發生必有利於我,一切都是最好的安排。

　　我們無法改變他人,但隨時都能改變自己,常言道:「能改變自己就是神,想改變別人是神經病。」改變自己為人處世的方式,改變自己對待一些人一些事的慣用方式,改變自己的思維方式。

無常,是生命的常態,
無法避免,也無處躲藏。

Chapter 4

第四篇

有無相生，
無常中的有常

第1章：

一陰一陽是根，萬物無常是本

「一陰一陽謂之道，繼之者善也，成之者性也。」語出自老子的《周易・繫辭上》。這句話的核心思想是：陰陽交替、生生不息，即宇宙萬物運行的根本規律，也就是「道」。順應陰陽之道，合理調節，才是正確和諧的行為，人的本性與陰陽之道相通，若能順應陰陽變化，就能活出真正的本性與生命的價值。

一陰一陽與無常變化中，蘊藏著宇宙的真理。據相關歷史資料記載：中國古代偉大的哲學家、思想家，道家學派創始人老子（Laozi）是整個華夏歷史中第一個勘破宇宙真諦的人。上善若水、和光同塵、大象無形、黑光不耀等等，這些個傳世之詞均出自他的著作。他也是第一個提出將宇宙萬物的本源和規律命名為「道」的人。

○無為而無所不為

兩千多年前的老子，到底發現了什麼，才能最終成為千古第一聖人呢？其實老子參透的是宇宙間的兩大規律：陰陽與無常。他發現我們這個世界存在著二元對立。萬物生於有，而有生於無。因此，在這個世界上永遠同時存在著好與壞、光與暗、悲與歡、生與死。簡而言之，任何事物都有正反兩面，一看到負面就會感到痛苦，而看到正

面則會感到快樂，這就是老子發現的宇宙第一規律。老子將這一規律命名為「陰陽」，或名曰太極。老子從中領悟出真正的好與壞並不存在，他們不是人為的定義和標籤。因此，不給自己貼上任何標籤就是擺脫痛苦的最好方法，這就是無為。老子主張的無為並非放任自流，而是化繁就簡，從而達到無為而無所不為。

二元對立統一

陰陽學說是中國古代哲學和中醫學的重要理論之一，用來解釋宇宙萬物的對立統一和變化規律，其核心思想包括以下幾點：

1.陰陽對立：陰陽代表自然界中兩種相對、相互依存的基本屬性，例如：陽對應的是：天、日、動、外、熱、光明；陰對應的則是：地、月、靜、內、寒、黑暗。

2.陰陽互根：陰陽彼此依存，互為基礎，沒有陽就無所謂陰，沒有陰也無所謂陽。比如，晝夜交替、寒熱更替。

3.陰陽消長：陰陽之間的強弱會隨著時間和環境而變化，比如白天陽氣漸盛，夜晚陰氣漸長。

4.陰陽轉化：陰陽在一定條件下可以相互轉化，比如「寒極生熱，熱極生寒」。

5.陰陽平衡：健康狀態依賴於陰陽之間的動態平衡，失衡則可能導致疾病。陰陽學說以簡單的兩極概念，揭示了自然、生命和社會的和諧關係，是理解中國傳統文化和養生理念的重要基礎。

在無常變化中尋找美好

老子的高明之處在於，他告訴世人，二元對立並非簡單的非黑即白，矛盾與統一對立，而是相互依存，相互轉化，事物發展到極致，就會向對立面轉化。因此老子說：「反者，道之動……有無相生，難以相成，長短相形，高下相親，音聲相和，前後相隨，福禍相依。」這也引出了老子發現的宇宙第二規律，名曰無常。無常就是變化，萬物皆在不斷變化之中。所以換個角度想，你可以抵制變化，但是你也可以擁抱變化，在變化中尋找美好。比如四季流轉，正是因為有春夏秋冬的季節交替，人們才能體會到不同時節的美，這就叫變化之美。假如老子生活在熱帶地區，他就發現不了四季。

正因老子參透了宇宙的兩大規律，所以他跳出了二元對立，進入了天人合一。老子說：「人法地，地法天，天法道，道法自然。」表明人應效法天地宇宙，尊重自然，順應自然，達到萬物與我為一的境界，固然有生老病死，但卻仍生生不息。

第 2 章：

無常才是人生的常態

人生有兩大哀嘆：一嘆知己難求，二嘆世事無常。我們知道，人一生會接觸許多人、事、物，唯獨有一樣東西不想觸碰，那便是——無常。遺憾與孤獨都是常有的事，人生來就是得品嘗苦味、看盡無常變幻。生活中的人事可能上一秒這樣，下一秒卻變那樣，無常正是常態。

人的一輩子也是如此，一生即便榮華富貴，也敵不過旦夕禍福、生死無常。人生就是無常，你永遠不知道明天和意外哪個先來。三十年河東，三十年河西，世事無常，莫欺人、莫負己、莫張揚。無常乃人生之常，生活的魅力就在於：你永遠不知道下一秒會發生什麼事，但要相信狀況不會永遠的壞下去，也不會永遠花好月圓，正是因為有陰晴圓缺，生活才過得五彩斑斕。

○無常，才是人生的常態

沒有誰的生活一成不變，沒有誰的人生年年如一。一年四季更迭，季季不同；一生悲歡離合，樣樣嘗盡。無常總在不經意間到來，也許是如日中天的事業突然夭折，也許是許諾長相廝守的兩人無奈分離，也許是一起走過餘生的老伴忽然離去⋯⋯面對無常，我們要寵辱

不驚，看庭前花開花落；去留無意，望天上雲卷雲舒。一切順其自然，才能在這無常的世界保持內心的平靜與安寧。不執著於圓滿，月圓則缺，日中則移，花絢則糜，水滿則溢。

無常，是生命的常態，無法避免，也無處躲藏。酒至微醺，花開半朵，才是對待無常最好的狀態。當你感到忙、覺得累的時候，不是因為價值迷失，就是因為慾望過多。少計較，多寬容，知滿足，心也就閒了。順其自然，隨遇而安，懂得放下，生命才會更加完美。

人往往慾求不滿，有時極度渴望得到東西，一得到後卻又很快失去興致；手裡明明握有別人所羨慕的，卻又總羨慕別人手中所擁有的。我們嚮往遠方，又豈知遠方是他人厭倦的所在？或許，只有歷盡世事滄桑才能明白，真正該珍惜的是我們眼前擁有的。因為，遠處是風景，近處的才是人生。人生，說簡單其實也很容易，笑看得失才會海闊天空；心境清明才會春暖花開。當你明白世事無常，就不會奢華張揚，今日的華麗風光，明日可能狼藉一場；當你認清世事無常，就不會悲傷，今日的愁雲慘澹，明日可能滿天陽光；當你認識無常，得，有什麼喜？失，有什麼傷？得失也不過空花一場；當你明白無常，一切都覺得正常。真正時時看見、懷抱無常的心，就能獲得內在真正的平靜安詳。

○像生命最後一天那樣生活

有些人有這樣的疑問：「如果時刻覺察無常，我會不會變得消極？」別擔心，覺察無常是一種重要的修行，我們應提醒自己較同齡

人更加積極、樂觀，許多未覺察無常的人反而經常悲觀、憂愁。

賈伯斯的傳記中記載，他17歲時曾讀到一句話：「如果你把每一天都當作是生命中的最後一天生活，終有一天你會發現自己是正確的。」這句話給他留下深刻印象。從那時起，賈伯斯每天早晨都會對著鏡子問自己：「如果今天是我生命中的最後一天，我是否仍想完成今天原定要做的事情呢？」當答案連續了很多天是「No」的時候，他知道自己必須得做出改變了。

「把每天當作最後一天」是賈伯斯一生的箴言，這種無常的觀念引領著他的人生方向。賈伯斯能創造人生的輝煌，改變世界，改變很多人的生活，這跟他時常念及無常有很大關係。

概括而言，覺察無常有三個重要意義：
1. 你不會懈怠、懶散，會積極地做重要的事。
2. 一旦出現無常，你內心早有準備，不至於驚慌失措。
3. 無常，就是有無限的可能性，積極迎接挑戰，就是迎向成功。

○如果無常沒有打倒你，它會成就你

一座寺院裡有一位已有92歲高齡的年長修行人，他對包括修行在內的很多事都一絲不苟，超越很多年輕人。每次參加活動，他都跟眾人說：「今年是我最後一次參加，最後一次了。」他心中的無常觀念十分穩固，不過這點絲毫沒有阻礙他的修行，反而促使他取得了卓越的成就。

不過對於生活，不少人不願談及負面議題，只一味吹捧陽光的一面。其實人生有樂也有苦，有興盛也有衰敗，正如同白晝必然與黑夜相伴一樣，如果只談論其中一面，而對另一面刻意遮掩，並不公道，作為智者應當勇於面對事實的真相。在印度的某些傳統中，人們認為所有動物的足跡唯大象的足跡最為莊嚴；同樣，一切思想中，唯有覺察壽命無常、萬物剎那的變化，這對人生最有幫助。

人生這齣戲，總是結局難測

人的一生中有很多無常，身體會衰老、工作會改變、命運會逆轉。每個人的人生道路都並非一成不變，而是充滿變化。正因為如此，人生中的無常，無處不在。一個人有位高權重之時，就必然有墜下的一天；有出生就必定有死亡，不管死亡有多殘酷，然而每個人都無法逃避。儘管人的靈魂永恆不滅，仍必須經歷人生的生死過程。不論家人還是朋友，有相聚之日，就難免有離別之時。人們積累的財富總會消盡，萬物都是不牢靠的。諸如此類，人生的劇場中不斷上演著無常的劇碼，因此世人必得透過各種方法認識無常，若能了悟無常，就已經臻至極高的修行境界。

當生命遭逢重大變故的悲劇發生時，如何依靠觀無常來應對、度過難關呢？首先我們先得對人生、壽命，乃至萬物的無常有一些概念，在遭逢變故時，心中自然會浮現無常的觀念，使變故不那麼難以接受。不論是面對家人的離世，或自己身患疾病，更能馬上憶及無常，這樣確實能減少傷心和憂慮。若你平時經由觀照無常對一切皆空

有了一的定認識,那麼在面對悲劇時,就能安住自身,這時痛苦就會煙消雲散。

所謂覺悟人生,不是今天看到光明,明天見到大道,而是樹立完善的人格,知曉為人處事的道理,乃至認識自己的心。讓人感受地獄痛苦的是這顆心,讓人享受天堂快樂的也是這顆心。如果對心有所了悟,即使坐上國王的寶座,也不致傲慢;即使淪落於貧賤,也不致脆弱。因此,每個人都應該洞察內心、認識內心,找到人生對自己的意義。

○看穿無常本質,依然熱愛生活

大海深無底,亦復皆枯竭;大地及日月,時至皆歸盡,未曾有一事,不被無常吞沒。人生在世,誰都不可能一直過著花好月圓的生活;只不過是因為智者看穿了世間真相,看透了人生本質後,仍照樣熱愛生活。於是,面對生活的無常和沉浮,內心始終包容、寬慰。即便餘生仍如同沉浮於海上的一葉扁舟,亦時常抵不過命運巨浪的沖刷拍打;但,篤定的心態使內心強大到足以讓我們重新熱愛這個世界,照舊能回歸自己的生活步調,保持希望,回到最初的美好。

不僅人生無常,連人性也是無常的,這世上最難猜的是人心,最難看透的也是人心。人性的無常,使人心變得謹慎克制,變得保守,生活彷彿如履薄冰。但人性本是如此,我們只能審慎地對待一切,減少自己犯錯、繞路的機會,盡可能確保自己走在正確的道路上取得更好的成績。面對人心的浮躁以及人性的無常多變,不如聚焦自身,把

時間和精力都省下來沉下心好好打磨自己，改變自己。如此，我們才能逐步地忘卻那些無常，遠離負能量，然後避免被一些無謂的俗事消耗；拋開一些不相關的人、事、物，使自己保持在鬆弛的狀態下好好品味真實的人生。做一個不以物喜，不以己悲的豁達之人，餘生便能減少內耗，找到自己，找到人生的出口，尋得不一樣的人生。

　　面對紛紛擾擾、爾虞我詐的紅塵俗世，我們唯有回歸內心，學會斷捨離，懂得堅守自己的初衷，才能找到最終的出路。人生的相逢都是猝不及防，就連別離也是一樣。正所謂：世間好物不堅牢，彩雲易散琉璃脆。在這個世界上，一切的分分合合、離散重聚、得失、成敗，其實都是偶然；唯有親自己經歷過生死離別，才能逐漸變得成熟，心智清明。人越是遭遇無常的世事之後，內心就越渴望安定，希望過著一種沉穩而踏實的人生。所以，生活裡不論遭受苦難煎熬、面對死亡，只有先學會勇敢面對，從容應付，才能以豁達的心境，平和熱情的面對人生裡的起起伏伏。

第 3 章：

無常紛擾是社會的常態

當今現世，因為社會的變化無常，焦慮不安成了瀰漫社會的普遍心態，幾乎覆蓋了所有人心。據報導，當前社會有96%的人心中都有焦慮的事，54%的人天天都在焦慮。人們為生活中的危機四伏而感到不安，心不知往哪安放是現代人普遍的困惑。

常言道：「月有陰陽圓缺，人有旦夕禍福。」光陰似箭，歲月如梭，一眨眼就是一天，一晃眼就是一年，一轉身可能是一輩子。誰也不知道明天和意外，哪個先來到，擁抱無常，珍惜當下，做好自己，過好生活的每一天。

眾所周知，美國加州是一個風景怡人富足的州，全球很多高科技龍頭企業包含英偉達（又稱輝達）、蘋果、特斯拉、臉書、英特爾、甲骨文等，還有全球著名的好萊塢環球影城、迪士尼樂園也都在加州。但是，加州每年的森林火災給人們帶來一次又一次的慘痛教訓。僅僅2025年1月的天使之城洛杉磯火災就宛如世界末日，損失慘重。據相關媒體報導：截至目前為止，野火已導致至少27人死亡，約82,400人被迫疏散，火災還摧毀了超過12,000座建築物，成千上萬的人痛失家園，經濟損失估計在2,500億至3,000億美元之間，這可能成為美國歷史上損失最慘重的自然災害之一。作者在書寫的同時，還有多處的森林野火尚未被完全撲滅。這種突如其來的事故變化，就是無常。

現代社會節奏快，人心浮躁，內卷[1]嚴重，使人容易感到焦慮；輕則傷害身心，重則使人憂鬱，陷入死胡同無法自拔。特別是經濟環境不好的情況下，大家都憂心忡忡。所以我們一定要學會覺察社會的無常，緩解身心的焦慮。

當今時代大眾普遍焦慮的內外因素

焦慮的內因：

第一、社會急速轉型變革

第二、社會內卷程度加深

第三、社會公平環境有所欠缺

中國社會處在轉型期間，並未提供個人更多公平的發展機會，於是造就潛規則橫行，甚至有時人們根本不知道規則是什麼。社會上產生了諸多不公平的因素，造成很多人看不到路在何方，不知道怎樣才能成功，甚至不知道怎麼做才能不被這個社會拋棄，對未來生活的不安全感以及個人發展的迷茫，使人變得焦慮恐懼。

由於人們的慾望在不斷增長，生活於現今社會，幸福感源自於比較，一種是縱向比，即現在和過去比；一種是橫向比，自己和他人比。人們普遍重視於與人相比，儘管自己和自己的過去比已有進步，但一跟別人比，往往產生嚴重的失落感，因為總會有人比你得到的更

---

[1]「內卷」是近年的網路流行語，用來形容特定領域內過度競爭，導致人們進入了互相傾軋、內耗的狀態。

多。對財富、權力和名利的不斷地追求使人心中的焦慮越來越深。

物慾至上和生活壓力居高不下的時代，無論是主動還是被動，每個人的腳步越來越快，我們的靈魂彷彿快要跟不上我們飛奔的身軀，我們的身軀已幾乎趕不上越來越高漲的慾望和快速運轉的社會節奏，焦慮、迷茫成了當今社會裡諸多民眾的生活基調。當急躁、浮躁不安漸漸成為現代人的普遍現象時，人們都急於尋找一種能緩解內心焦慮、獲得心靈安寧的方法。

焦慮的具體情緒體驗，可分為慢性焦慮，即廣泛性焦慮（generalized anxiety）和急性焦慮，即恐慌發作（panic attack）等兩種形式。主要表現為：無明確客觀對象的緊張擔心，坐立不安，還有自律神經失調（Autonomic Dysfunction／Dysautonomia）症狀，如心悸、手抖、出汗、尿頻及運動性不安等，嚴重時將導致社會功能受損。正常人的焦慮情緒能幫助我們謹慎面對突發狀況，但若長期焦慮情緒無法緩解，不斷累積，卻會嚴重影響我們的心理健康。

○社會無常，更應尋求內心寧靜

1.多讀經典名著

經典名著是經過時間的驗證篩選所保存下來，蘊含著深刻思想智慧的歷史結晶。閱讀經典名著能幫助我們更進一步理解這個世界。經典名著是人類思想的精華，讀經典不僅是一種知識的積累，更是精神上的滋養和成長。我們每天早晚何妨放下手機，抽出一點時間閱讀經典，不需過多的思考，就是認真閱

讀，讓我們浮躁的心沉靜下來，讀經典作品的目的是為了修心，透過修心得到智慧，有了智慧就能解決各種問題。

2.看開點，想開點，知足常樂

人生短短幾十年，如白駒過隙。大多數人都在追逐錯誤且不重要的東西，對財色名利樂此不疲。「無田憂田，無宅憂宅，眷屬財物，有無同憂。」指的是普羅眾生，對於田宅、眷屬、財物，沒有的時候想爭取，擁有之後又怕失去；有了這樣又覺得少了那樣，總沒有知足的時候，樣樣想跟別人比，別人有的自己也想要有。然而一旦擁有了，又擔心發生意外失去一切。好比地震天災、盜賊掠奪、怨家消散、債主磨滅等；就是沒發現自己為了怕失去，總是焦慮不已，憂心忡忡。

其實你所持有的一切都是無常，抓也抓不住，有也好，沒有也罷，在意也沒有用。把自己折磨得那麼累，身心疲憊，成天朝思暮想，擔心害怕，一刻也沒停歇。不如看開點，想開點，一切都是過眼雲煙。生不帶來死不帶去，知足常樂，過好當下，珍惜當下才是根本。

3.保持平常心，遠離是非

很多人非常在意別人對自己的評價，別人誇我們一句，就高興的不得了，別人說我們一句，就氣得連飯都吃不下，甚至會挾怨報復。這樣的人其實很可憐，就像傀儡一樣，身不由己。別人只要輕易動動嘴皮子，就能夠操控我們的情緒，讓我們發狂發瘋。所以啊！一定要沉住氣，他造他的業，我修我的心。張家長李家短的事情，能不參與就儘量不參與，實在躲不了，就

左耳進右耳出。不要把這些是非放在心裡，心裡面要保持清靜。不要跟別人斤斤計較，這些都是沒完沒了的事情。正如人們常說的：「他強由他強，清風拂山崗；他橫任他橫，明月照大江。任憑風吹雨打，我自巋然不動。」這些雖然很難做到，但是只要我們經常訓練思維，覺察世間的無常，就會獲得身心清靜。

4.坦然面對失敗，接受不完美的自己

要學會欣賞自己，發現自己的優點。多給自己一點微笑，一些肯定。人都是善惡交加的，若站在道德的至高點要求自己，批判別人，那就是吹毛求疵，因為這個世界上沒有誰是十全十美。大善人偶爾也會起個惡念，十惡不赦的大壞人偶爾也有一絲善念。人非聖賢，孰能無過？有則改之，無則加勉就好。

勇猛精進很好，但是要量力而為。有一分勁就使一分力，不要使個三、四分。這樣不僅沒有作用，反倒產生反效果。不要急於求成，羅馬不是一天造成的。不要急，慢慢來。人生的成功每個人的定義都不一樣；要有自己的想法，不要人云亦云。接受不完美的自己，多讚美肯定自己；不管做什麼事情，量力而為，早日身心清靜，獲得幸福美滿的人生。

○擁抱變化，克服焦慮，學會做自己的主人

我們偶而都會聽聞有人不堪工作壓力被壓垮崩潰，但事實上十之八九都是因為飽受社會的無常變化而過度擔憂所產生的焦慮折磨所致。

生活在社會步調快速發展的現代，每天似乎都有一百種理由可能導致你我焦慮沮喪。焦慮正使我們距離想要的生活、理想的自己越來越遠！日子每天都過得很忙很累，可是靜下心來想想，卻不知道自己在忙些什麼、為什麼而忙，想做的事情很多，卻總是提不起勁，一拖再拖。對自己與現狀有諸多不滿，希望自己工資再高一點，能力再好一點，再瘦一點，同事客戶再友善一點，父母伴侶再懂我一點，只要事情稍有一點不如意，就馬上失去耐心，好想發脾氣。別人說什麼好，就想擁有，生怕錯過了什麼好東西，因此白花了不少冤枉錢。好不容易有了升職機會，卻每天提心吊膽，生怕自己做不好，反而導致錯誤頻頻，甚至都開始懷疑自己的能力，覺得自己不行。有時，明明沒什麼要緊的事，卻每天都感到慌忙，吃不好睡不好，胸口像壓著一塊石頭，常常喘不過氣來，莫名頭痛，注意力常沒法集中，工作效率也嚴重下降。更可怕的是，過度焦慮很容易誘發埋怨、悲傷、沮喪、憤怒等消極情緒，導致憂鬱，而且高度焦慮的人死亡率比正常人高出23%。

面對變化無常的生活，只有當我們真正地認識自己，知道自己要什麼，成為自己的主人，才能不被外界紛紛擾擾的壓力與浮躁左右，才能在為生活奔忙追求目標的同時，不再恐慌迷茫，不再漫無目的，才能始終堅持自我，堅定自己的方向與人生節奏，一步一步真正地實現自我。

①瞭解自己，知道自己的優勢特長與不足，瞭解掩藏在面具下的真實自我。

②找到自己，知道自己真正想要什麼，並找到適合自己的實現方式與節奏。

③強大自己，超越內在的恐懼、自卑與無助，不斷突破，並堅定自己的人生選擇。

④接納自己，發自內心地接納自己的不完美，放下對自己、對生活的諸多執念。

能做到這些，是一些人看起來那麼輕鬆，人生像開掛[2]了一樣的根本原因。因為當我們還在焦慮的泥淖中掙扎時，他們已看清社會的變化無常，並藉由對自己的瞭解，善用自己的優勢，進入了由內在驅動的加速賽道。

所以說，認識自己，做自己的主人，讓自己不再焦慮，這件事越早開始越好。

生命的本質是時間，把時間花在有意義的事上，時間就有了意義，進而生命就有了意義。

你可以試著列出哪些方向對你是有意義的，包括學習、工作、健康、運動、社交⋯⋯統計自己把多少時間花在這些事上，三個小時？五個小時？一開始可以先不計較結果，只關注時間，一點一點地提高自己把時間花在有意義的事情上的時間比例，每一天也就越來越有價值，那種到處瀰漫的焦慮，也會一點點地化為對生活掌控後的喜悅。當情緒不再焦躁時，偶然間的某個機遇，就可能改變人生！

---

[2]「開掛」即「開外掛」（Cheated），是網路遊戲用語，在遊戲的同時啟用非原廠設定的外掛輔助程式，藉以獲得超越常規的能力。後來用以形容「人生開外掛」是妥善運用自己的資源、人脈，造就一番事業。

第 4 章：

無常是萬物的本質

　　變化無常才是生命與萬物的本質常態。我們人類，只不過是地球暫時賦予的100斤原子與分子的集合體，在這紛亂繁雜的人世間匆匆體驗數十載春秋，最終又將這一切歸還於自然。地球對人類的生死存亡漠不關心，太陽熄滅乃至宇宙的終結亦不會因此有所動搖，個人的喜怒哀樂與悲歡離合，在浩瀚的宇宙之中，乃至漫長的人類歷史長河裡，都顯得微不足道，萬物的本質是無常。

　　世間唯一永恆不變的，唯有變化本身，一切的發生都是無常與變遷的體現，亦是宇宙法則的必然結果。

　　我們作為人類存在，與一團隨風飄散的蒲公英、一朵嬌豔綻放的花朵、一棵默默無聞的小草、一隻小小的螞蟻並無二致，看似享有自由，實則身不由己，力不從心，其實無能為力才是生活的常態。我們不過是地球上的匆匆過客，享受陽光的溫暖，承受雨露的滋潤，然後悄然消逝，不留痕跡。雷霆雨露，皆是上天賜予的恩澤！世間萬物皆因緣而生，緣聚則萬物生長，緣散則歸於虛無，一切如露珠般短暫，如閃電般即逝，皆是夢幻泡影，終將消逝。最終，一切都會成為過去，時間會抹去你曾經存在的一切痕跡。多數人來到這世間，不過是芸芸眾生中的一員，也許都無法流芳百世。平凡人活著時默默無聞，離世後更是歸於塵土。活著，便是珍惜眼前人，守護家庭溫暖，努力讓自己的生活更加美好。

人生一世，如同草木一春，光陰荏苒，白駒過隙。生而為人的全部意義，便是在這短暫的幾十年裡，透過個人的不懈奮鬥，讓自己體驗生活的幸福與美好。

○無常是萬物永恆的主題

「世事無常」大意是，萬事萬物皆是以「無常」的形式存在。所謂「無常」，並不是講沒有常態，而是強調變化是萬事萬物的「常態」，世上根本就沒有亙古不變的事物，而這種變化，才是萬物的本質。

一、「變化」是萬事萬物共同的常態

世上之事，皆處於無常變化之中，從未停息。上一秒的事物，在這一秒早就已經發生了改變，不再是上一秒的狀態了。進一步的說，萬事萬物的本質，其實就是方生方死，方死方生，即便是那些山川、岩石，雖然我們的肉眼看不到變化，但並不意味其內在一成不變，事實上，上一秒的石頭，早就不是這一秒的石頭了，只是我們肉眼無法分辨罷了。因此，從這個角度來說，萬事萬物之共同常態，其實正是「變化」。

二、「變化」是道的根本

我們知道，「道可道，非常道」，即道不可言說，凡可言說皆不是「道」之本身。其實，道不可言說，並不是講道不可知、不可識、不可用，而是強調凡是人為之一切，皆不足以詮釋「道」的全部，即便是「道」這一名稱，也不過是為了教化世人，而勉強提出的概念罷

了，即「道」之名稱，也只是一個名稱，而不是「道」本身。「道生萬物」，大意是說，萬事萬物皆需要遵循道之法則，而道之法則，從某種意義來說，所詮釋的就是變化。唯一不變的，就是變化本身。

三、唯有變化，才可以讓萬物生生不息，得以長存

萬物需要遵循「道」之法則，才有可能生生不息，得以長存。而「道」之法則，並非一成不變，而是變化不止，遷流不息，就好比人之念頭一樣念念相繼，根本不可能停止。甚至可以說，唯有變化，才可以讓萬物生生不息，得以長存，否則，變化停止，萬物就會很快隨之消亡。由此可見，變化才是萬物最永恆的主題。

○無常不是消極的，關鍵在於自己的心態

常粉碎了我們對安全感、確定性的幻想，當我們意識到自己腳下隨時可能踩空時，便本能地想抓住什麼，這就是執著的由來。然而當我們想抓住、想依靠的東西本質上卻是抓不住、靠不住的時候，痛苦便由此產生。

萬事萬物都是以無常變化的形式存在的，實際上那是它們存在的唯一方式。我們也許並不知道，與事物真實狀態的偏離，給我們帶來了多少不必要的痛苦。覺察無常使我們的認知逐步趨近於事物的真實狀態，並讓我們有機會成為更有智慧和更快樂的人。

無常不是消極的。當你不僅在腦子裡理解無常，更以眼耳鼻舌身體驗無常，用心去感觸、體會、確信時，你會開始懂得惜人、惜物，

珍惜緣起緣滅，努力使所愛的人活得幸福，寬容別人對自己的冒犯，安住於當下，從心底珍惜一切美好和喜悅。這種珍惜不會令人沉溺、痛苦，因為它源於對無常的覺知。

人生沒有假設，當下即是全部，然而我們卻總是很難接受這一點，往往莫名其妙地感到被命運虧待了，彷彿有另一個更如意美好的人生還沒能來得及跟自己相逢。這樣的我們便無法隨遇而安，難於在當下那一刻把心態扭轉過來，心懷感激和清淨的善意。然而，人生只是一個個的當下罷了，如果不能於當下心安，又能於何時何處心安呢？放下執著不是一句空話，以豁達務實的態度看人生，知道人這一輩子，溝溝坎坎是填不完的，快樂不是沒有，轉瞬即逝，多麼好的緣分也可能輕易消散。無論放不放下，一轉頭都會成空。能看透人生的這一面，心裡才會有天高地闊、山遠水長。看看四周，有多少懷抱著生活熱情籌謀一切卻突然間離開人世的人？你沒理由相信自己一定比他們幸運。明天或意外誰先到來，我們誰也不清楚。

大多數人的大部分時間都在為生存奔忙，如果可能，週末撥點時間讓自己不再圍繞著衣食旋轉吧！讓身心在一本書、一段靜坐、與友人的交談、春寒裡的散步中逗留，安靜下來去瞭解自己或另一個人的思想和心靈，或者去做義工。即使在競爭壓力山大的今天，生活除了奔波，仍然可以有閒情和詩意。

萬物皆無常，有生必有滅。的確，生命從無到有，從小到大，又經歷了從強到弱，從生到滅，這世上沒有一個人能活著離開，也沒有一個人能成為例外。在這個過程中，我也曾無數次叩問過人生的意義，然而行至半生才恍然悟得，曾經的追問其實都需要我們自己以一

生的思考與行動來作答！當一個人在繁瑣的日常裡，發現了生存的價值，找到了自身的使命，因而樂此不疲地努力進取，心甘情願地造福人類，由此賦予生命以無限的空間與活力⋯⋯這大概便是最佳的人生答案，也是生命中最大的幸運吧！

○ 因為無常，更應善待

人生匆匆三萬天，忙碌奔波，無非是為了兩件事：謀生與謀愛。缺乏金錢，便會委屈了身體；缺少愛情，便會折磨了靈魂。唯有盡心盡力地做事，真誠待人，努力賺錢滋養身體，讀書豐富靈魂，方能安享這趟人生旅程。

儘管人生終將如塵埃般消散，但在這短暫的幾十年裡，無論生命處於哪個階段，我們都應珍惜那段時光，認真地體驗每一個當下，用心地欣賞每一處風景，盡心盡力地完成每一份責任。照顧好自己的身體，做好喜歡的事，善待重要的人，完成每個階段的使命。三十歲，應專注精力；四十歲，需守護內心；五十歲，可笑看天地；六十歲，當善待自己；七十歲，應看淡生死輪迴⋯⋯人生，便是一半清醒，一半釋然。無需因喜悅而狂歡，因悲傷而消沉。生活的關鍵在於心態，唯有以清淨心看待世界，以歡喜心面對生活，以平常心對待情感，以柔軟心消除掛礙，珍惜每一個當下，做到無我，用心生活，方能活得簡單而平靜，淡定而從容。

○看到無常，也看到永恆

死並非生的對立面，而是作為生的一部分永存。萬物生滅，世事輪迴，浩渺宇宙之中那些尚未知的空間和維度，也許將是我們窮盡一生都探知不盡的。那麼誰又敢說死亡不是另一番輪迴裡的重生呢？也許死亡真的只是超越了時間的維度，並非是生命真正的終結！生命生生不息，會以另一種形式永存，面對生命裡周而復始的冬去春來，我們看到無常，也看到永恆！

當我們對生死和輪迴具備更客觀更全面更高維的思考與理解時，當我們相信它可以存在並期待它能夠實現時，我們才有更多機會接近生與死的真相。一個人既能看到無常，又能看到永恆，心情也便會變得輕快起來，因為天荒地老，人海茫茫，倘若世間真有輪迴，我們的未來便多了與親人重逢的可能。倘若真的當來生到來時，離開後的我們其實也已無從知曉一切的前因後果，縱使相逢應不識。所以對我們而言，所能把握的唯有認真過好這一生，充實活好每一天，不必因來處迷茫，不必為去處焦慮。珍惜當下，報以赤誠，積福修慧，善待生命。當我們真正修得一顆平常心，將生命的明滅視若花開花落的美好時，相信此生一定能從更高的層次和境界中真正開啟生命的智慧，並能寂靜從容地擁抱變化，擁抱當下的喜樂。

生命，這看似深不可測的奧秘，實則不過是無常的輪迴。在這流轉的光陰裡，我們看盡了花開花落，月圓月缺，終究會明白，這紛繁複雜的世界，不過是一場無常的演繹。在這無常中，我們尋找著意義，渴望著永恆。歲月無聲，卻是最有力量的講述者。歲月不言不語，卻將生命的無常刻畫得淋漓盡致。曾經的山盟海誓，在歲月的侵

蝕下，化作一縷輕煙；曾經的繁花似錦，在季節的更迭中，凋零成滿地落紅。那些曾經以為會永恆的事物，都在時間的河流中慢慢消逝，成為我們記憶中那淡淡的痕跡。春去秋來，花開花落，世間萬物皆在無常之中。

生命看破了，無常便是其本質。我們或許無法掌控命運的走向，但我們可以選擇如何面對。我們可以選擇用一顆平和的心，去接納這無常的一切，去感受這生命的韻律和節奏。我們可以選擇用一顆感恩的心，去珍惜每一個瞬間，去感恩每一次遇見。在這無常的生命中，我們或許會遇到許多的挫折與困苦，但正是這些經歷，讓我們變得更加堅強，更加成熟。如同那些經歷風雨洗禮的樹木，它們的枝葉更加繁茂，樹幹更加粗壯。而我們，也在這些挫折與困苦中不斷成長，不斷超越自我。讓我們在這無常的生命中，追尋那份真實的幸福與快樂吧！讓我們珍惜每一個瞬間，珍惜與我們相伴的每一個人。讓我們放下那些虛無的執著，既看到無常，又看到永恆，珍惜當下，去擁抱生活中的每一瞬間的美好。

人們此生，就是在三維世界的學校裡體驗面對自己的人生功課，終將覺醒。

Chapter 5

第五篇

生命本質的揭秘

第1章：

生命到底是什麼

什麼是生命？科學家和哲學家們對此並沒有一個非常明確的概念。為了思考究竟是什麼讓生物為「生」物，他們足足花了幾千年。從亞里斯多德到卡爾 薩根，無數的偉人提出了一個個偉大的理論來定義生命。而在過去的一百年間，定義生命甚至變得更加困難了。一直到19世紀，主流說法都認為，生命區別於非生命的因素，就在於無形的「靈魂」或是「精神」而不同。例如，美國國家航空暨太空總署（National Aeronautics and Space Administration，簡稱NASA）就把生命定義為一種「符合達爾文進化理論且可自我維持的化學體系」。但是，NASA的定義只是希望用簡潔的描述去定義生命的眾多嘗試之一，並未觸及生命的根源——靈魂與精神。事實上，如今的科學界提出了超過100種的生命定義，這些定義大多關注生命的一小部分關鍵屬性，比如繁殖和代謝。然而，對與什麼才是定義「活著」的最重要因素，眾多科學家之間持有不同的意見。化學家認為生命應該被歸結為幾個特定的分子，然而物理學家則更偏向討論熱力學問題。

○生命的熵增故事

張先生有及時剪指甲的習慣，主要原因是打籃球時擔心會抓傷

別人，久而久之，指甲一長就非剪之而後快。在張先生的印象中，指甲是身上神奇的組織，它猶如無機物玻璃、塑膠，透明而柔軟，還能透過它觀察指尖的血循狀況，著實是人體最小型的彩色超音波、X光機。

張先生的爺爺去世前，身上掛了個尿袋臥床了大半年。某次周末假日，張先生回家看他，爺爺很高興：「小孫子，扶我起來，今天我要走走。」張先生連忙扶他的手，卻發現他的手掌緊握著自己的大拇指，怎麼掰也掰不開。大拇指的指甲也長得很長，都快扎到手心了。

把爺爺推下床後才發現，爺爺的各個關節都已變得僵硬，腿根本邁不開了。試了好幾回，爺爺還是無法走路。當時不懂什麼叫安慰的張先生只好老老實實地對爺爺說：「爺爺，你可能沒辦法再走路了。」爺爺眼裡的光瞬間暗了下來。張先生不曉得自己這話對爺爺的打擊有多大，總之這是他最後一次下床。

張先生決定幫爺爺剪指甲，但這也是個十分艱巨的任務。爺爺的指甲深埋掌心，張先生得先想盡辦法讓它顯露出來。老人家的指甲也不再是片狀，而是厚厚的不透明狀，剪下去大大小小的碎片喀拉喀拉地崩落⋯⋯好不容易才把爺爺破碎的指甲修剪完，可能爺爺手掌裡感覺舒服了點，滿意地點點頭。

科學上有一個名為「熵增」的概念，意指世間的很多無序其實是不可逆的，好比生老病死就是這樣的一種規律。人不可逆地會漸漸衰老，細胞端粒體將逐漸縮短，即使強如爺爺這樣的硬漢，也不得不接受彎腰駝背衰老這樣的事實。

張先生拿著指甲剪時，也發現爺爺的指甲不如以前那麼柔軟有彈

性了,剪著質感也變得鬆脆,越來越不透明,像極了老化的塑膠。連指甲的質地都如此衰退,那麼體內的其他器官呢?當然也一樣不可逆地持續在衰老中。

張先生知道,總有一天,自己總有一天也會像爺爺一樣,被人人小心翼翼告知:「老張,你也老了,可能再也沒辦法打籃球了!」然後,隨著自己老去,是各式各樣的「再也沒辦法」,這一天遲早會到來臨。

確實,生老病死是人世間最大的公平。無一例外,無一倖免,也無處可逃。

○區分生命與非生命的尖端科技

有些英文教材會以「MRS GREN」為便於記憶的口訣,幫孩子記住定義生命的7個元素:運動(movement)、呼吸(respiration)、感知(sensitivity)、生長(growth)、繁殖(reproduction)、排泄(excretion)和營養(nutrition)。但這僅僅是定義生命的開始,而非終點。世上的很多傳統定義無法將生命的類別歸類含括這7種特徵,比如一些晶體,以及具有傳染性的蛋白質——朊毒體[1],甚至一些電腦程式,按照MRS GREN的歸類方法,都可被稱為生命,這樣粗略、表面的定義顯然並不合宜。

區分生命與非生命的典型案例就是病毒。它們沒有細胞結構,不

---

1 朊毒體(英語:prion)音譯普里昂,又名朊粒,是一種具感染性的致病因子,能引發哺乳動物的傳染性海綿狀腦疾病。朊毒體(朊粒)是正常朊粒蛋白。

進行代謝，在尚未入侵細胞的情況下呈現惰性。病毒幾乎缺乏所有我們認為是生命的條件，除了它們能經由DNA或RNA編碼傳遞遺傳資訊。DNA或RNA是地球上所有生命共用的生命構造藍圖，這便意味著病毒可演化複製，即使它們只能藉由「劫持」其他活體細胞來完成繁殖。病毒與人們所知的其他所有生命一樣，均帶有DNA或RNA，因此有些人認為病毒也應算是一種生命，還有人甚至聲稱病毒具備使人瞭解生命起源的線索。若真是如此，生命似乎便不再是非黑即白的實體，而更像是一群物體模糊的集合，沒有明確「活著」或「死亡」的邊界。一些科學家贊同這種觀點，他們認為病毒「存在於化學分子與生物的邊界」。而這樣的觀點也催生了一個有趣的問題：什麼時候開始化學分子不再僅是各部分的單純組合，而產生了生命的活力？

○生命科學的「偵探們」

1.化學家：探索生命的「配料」

正如我們所知，地球上的生物建立在以碳元素為有機物質的基礎之上。這些碳基聚合物就是核酸（DNA的組成成分）、蛋白質和多醣，構成了現在豐富的生命。

著名的米勒‧尤里實驗（Miller-Urey Experiment）是最早探究地球上的生命是如何從無生命的化學物質起源的實驗之一。實驗證明在放電的條件下，原始存在於地球的化學物質能產生範圍更大的相關生物分子；但這些化學物質仍然是沒有生命的。只有它們開始進行一些特別的活動，我們才會認為它們是生命。那這些化學物質需要什麼

條件才能一躍成為生命呢？資訊分子的錯誤複製可能是生命產生並演化的起源，這也因此造成了非生物化學向生物化學的轉變。複製，特別是錯誤複製導致了具有不同能力的「後代」產生，這些分子後代開始為了生存而互相競爭。本質上來說，這就是分子層面的達爾文進化論。

對很多化學家來說，複製對於定義生命非常重要。這樣的事實也說明了，能進行複製的資訊分子例如DNA和RNA，對生物的未來是必需的。但是，從更廣泛的尺度看來，只用某幾種特定的化學物質來定義生命似乎並不妥當，雖然我們目前所知的地球生物可能都需要DNA或是RNA，但是誰能確定在地球之外會不會有某些生命是不基於DNA或RNA誕生的呢？

2.天體生物學家：找尋神奇的外星生物

預測外星生命也是一個棘手的任務。大多數的研究者，包括愛丁堡大學的英國天體生物學中心的查爾斯·科克爾（Charles Cockell）教授及其同事們，都在以地球上可存活於極端環境下的微生物在研究可能的外星生命。他們認為，外星生命生活的環境可能與我們迥然不同，但它們仍可能與地球上的生命擁有某種共同的生命關鍵特徵。為了尋找有可能超出目前人類定義的生物，我們需要保持開放的心態。若直接把我們所瞭解的地球生物知識套用到尋找外星生命上，可能會產生令人困惑的結果。例如NASA——他們原本認為自己對生命的定義已經相客觀，但當年，NASA發射的「海盜1號」成功登陸火星，並進行了三項測試生命是否存在的三個實驗。其中一個實驗似乎證明了

火星上有生命存在——他們觀測到火星土壤中的二氧化碳濃度較高，因此認為這說明了有微生物在這顆紅色星球上生活呼吸。事實上，現在普遍認為，「海盜1號」當時發現的二氧化碳釋放只是非生物的化學氧化反應，並不是當初讓人興奮的「生命活動」現象。

3.矽基生命：生命或許有更多可能性

　　天體生物學家們吸取了之前的經驗，放寬了尋找外星生命的標準；但是到目前為止，仍一無所獲。也許放寬搜尋標準也會帶來壞處。目前對生命的搜尋仍侷限於地球上的碳基生物為主，以碳為中心，這種狹隘的觀念或許限制了對外星生命的探尋。也有一些人認為外星生命可能以矽為基礎，或者依賴不同於水的某種溶劑，甚至紅巨星、星塵、星雲中都很有可能存在著智慧生命。

　　科學家發現，有一些微生物DNA中的磷可被砷取代，這一發現令天體生物學家非常激動。雖然這些發現後來仍受到了一些質疑，但無疑激勵了很多嘗試尋找不限傳統生命規則的科學家，使很多人充滿希望，仍繼續抱持著積極的探索精神，這樣的好奇心正是人類進步的動力。

　　人工智慧可能也是某種非比尋常的生命。曾經，人工智慧只存在於科幻小說中，但現在卻已成為一個具體成熟的科學分支。如今，研究者仍不斷試圖開發電腦程式以模擬真正的生命，甚至有許多團隊開始開發帶有類生命特質的機器人。

　　很多人工智慧的研究者仍在利用人類所知關於地球上的生命知識進行進一步的探索，這些研究者所使用的模式稱之為「PMC

模式」──其中P指程式（program，如DNA），M指代謝（metabolism），C指容器（container，例如細胞壁）。值得注意的是，這不是常態的生命定義，而只是一種最小化學生命的定義。這些研究非化學生命形式的人工智慧研究者之主要工作就是開發PMC模式的軟硬體。來自世界各地的菁英團隊都在研究PMC模型中的各個獨立單元，並將單元融入系統進行性質研究。人工智慧的研究可能最終將應用到更廣泛的範圍，甚至製造出與我們的期望大相徑庭的生命。這類研究可能說服我們重新認識生命的定義。

愛因斯坦：用「愛」定義生命

天才愛因斯坦的女兒麗瑟爾（Lieserl Einstein）出於對父親的遺願將愛因斯坦所寫的1400封信捐給了希伯來大學。一直到愛因斯坦死後20年，這些信件的內容才被公開；其中，有一封他寫給女兒的信：

有一種無窮無盡的能量源，迄今為止科學界都未能找到一個針對它的合理解釋。這是一種包含並統領所有其它一切的生命力，排除在宇宙萬物的運行現象之外，甚至未被人類所定義。這種生命力叫做──「愛」。

當科學家們苦苦尋找一個未定義的宇宙統一理論時，他們卻忘了大多充滿力量的無形之力。愛是光，愛能啟示那些給予並得到它的人。愛是地心引力，因為愛能使人互相吸引。愛是能量，因為愛，人們產生最好的一切，且正是愛允許人們免於看不見的自私。愛能掩蓋，也能揭露一切。因為愛，我們才活在這個世界上，也因為愛，我

們離開人世，更是因為愛，讓我們超越生死。

這樣的驅動力解釋了一切，讓我們的生命充滿意義。這是一個人們長久以來忽略的變因，也許人們之所以害怕愛，正是因為這是宇宙間唯一一種人類還無法隨意駕馭的能量。

為了讓愛能清晰可見，我借用最著名的方程式做了個簡單的替代。如果不是$E=mc^2$，我們接受治癒世界的能量可經由愛乘以光速的平方獲得，就可得出一個結論：愛是最強大的力量，因為愛全然不受限制。

當人類發現自己無法控制運用宇宙間所有與我們抗衡的能量時，人們迫不及待地急需另一種能量的滋養安慰。無論是發現了生命的意義、期望自己的物種得以存活、想拯救我們所在的這個世界和每一個世上居住的生靈，愛是唯一的答案。

每一個獨立的個體內在都具備能釋放強大能量的愛的發電機！當我們學會給予並接受這種偉大的宇宙能量時，就得承認愛能夠超越任何存在，降服一切，因為愛就是生命的精髓。

第 2 章：
生命的本質與人生的意義

　　正如電影《教父》裡的台詞所說：「那些只花半秒鐘就能看透事物本質的人，和窮盡一生都無法看清事物本質的人，兩者的命運註定是截然不同。」人從哪裡來？人到人世是為了什麼？又要往哪裡去？這是我們每個人畢生都得思考的問題。關於人生的本質，一直都是人類孜孜不倦孜探索的課題。

　　這些探索的結果，有人相信「人性本善」，也有人相信「人性本惡」；有些人認為人的本質在於懂語言、具思維；有些人認為人天生是政治動物；有些人認為理性是人類的特質；有些人認為懂得發明使用工具最能彰顯人類本性；有些人則認為動物的本質就是人類本質，只是程度差異；還有些人認為擁有長遠追求是人的特質……

　　這些探索為我們提供了眾多的人生洞見；然而我在瞭解這些答案後總仍覺得意猶未盡，依然無法完全服膺這些看法，總覺得這些認識仍未抓住人類最關鍵的本質特點，不足以揭示出人類最根本的獨特性。

○賈伯斯的生命故事：覺知自己的內心

　　美國蘋果公司創始人賈伯斯臨的終遺言說：「在病榻上的此刻，

我不斷憶起自己的一生，卻發現那些曾讓我感到風光無限的所有社會名譽財富，在即將到來的死亡面前都變得黯淡無光，毫無意義了。」因此，人們常常感嘆：我們要用多大的代價，才能認清活著的意義？

賈伯斯也是個血肉之軀，行走人世，他也會為崇山峻嶺、驚濤駭浪所驚嘆，為悠然長流的浩瀚江河、不可勝數的繁星傾倒。然而，執著於偉大事業，對自身事務棄之不顧、敷衍了事的態度值得我們警醒。人的本質重要的是經歷，而非關年紀。年紀只是種時間概念，沒有任何價值。人生的本質意義是經歷、體驗、試錯，這些來自於認知、野心、勇氣和執行力。認知解決知不知曉，野心解決想不想要，勇氣解決敢或不敢，執行力解決做或不做；這四者互相支撐。很多時候，你在其中一個項目取得突破，就能帶動其他三個方向取得提升。知道自己為什麼而活的人，便能真正展開屬於自己的人生。人們要摒棄環境的侵擾，學會追尋生活的意義，才可能活得更好。

為了一件根本不知道是不是自己的人生目標的事拼了命地撲上前去，不能不說是傻子在幹傻事。如果人生賺了那麼多錢，結果只是讓你住進頭等病房；或者40歲前你不斷折磨自己的身體，就等著40歲後換身體來折磨你。有些人只有到了面臨生死相交的那一剎那，才會幡然醒悟：原來，自己背負得氣喘吁吁的沉重行囊，幾乎都是不必要的，並非內心真正的需求，並未給自己帶來真正的滿足感與開心滿足；那些充其量只是攀比後一閃而過的虛榮，隨即又有新的目標誕生。就這樣，人們陷入永無止境的追求，周而復始地重複著像陀螺一樣的奮力旋轉，拼命消磨著純真而寶貴的生命。 本來，本真的生活、原味的人生其基本底線只渴望能輕鬆地活著。多給自己一點寧靜的時間，仰望窗外的天空，向內省視自我，反思：我這一生，走到今天，

內心真正的需求是什麼？真正缺乏的是什麼？不太需要的又是什麼？那些壓得我喘不過來氣來的慾望，是否該試圖放下？感悟真實的自己，就能輕鬆得多、愜意得多，也幸福得多了。

○哲學家盧梭的生命故事：與世界和諧相處

法國哲學家盧梭曾說：「我是獨一無二的，我天生與眾不同，我敢說我不像世界上的任何人。如果我不比別人好，那我至少也跟別人不同。大自然鑄造了一個獨特的我，事後便立刻把模型打碎。」

他決定從今以後，別再過「應該」的人生，而是過自己想過的人生。所謂「應該」，其實都是親友世俗所給你設定的人生，是一種文化自我強勢而人格自我泯滅的表現之一。

瞭解到世界的廣博與多元，並覺察到自我的侷限於狹隘，所以能認知自己不可能懂所有人，也因此明白別人不盡然能理解自己；既不會驕傲地試圖凌駕於他人意志之上，也不輕易投身於他人所制訂的評價體系之中。大千世界裡的芸芸眾生在熙熙攘攘中營生，在利來利往中消耗著時光。然而，人類最大的焦慮之一很可能是某日驚覺：不管我們如何努力，在日趨接近人生終點的旅途中，老之將至，我們都有可能發現自己正在虛耗生命。而且無論你如何努力，最終都難免進入多病衰老的階段，以至將徹底失去一切。因此，如何儘早開始思考一些本質性的問題，在人生剩餘的日子裡，努力安放好自己，以便及時與世界和諧相處，獲得有品質的生活，是一道放在每個人面前的生存難題。

○普羅大眾的生命故事：保持積極陽光的心態

儘管你無法控制生活中將會發生什麼事，但你可以控制自己在面對這些事件時時的態度與情緒反應。而這些態度與情緒反應，正是組成你人生的重要部分。太多的事實證明：生活正是你自我態度的映射，你的自我選擇，有很大程度決定了你的生活及健康狀況。

世界在善感者面前是一場悲劇，在思想者面前則是一齣喜劇。

每個人的身心承受能力是有限的，你的生活活動半徑與極限都是種客觀存在，若是忽略這些，短期也許還無所謂，但長此以往，勢必得付出慘痛地代價。許多英年早逝的人，往往在這一點上犯了迷糊，使悲劇一幕一幕重演。只有過自己能承受的生活，才是明智的人生。不甘放下的，往往不是值得珍惜的；苦苦追逐的，往往不是生命需要的。

一個人經歷過不同程度的鍛鍊，就能獲得不同程度的修養，不同程度的效益，我們曾如此渴望命運的波瀾，然而到最後才發現：人生中最妙曼的風景，竟是內心的從容淡定！儘管我們曾如此期盼外界的認可，但到了最後才領悟，天堂地獄都在自己的一念之間，與他人無關。

讀書，不僅只是為了功利的求實用，還能藉以逐步提升個人品味與認知。況且，求知也可能為你帶來現實的收穫；很多情況下，使人痛苦受傷的不見得是事情本身，而是我們對事物的錯誤認知，透過讀書明瞭事理之後，常能恍然大悟原來如此，那又何必計較？

○實現生命層面的成功和圓滿是人生頭等大事

絕大多數的人，由於不斷追求現實層面的收穫而迷失在生活的得失之中，忘了生活的使命是藉由生活的磨練來提升自己的生命意義。要想實現幸福美滿的人生狀態，我們除了要具備理想的「人生觀」與生活智慧外，還得具備高維度的「生命觀」和生命智慧，才不會迷失在生活處境之中。

現實層面的困境並不是最大考驗，再怎麼困難也極少有人會被活活餓死；然而，生命層面的困境才具有真正的重大意義，將帶來身心疾病使生命枯萎、喪失人生的意義。

一個人儘管有再多現實層面的物質收穫，也無法使生命層面的本質改變，甚至可能因過度追求現實的成功而陷入身心靈巨大的困境之中。

所以，人們除了追求現實層面的提升，更要努力修行生命層面。

生命層面的成功包括：能成為情緒的主人、能成為大腦的主人、能全然活在當下、能解脫精神內耗和痛苦、能夠實現持續的寧靜與幸福，能夠真正離苦得樂、能夠持續連結內在本自具足的愛、能夠實現生命的覺醒、能夠了悟生命的真相和意義、能夠用生命影響生命和造福於人、能夠不斷提升生命維度等等。相較於現實層面的成功收穫，生命層面的成功更為寶貴，因為這些成功能帶來生命本質的蛻變。

藉由生活的處境修心以實現生命的圓滿成功，才是更有智慧的生活方式，人生在世的生活使命不是始終停留在物質層面的追求，而是尋求生命的意義，透過生命維度的成功為生活帶來本質的改變。

實現生命層面的圓滿成功，除了能使自己免於精神內耗的身心痛苦折磨，擁有持續的寧靜喜悅外，更有利於帶來現實生活層面的成功。因為，當你能全然活在當下、持續連結內在愛的力量時，你將獲得源源不絕的內在智慧能量，促使自己懂得做出更好的改變以得到更多收穫。當然，此時現實生活的成功已成了附加價值，但重點是我們得到了生命層面的成功！

　　帶著生命層面的圓滿成功，現實生活就能不再處於匱乏和痛苦之中，而是能從容淡定的享受寵辱不驚地生活——閒看庭前花開花落，漫隨天外雲卷雲舒，從容應對人生課題，暢享生命高維度的幸福美滿。

第 3 章：
普羅大眾不必忌諱「死亡」話題

　　進天堂也好，入地獄也罷，是人都免不了一死，這可是顛撲不破的真理。然而，在不少人類眼中，「死亡」是個晦氣、忌諱的字眼。因而，逢人宜談人生，忌議死亡；多有人生觀教育，罕見「生死觀」理論。其實，生老病死乃是人世常態，有生就有死，為什麼能常談人生，卻不能暢談死亡呢？

○蘇格拉底之死的啟迪

　　法國新古典主義畫派畫家雅克‧路易‧大衛的《蘇格拉底之死》所描繪的或許是人類思想史上最經典的時刻之一：在西元前339年薩爾格利翁月的第六天，七十高齡的蘇格拉底被控不敬神和腐蝕雅典的年輕人，判處服毒而死。他在學生朋友人的環繞下，飲下了那杯足以使雅典當局乃至整個雅典民主制度蒙上難以洗刷污點的毒酒，從容地走向死亡。相信靈魂不朽的蘇格拉底說：「以正確的方式實踐哲學、實踐真理的人，實際上是正在練習死亡。」

　　蘇格拉底之死的這幕場景被如此具藝術張力地表現出來，以至於它幾乎被後世的思想家們視同為下列事實的代表：一位堅持原則的有識之士因無知大眾的無法寬容而蒙冤受罰，可見正見與生死是緊密相關的。

在想像中，蘇格拉底雖是一位思想銳利，仍持續努力對同胞們諄諄教誨的哲人，但雅典的公民們卻成了被政治權力、經濟利益與宗教信仰逐漸腐蝕而喪失理性的墮落者。在這場對決之中，後者因審判說理失利更加罪於前者，並用暴戾的極端手段擺脫了公平辯論的束縛。然而，行屍走肉與靈魂永生之間究竟哪個重要？

　　人們痛惜寶貴思想損失的同時，也痛斥雅典及其公民是多麼缺乏寬容精神與正見。蘇格拉底之死正是關於寬容與正見的啟迪。

○對「死」的忌諱，導致缺乏正見

　　古往今來，延年益壽是普羅大眾普遍的期望，人人都想健康長壽。但物資饋乏旱澇疾疫與經年不絕的烽煙滄桑，生活粗陋淒苦無邊才是千百年間人世的主色調。在饑餓苦寒中掙扎煎熬，人多「夭折」，而非自然老死，人均壽命向來低得可憐。當死亡伴隨著悲壯蒼涼，年復一年時，人們所看到的死亡便充滿了苦難、淚水，使人無比恐懼、悲傷！這使得死亡成為常人不願看，又難以抗拒、避之不及的存在。故而，忌諱死亡成了人世的另一種常態，久久不散又難以釋懷。

　　舊時代的百姓無法自然老死，使得達官顯貴沉迷於養生保健、求仙問道，探覓長生不老的妙方，然而歷史反覆證明：沒有長生不老的仙藥，也沒有萬壽無疆的仙人，再神妙的方士也喚不醒一個亡靈。在死亡面前，任何威嚴高貴都變得軟弱無力、可憐可嘆，甚至不堪入目。

○三百多種「死」的代稱

既然死不可免，必須說，但人又很忌諱，那就試著把死說得委婉優雅些。於是，古人對死按年齡、地位區分，便有了各種各樣對「死」的代稱。有人彙集了死的說法達300多種，針對正常死、意外死、患病死、仇敵死等等情景，均有特定的稱謂。常見的說法如：幼子叫早殤；短命的叫夭、殤；壽高者叫終、卒、謝世、辭世、離世、去世、過世、老逝、長逝、永逝、壽終正寢；為國為民為正義叫捐軀、犧牲、殉國、殉難、就義、國殤、殉職、壯烈、捨身、安眠、永眠、永別、千古、光榮、英年早逝等。還有宗教說法：殞、仙逝、坐化、上路、圓寂、歸西、照山、就木、物化、溘然、氣數盡、入地宮、歸地府、駕鶴西遊等。然而，不管是嚥氣了、合上眼、撒手人寰、永遠睡著了、永遠閉眼了等等，「人固有一死」，只是人們自持認知的判斷，對死有了「或重於泰山，或輕於鴻毛」的界定，其中蘊涵著一定的感情色彩和價值取向。

○「死亡」的正向作用

死亡看盡了多少熱鬧繁華，就像人人都會走向一個巨大的未知，既無法預測，又無力回天，既不知要經歷多少坎坷，又難猜度將遇多少欣慰。踩著面向死亡的節拍，人間誕生了許多與悼念、緬懷、感傷的相關音樂、詩文和戲曲藝術，留下了極其豐富的文化遺產。

在遠離戰爭的和平年代，有一些工種離死亡很近，如醫務、殯葬工作等。許多時候，醫護人員面對渾身插滿管子的病患，看著他們痛

不欲生、生不如死的模樣，既要袪除病魔減少病人的軀體疼痛，又要溫語安撫力減病人的心理折磨；透過仁慈的對待死亡，也映襯出醫護行業的道德樣貌。是他們陪伴人們走過人生的最後一程，敬畏亡靈，讓亡靈盡可能多享一些尊嚴。

人的生與死，距離這麼近；榮耀與平淡，起落得如此快；通往陵園的道路上天天有人送行，這樣的路走得多了，浮躁的心緒就會受到洗禮；死亡看得多了，活得才更充實平靜。

「死亡」與永恆延續

如此看來，死亡是一個偌大的話題，也包羅萬象。如果說人生是從幼稚走向成熟的過程，那麼死亡就是成熟的終結；如果說人生是從淺薄走向豐厚的積累，死亡就是豐厚的謝幕。在死亡這個宏大而遙遠的背景下，站在死亡前的成熟和豐厚鳥瞰人生，目之所及的可能才是無知、無謂、無奈。再說，凡是有形的東西，都有走向死亡的一天。時代會死亡，朝代會死亡，這類死亡並不是終結，而意味著另一個新生的啟始。就好比靈魂與思想不會死亡，時過境遷，它會在另外一個時間點變個形式復出，或多或少的影響另一個時代。

隨著經濟社會快速發展，為邁向生命終點的長者享受時代紅利提供了優渥的物質基礎，也對「老年人如何面對死亡」送上了一份溫暖的答卷。走過千山萬水的長者，洞明世事，既能從容生活，就能笑對死亡。只要不喜圖富養厚葬，生活就能照亮豐厚的人生，死亡也會輝映平和的心境，回望中的收穫自然是坦然淡定和平靜的微笑。

第 4 章：

維度與靈魂的本質

　　生命的意義就在於縱向提升靈魂的維度，這句話千真萬確，正確無誤！無論你曾經或者當下經歷了什麼，所有的一切都是在提示你、指引你從中學習感悟，學會愛與放下，學會包容、和解！無論發生了什麼事，最終讓我們明白一切的真相——都是愛！我們所有人沒有分別，都是一體的。因為我們都從那個「一」之中的大爆炸而來，每個人都是一束光、一個靈魂！宇宙的本質，是「一」的存在，一個意識一個靈魂，就是光明，我們每一個靈魂，只是分成了一束光到每個人身上，但我們的本質都是一樣的！哪怕你的靈魂目前只有芝麻粒大小的一點點光明，跟太陽光明的本質仍是一樣的，跟宇宙源頭本質的光明是一樣的！

　　為什麼要愛？因為光明和光明之間連接的那個介質就是愛，我們都是通過愛連接在一起的，所以愛與光明是同等一致的。因為我們都是一體的，所以不要有分別心，全心接納愛世間的一切萬物生靈吧！

　　當你的內心充滿慈悲與愛的平靜時，遇到任何事都能包容，你的靈魂維度便已提升！地球就像是一所靈魂學校，所有的靈魂都在這個由各種三維世界構成的學校裡，被業力和慣性系統推動著。

○海奧華預言的超驗故事

1987年，當時米歇住在澳大利亞凱恩斯，從事園林工作。

有一天晚上他從睡夢中醒來，以為時間已是早晨，但發現太太還在睡覺，起身之後才發現原來時間是午夜12：30，他跟隨了內心直覺，拿起一支筆在紙上寫道：「親愛的，我將離開10天，不用擔心。」然後莫名其妙的穿上衣服走出屋子，一出去就發現有藍紅色的光照在自家屋頂上，隨後房子開始抖動，米歇被一股力量籠罩吸引到很高的地方去。

他當時極為恐懼，後來眼前一片漆黑，這黑暗之中走出一個約三米高、異常美麗慈愛的人，米歇與對方開始了心電感應對話。

對方說自己名叫Thao，是雌雄同體的海奧華星人，Thao對米歇說：「我們選中了你，將請你到我們星球去。現在我們在另一個平行時空之中，我們的這趟旅程時間大概有20年到50年，因此我使用了時空鎖鎖住了你現在時空的時間，這樣的話當你回來時肉體不會產生任何變化，你太太也不會發生任何變化。在別人眼中看來，你就像是單純離開了10天。」

接下來Thao把米歇帶到自己的太空船，一個完全的灰色球體，沒有窗也沒有門，沒有天線，就是一個球，直徑長達70米。他們漸漸靠近球體後，球體突然開了一個門讓他們走了進去，進到球體裡後Thao把他帶到一個四周都是白色光的房間裡，牆壁上有一個很大像顯示螢幕的東西，看到飛船以超光速穿越過很多星球。

飛行的過程中途經一個名叫阿萊姆的星球，他們在這個星球停留

了一會兒，放出了三個飛行器，這三個飛行器進到阿萊姆星球之後，便開始採集空氣和水的樣本，並將星球上的一些圖像傳送到母艦上，米歇描述阿萊姆星看來跟地球差不多，但到處都霧濛濛的，也有像廢墟一般的城市，而且他還發現這個星球上有一些巨大的生命，比如幾米長的蟑螂、幾米長的螞蟻……

後來這個飛行器不斷在城市裡搜尋，終於在一個掩體後面發現了人類，這些人看上去跟地球太平洋島嶼的原住民很像，但是他們明顯患有疾病，或者身體上有殘疾。Thao跟米歇解釋阿萊姆星球曾發生過核子戰爭，這些是殘存的人類，都因為核輻射產生殘疾，而且這個星球上的人類和地球上人類是同一個祖先。換言之，地球上的人類其實並非源自地球，我們也是外星人。

地球人類其實來自於好幾個星球，最早的一批人是來自於一個叫巴克拉蒂尼星的人類，大概在135萬年前，巴克拉蒂尼星球上的人類首領發現自己原有的星球馬上要冷卻了，一旦內核冷卻失去磁場保護，星球就無法居住了，於是他們亟需找到一個同等級的星球；後來星球上爆發了核子戰爭，所以他們選擇了移居地球。135萬年前有720萬的巴克拉蒂尼人來到了地球，來自巴克拉蒂尼星球上的人種有兩類，一種是黑人，一種是黃種人。黑人主要停留在澳大利亞，黃種人主要先停留在緬甸區域。雙方都擁有高度文明，能進行意識交流。他們利用自己的高度文明，在地球上建立了很多巨大的建築，和平發展上千年。在地球上和平相處之後融合在一起，就產生了混血兒，這些混血兒就是阿拉伯人。

Thao告訴米歇，宇宙中所有的人類其實都是由源頭意識（神或

是大聖靈）所創造，源頭意識一詞在各語言版本和各文化信仰系統裡的翻譯並不相同，有的地方叫超智神靈，就是我們所謂的造物主，是一個純粹的意識；可說是有無數的超高頻能量纏繞在一起的一個發光體，祂現在也仍然存在於宇宙的中心。

祂用4種力量創造宇宙，第1個力量導致宇宙大爆炸，直接產生了宇宙空間。第2個力量創造了空間裡的星球和星球上的原始生物，包括動物植物。第3個力量創造了人的肉體，然後用第4個力量將祂自己的靈魂碎片放入這些肉體，所以我們每個人都是源頭意識的靈魂碎片。

究竟源頭意識為什麼要創造這個宇宙呢？這是因為祂本身是沒有感覺的，想經由創造宇宙來感知這個世界，祂將靈魂碎片放入人體之後，透過人體產生感覺和自我認知。

經歷過人生體驗後，把所有的經歷記錄到靈魂之中，人死後靈魂碎片將回到源頭意識處，於是祂便能感知整個宇宙的所有資訊。然而源頭意識收集靈魂碎片的資訊也是有選擇性的，並非所有的靈魂都照單全收，祂只回收純潔的高階靈魂。

那麼怎麼做才能確認回收的靈魂夠高階呢？地球上的人死後透過靈魂分級，靈魂不會直接回歸源頭意識，若人死後精神境界較高，會繼續到2級星球再過一輩子，死了之後，若再能升級的話，就進階到3級星球去。所有5級以下的靈魂是無法越級的，再怎麼修行也只能一級一級的進化，6級以上才能跳級，到了9級就是海奧華星球。

○靈魂與維度的啟示

我們現在處在四維空間所擁有的感受和體驗，是三維空間在這一個交會點的所有感受綜合，也正是這個立體空間所帶給我們的所有感受。

若是在五維空間，在第五維度上的任何一個交會點，我們就能感受到從無始劫以來一直到未來的無窮世所有感受的綜合體。也就是說，當我們處在五維空間時，我們在任何一個時間點，無窮世的感受都會在那一刻全部體驗。而在第六維度的任何一個交會點，便能同時體驗到無窮的人事物累生累世的體驗和感受，當然還包括無窮的人事物之未來感受。

所以，一旦到了第五維度，你一下子就能體驗了一個人無窮世以來的所有念頭、感受與各種情感的全部體驗。光只從一個時間點就能體驗到這麼多，基本上也就到了無念、無我的境界。

同樣的，我們所處的三維物理空間，經過不斷的劃分，到了最小的物理粒子以後再劃分，就什麼都沒有了，這也正是空性。而這樣的空性，量子物理也證明，當我們在施加主觀意識後就會崩塌，變成某一個物理實像；然而在尚未崩塌之前，它是無窮的實像的集合。也就是說，我們的世界，其實是我們的靈魂在無窮無盡的世界裡自由選擇的結果。

靈魂是從空性而來，擁有無窮無盡的體驗。所以，一切的體驗都是出於靈魂的意願主動選擇，當靈魂選擇了某個維度層級，就形成了意識，而意識一出現就同時出現了分離，靈魂便和無窮無盡分開，開

始出現小我，而小我其實就是大我所創造出來的。一切的體驗都在靈魂體驗中，不論是哪一世、哪一個時間，不論是過去、未來，還是現在，任何的體驗相較於靈魂的無窮體驗都是可忽略不計的。所以，我們最高意識的靈魂體是多麼的偉大，多麼的富足，根本難以想像。

生命的真相

在我們普遍的認知裡，一直都認為在我們的身體裡住著一個靈魂。

對這件事還有科學家曾做過試驗，發現人在死亡的瞬間，體重確實是減輕了，從而證明了人的確是有靈魂的。如果按照這個邏輯，那麼似乎這個人的主體，就是我們的大腦和我們的這個肉身。但換個角度，或許我們並非除了身體外還擁有一個靈魂，而是每個人的意念本就是這個靈魂本身？每一個你我其實都是從高維世界降臨到這個地球的個體，暫時都還不成熟的各式各樣的靈魂。地球就像是一所靈魂修練成長的學校。

所有的靈魂都在這所由各種三維世界的相所構成的學校裡，被業力和慣性系統推動著，反覆地做著自動化反應，不斷沉浸在各種痛苦之中。而這些痛苦和逆境，其實恰恰就是人們在此生必須完成的功課。只不過，大多數人往往對這一切都不自知，習慣了用消極的態度面對這些「人生功課」。

○生命的寓言，靈魂的答卷

世界上漸漸有一些人的靈魂開始意識到生命的真相。他們不再一味地抱怨，試圖從無意識的夢境中覺醒，然後讓自己重新接管自己的生命，做回自己大腦和身體的主人，從而讓自己徹底從痛苦和機械化的行動中超脫出來。然而，這僅是一個開始。對每個已經覺醒的靈魂，迎接他們的，是他們從高維世界來到這個三維的地球上所承載的真正使命。

每一個覺醒的靈魂使命都不同，就好比每個人的考卷都不一樣，甚至連考試的總時長也都不同。最終，有一些靈魂在他們此生的考試結束，也就是肉身死亡時繳交了一份完美的答案卷，出色的完成了他們來到地球的使命，成了一個更高階的成熟靈魂。

那個成熟、完美的靈魂該會是什麼模樣呢？

他們應該是時刻與心之本體，也就是良知，或說覺知，也就是宇宙中偉大的高維智慧所緊密的連結在一起。這樣的靈魂是深刻、寧靜、智慧且不可動搖的。這就是我們所說的踐行「四觀+四道」，生命圓滿的人。

而我們這一生，唯一確定可以擁有的，其實就只是這個靈魂體驗的過程，僅此而已。你是在這個體驗過程中完成了昇華，體驗到了平和安寧的智慧境界到達終點，還是在體驗中痛苦沉淪渾渾噩噩地最終在中途遺憾離開，都是自己的選擇和造化；這完全取決於你內在的維度，也就是你內在能量。

注意！如果把我們的人生比喻成一場考試，那還有一點務必要

弄清楚——在這個大考場裡，人人的考卷都不一樣，有的難、有的簡單，無須抱怨不公。或許人家的考卷看似簡單，是因為人家來此生之前就已修過了這門功課，而你卻沒有。若你能這麼想，就不會埋怨自己的原生家庭，為童年的不如意抑鬱不平了。這一切都是每個人必須親自完成的功課，你只能接受、面對，並以一顆平和的心完成學習。另外，一個人在專注地當下所流露出的生命活力，相較於思維認知中的自我更接近我們的生命本質。那麼，專注力與覺知的成長，就等於是自我靈魂的成長。這是你我在生命轉化時早已設定好的任務，也是我們來到地球的原因——透過修行實現靈魂的成長。

每個人來到世間，都有自己要走的路，要完成的功課，和別人一點關係都沒有。有意思的是，卻有不少人連自己的作業還沒做完，但張嘴就要渡人，想幫人覺醒。這些聽起來雖然很高大上，但卻都是執念。只有自己的內在維度提升了，靈魂升級了，順其自然地影響別人就好。而且你也必然將自然而然的影響他人，首先是你身邊的人。你想知道自己現在正處在一個什麼樣的層次，反觀你身邊的人都是什麼層次，就能一目了然。然後，在你自渡的過程中，隨著你的能量越大，能影響的人也會越多。但若你將渡人當成修行的動機和目標，反而是偏移了方向。事實上，自渡，即渡人。

人來到世間，目標一定要正確，只能先提升自己，而不是一開始就把目標定為影響改變他人，必須從自身做起。

每一個生命，最終一定都會醒來

當我們明白了人生的真相後，就是開悟的時刻。你會突然意識到，一切的問題其實都是自己的問題，是因為自己沒有真正覺醒，應該停止抱怨，立刻調轉向內，找回自己，回歸本心。毋須將人生修行想得那麼遙不可及。正是因為人人都能修行開悟，若最終開悟的機率好比中彩票一樣渺茫，只有千萬分之一，那根本就沒必要拿出來說了。

每一個生命，那怕是到了最後臨終即將離開這個世界的時候，最終也一定會醒來，只是早晚的問題。

但若你遲遲等到生命的最後一刻才醒過來，卻發現自己追求了一生的驅動力，不論是自己的習慣、情緒、名利，原來統統都帶不走，都得要還回去；那一刻無疑是你人生中最悔恨的時刻。所以，修行的本質，不僅是要成為更好的自己，更是要讓我們更早覺醒，看見並成為自己本真的樣子，提升靈魂與生命的維度，遠比安逸一世的人生更為可貴！

第5章：

高維世界的秩序

　　自從進入科技革命以來，人類以前一直在向外探索，人類登陸月球、發現行星、尋找星系，但除了發現天外有天，我們一無所獲。外求的時代過去了，接下來人類必須內求！所謂內求，就是人類要依靠自身獲取巨大的能量。

　　世界上的一切物質都可以用能量換算，這便是愛因斯坦窮盡一生智慧所得知的公式：$E=mc^2$。既然這樣，我們就能將一切物質視同能量看待。能量是怎麼形成的呢？是物質內部的運動和振動所產生，小到原子、分子，大到天體運行，都在不斷的運動和振動。因此世間一切有形、無形的物質皆是由不同的運動週期和不同的振動頻率所形成的能量，只是週期和頻率各不相同，因而產生不同的表現形式。

○愛因斯坦老師的故事

　　愛因斯坦的老師——量子物理學家普朗克還有一個公式：$E=hv$（E是能量，h是一個量子常數，v是振動的頻率），意思就是振動頻率越高，能量就越強。因此，頻率最高的成為無形的物質，如靈魂與思想意識；頻率其次的為有生命的物質，比如人和動物，當然人比動物要再高階一點；振動頻率最低的成為有形的固體物質，比如花草樹

木、桌子、椅子、人體等等。可見，無形能量總比有形能量更加具有威力，更加具有高層次的力量和功能。既然萬物都是能量，按照能量守恆原理，能量既不能憑空產生，也不會無故消失，只能從一個物體轉移到另一個物體，或者從一種形式轉化成另外一種形式。人體內時刻都在產生能量，比如身體內部的有形能量——即物質能量的傳遞，是從分子到分子、細胞到細胞的移動。同時，人體還有一種無形能量在往外傳遞，那就是意識能量的傳遞溝通。現代物理學的最新研究成果顯示，意識能量的傳遞是可以超越空間限制的。最重要的是：無形能量有時會超越現實世界。

○啟迪：高維能量的獲取

人類的初級能量從飲食中獲取，中等能量從大腦中獲取；高等能量來自於更高維的空間。量子糾纏：相隔很遠（遠到以光年計）的兩個量子，之間並沒有任何常規聯繫，一個出現狀態變化，另一個幾乎在相同的時間出現相同的狀態變化，而且不是巧合。早在1665年荷蘭科學家霍金斯（Christian Huygens）所發現了「共振原理」（entrainment）：一個強大韻律的振動投射到另一有相對應頻率的物體上，而此振動韻律弱的物體由於受到相對應頻率之週期性的刺激，因而與較強的物體產生共鳴而振動。事實上，這種現象在我們日常生活中到處可見，比如靜止的琴弦會受強烈振動的琴弦影響而一起共振。再想想我們自己，當你的內心被某人、某物、某事所深度牽引，就會感到「惺惺相惜」，這就是「心靈感應」，即知己間產生「共鳴」，彼此有了一樣的共振頻率。

因此，我們若想接收外界的能量，首先要調整自己的狀態，使頻率與外界進行對接，然後獲得傳輸而來的能量。要想吸收能量，首先我們得使自己安靜下來，這意味著減少能量的消耗，才能開始從更高維度吸收能量。

目的：天人合一

這就好比提問：一滴水如何才能永存？答案是將之融入到大海裡面！人也是這樣，最高層次的狀態就是把自己給融合進萬物運轉的高維時空循環之中。「天人合一」的意思其實是：大到宇宙天體運行，小到人體五臟六腑，其運行的邏輯都一樣，這正是我們所說的「道」。

對於很多悟道、修行的人來說，打坐、冥想的本質其實是在調整人體的運作狀態，使身體的運作秩序與高維世界一致，使自己成為高維世界在世上的一個投影，然後做到了忘我、無我。

修行的本質就是不斷提高自己與高維世界的共融能力，最終達到天人合一的境界。當靈魂的維度提升，你的心就是整個世界，當你充滿著歡喜心、慈悲心、包容心的時候，時空的正能量會源源不絕的流入你的身體；當你正發善念、善願時，瞬間就會得到無限的能量。

不斷提升自己的維度，就是許多天才們成功的原因，他們的內心蘊藏著無窮的智慧，當他們心念一動，便能調動龐大的能量以幫助他完成所要完成的事業。

世界上有很多科學家、政治家、商人、明星都有自己的信仰。很多天才，他們之所以能成功，往往來自靈魂維度的提升。而且，人類有很多重大發明往往都來自靈感，而靈感的本質其實是來自於高維時空的能量。

　　正念與平和，將賜予一個人無限的能量。對我們每個平凡人來說，尤其得深刻的意識到：人人體內都蘊含著無限強大的能量。放眼四望，物質財富已不再是人類追求的終極目標，從物質世界獲取滿足的時代已經過去。未來，會有越來越多的人透過探求生命本質，來獲取改變世界的能量。

第 6 章：

花開花落，生生不息，人生是一場奇妙旅程

　　春的風花雪月、繁花似錦；夏的烈日炎炎、綠樹成蔭；秋的寒蟬淒切、層林盡染；冬的銀裝素裹、臘梅飄香。四季之美，與植物們相伴的日子，總是愜意滿足的。花開花落間，也給我們無窮無盡的啟迪。

　　在春日的長卷中緩步穿行，彷彿步入一幅生動的油彩畫卷。高雅的玉蘭花適時綻放，潔白如玉，沁人心脾的清香在空氣中瀰漫，令人心醉神馳。歲月的沙漏無聲無息地流淌，我們在每個春去春來的輪迴中捕捉生命的韻味，體驗著春日帶來的勃發與新生。

　　蔥郁的草木猶如大地的脈搏，蓬勃向上，寓示著生生不息的希望。在這春光沐浴之下，追逐著理想，砥礪前行，以赤誠之心追尋人生的慈愛與大義。

　　時光的指標永不停歇，我們靜觀花開花謝，品味著歲月的沉澱與變遷。那些泛黃的記憶如同一頁頁被時光雕琢的書籤，藏匿在心田的角落，每當春風拂過，便會輕輕翻開，帶來溫暖的回憶。耳畔，牧童悠揚的竹笛聲在田野間迴盪，翩翩起舞的蝴蝶彷彿在訴說著歲月的溫柔與耐心，牠們一同點燃了我們內心的熱情與渴望。

○一棵老樹的生命傳奇

我曾在行人稀少的街邊，為一棵老樹駐足。它看起來的確粗壯，特別是漸次剝落的樹皮，更顯示出了它的滄桑，讓人不由得對它心生愛戀。或許，是因為年歲漸長，慢慢懂得疼惜，也終於體悟了生命的各種不易吧。在車來車往的馬路上，這棵老樹尤其顯得威武優美。它就像是男人和女人的化身，它的形體姿態，同時顯示出男人和女人的優點來；比如男人的偉岸和威武；再比如女人的風情和優雅。是的，我說它偉岸，我也說它風情。它經歷著人生四季的不斷轉換，生生不息地耐著榮枯。然而，它卻會在特定時節，展現出它的嫵媚斑斕。它五彩的枝葉，婆娑搖曳在細微的風中。即便是初冬些微凜冽的寒風吹過，它五彩繽紛的枝葉也依然從容。我曾在荒野中見過一棵瀕臨死亡的老樹，然而，卻因為它那即使黯黑也將剝落的樹身旁側突然生出的一根細小枝枒，顯示出生命的力量和蓬勃生機。

○啟迪：人生無處不修行

平常心，是一種修行！因為，並非所有事都能如願以償，所以，我們總要學會接受；有人能讓你痛苦，證明你的修行還不夠，人生無處不修行，修自己的耐心、恆心、平常心。能在紛紛擾擾中心靜如水，才能在危機來臨時安然無恙。

負重前行，是一種修行！在意氣風發的時候，信心滿滿，積極果斷地行動，不難；難的是無邊無際的逆境裡，絕不懈怠自己，依然堅

信自己。有時，人生就是在挺過那些以為熬不過的時光，才能獲得原本以為得不到的東西。

說話，是一種修行！克制自己那些不必要的表達慾望。沒必要在言語上爭強好勝，管好自己的嘴巴，是最大的修行，你要知道，情商低的人才會爭對錯！越是學問淵博的人越謙卑，越是才疏學淺的人越聲色俱厲！

孤獨，是一種修行！人生的修行總是孤獨的，做你自己，因為別人都有人做了，相信你自己，因為你才是自己的希望；一定要熬過一段既孤獨又艱辛的歲月，你的智慧，堅定和勇氣，你所有不甘平庸的理想，才會成就獨一無二的你！

活在當下，是一種修行！人生往往如此，那些令人痛不欲生的體驗，過段時間再看，也不過就是一些回憶而已，活在當下是一種修行，無論過去發生了什麼，不要後悔，無論未來會發生什麼，不要猶豫，活在當下，把握每次機會，人生，就一定能找到出路。

正念，是一種修行！人生，是一場修行，正念，正行，才能得正果；正念，是放下傲慢，以謙卑的方式自我修行；正念，是完善自己，以不斷地學習自我成長；正念，是感恩所有，以付出的心態回饋世界。

堅強，是一種修行！人生，苦難重重，困難重重！如果，堅強不是唯一的解決方式，顯然，脆弱和崩潰也絕對不是。 你要迫使自己堅強，因為只有你自己變堅強了，所有事才會跟著好起來。

人生，每一步都是修行！無所謂好壞，每一步都是經歷，與其仰望別人的完美，不如趁現在行動，修行不完美的自己！人生是一場孤

獨的修行，這一條悲欣交集的道路，路的盡頭，就是智慧彼岸，願每個修行者用堅忍和自律，和不懈的堅持，逐步抵達終點！

○頓悟：塵世是最好的道場

　　塵世道場，我們每個人都是苦行僧，這一路走來，不知要經歷多少風雨，踏平多少坎坷，而後，人的心智才能趨於成熟。成熟的人生，並不是你坐擁多少財富，或官至幾品，恰恰相反，成熟的人生是簡約、透明，風輕雲淡的，如琉璃般晶瑩，似秋水般恬淡。

　　人生一場，是非成敗轉頭空。丟了什麼，不能丟了初心；輸了什麼，不能輸了正念。

　　我們常常不是輸給別人，而是輸給了自己的觀念，是功名利祿迷惑了我們的眼睛，是成敗得失擾亂了我們的思緒，是營營苟苟暗淡了人生的方向！義大利著名詩人但丁說過：「走自己的路，讓別人說去吧！」我們的人生應該由自己主宰，守一顆初心，帶上一份好心情，賞一路的風景，走向唯美的人生之路。「路漫漫其修遠兮，吾將上下而求索。」在人生未來的道路上，走好自己腳下的路，守住心靈的契約，不斷求索路途中一切真善美的事物。

　　人生不如意十之八九，誰都有自己的心酸，有太多的難以預料，無常是世界的本質。有些路註定要一個人行走，有些苦註定要一個人承受。

　　也許人生最重要的不是我們置身何處，而是我們將前往何方。無

論置身在哪，我們一定能找到適合自己的路，追隨自己心中的方向，百折不撓，帶著熱情和自信，一定能到達自己人生的終點。

無論你怎麼活，總有人說長道短。無論你怎麼做，總有人指手畫腳。你的人生只能由你自己負責。你認為值得的，就去珍惜；你覺得幸福的，就去守候；能讓你快樂的人，就去喜歡；給了你感動的情，就去眷戀。

人生有那麼長的路要走，要想快樂，就要不斷地向著有陽光的地方出發，修練內心的豁達和從容，帶著一顆感恩的心去體會，用一雙欣賞的眼光去領略這一路上的風景。生活有痛苦也有快樂，一切由自己選擇。人生有捨才有得，學會撿拾，也要學會放棄，才能得到你所要的美好。心存希望，人生必將美好。若心懷明媚，花草樹木均可入詩，雲煙雨雪都可入畫，走過路過的均是風景。

秉持正念，這世上一定會有一條路，越走越寬闊；一定會有那麼一個人，溫暖你的生命；一定會有一縷陽光，照亮前行的路。

○修心不輟，趨向圓滿

我們要有一顆平常心，在一飯一蔬中品味生活的真滋味，在平凡中遇見驚喜與淡定。我們要學會在細微的事物上發現點滴的快樂，感知其中的真意；如此，一點一點的積累沉澱成厚重的人生。我們要有一顆自知之明的心，既不妄自菲薄也不妄自尊大。要有自己的夢想與追求，要敢想敢為，敢為敢當，在深思熟慮後付諸於實際行動。倘若一個連出發都不敢的人，註定會輸在起跑線上。我們要在失敗中總結

汲取經驗，在成功中謙卑努力平穩前行，成不驕，敗不餒，懂得及時調整自己的人生座標，把自己放在一個合適的位置，才能發揮自己的潛能與優勢，成就理想人生。我們要有一顆知足的心，不是非要擁有一切才覺得夠多，而是只要珍惜擁有的就歡喜足夠。人生已多風雨，何不快意淋漓，把人生當成一個偌大的遊樂場，把遭遇當成是一場經歷，好心態無論何時都有如黃金般可貴。我們要有一顆柔軟的心，才能有足夠包容的柔韌性，溫和且有力量。山有山的高度，水有水的深度，沒必要攀比，沒必要羨慕，每個人都有別人替代不了的優勢，各有千秋。一個有足夠自信的人，一定是擁有足夠能力的人，如陽光般既能溫暖自己，又能照亮他人，和諧的社會最美麗。

人生三千事，淡然一笑間，百餘年光陰不過一場修行，若能修得一顆完善的心，風雨都是掌聲，修得一番圓滿的果報，四季花開花落，人生潮起潮落都是最美的風景。

人生，是一場修行。我們要心懷善良與正念，在時間的夾縫裡努力穿行；在四季輪迴裡疊加年輪；在風霜雪雨中步履堅定；在世情冷暖裡抵達圓滿豐盈。

其實，我們修行修的是一整顆心，不是為了有一天能遇見什麼，而是為了遇見更好的自己。經過悲喜依然淡定，經過冷暖依然從容，經過滄桑依然純真，經過榮辱依然不驚，經過諸多不如意依然相信美好才是永恆。我們可以用千載不變的日、月、雲、風參禪，我們可以用萬古輪迴的花、草、樹、木悟道，用簡約替換繁蕪，用美好替換醜陋，用善良替換險惡，用寬容替換狹隘，用微笑替換仇恨。

真理於某些人而言，只需瞬息便可參透，但於某些人來說卻終

其一生也未必能悟得真理。人生最高境界的修行，亦無非是今天比昨天的心，更懂得慈悲、愛與寬容。一個有慈悲向善之心的人，會對世界溫柔，會被世界上的點滴美好感動，心生美好的人則世上無可怨之人，自己也終將被這個世界溫柔以待。

　　人生，是一場無休止的奔忙，我們要學會駐足觀望，看日落月圓，賞四季景象。至於，那些個是非對錯，是人世蒼茫間雲裡霧裡的天，我們要學會遺忘，只記取美好與溫良；然後，透過世俗的假象洞悉人性內在的純真，認領心靈深處的乾淨氣場，不斷積聚正能量，以升級自己的維度，以此來吸引外界光明正大的能量，讓靈魂豐盈而飽滿。

第 7 章：

生與死的辯證統一關係

　　人生天地之間，若白駒過隙，忽然而已；天地無終極，人命若朝霞。大多數哲人拼命用「時間」這個縹緲的概念解釋「生命」，卻很少有人從正面的角度談論生死，因為這本就是一個抽象的概念，任何語言都太過蒼白。所以對這個問題，我們也不能從單一的角度去簡單武斷地回答是或非，而是應該從辯證的角度深入思考。

○「雲端生命」的故事

　　假如數位生命技術成功，你覺得人去世後上傳自己的意識到雲端，算是生命的延續嗎？進一步地，如果你的親人離世，你願意把他或她的意識上傳到雲端嗎？如果上傳的意識能夠以影像視頻的形式與人對話，並且對話的語氣、神態與過去記憶中的本人無異，你會覺得這個人真的去世了嗎？如果說有一個虛擬世界，人死前可以把自己的意識上傳，這個虛擬世界與現實世界的運轉完全一致，意識可以在虛擬世界中幻化出新的身體，其生活和現實世界沒有區別；同時，活人也可以登錄這個虛擬世界，與其他人進行交談和互動。你覺得在虛擬世界中，死去的人是否獲得了新生？

　　以上提到的意識上傳，其本質只是伺服器中的一組資料。這組資

料包含了一個人生的所有行動資訊，而強大的人工智慧可以透過這些資料在虛擬世界完全還原一個人的形影思想。但是，一旦伺服器停止運行，虛擬世界也將停止運轉。因此，不管虛擬人再怎麼真實，其本質也只是伺服器中的一段程式而已。在這個條件下，你還認為死去的人獲得新生了嗎？

啟迪：以高維視角思考生命

如果從現代生物學的角度而言，恩格斯在《自然辯證法》中曾經根據當時的生物學、生物化學成就，給生命下了一個經典的定義：「生命是以蛋白質體的存在方式，這個存在方式的基本因素在於和其周遭外部將自然的不斷新陳代謝，這種新陳代謝一旦停止，生命就隨之停止，其結果便是蛋白質的分解。」根據這個定義來看，前面所提到的存儲「意識」的這個「雲端」，顯然不符合生命的定義。如果只是從唯物主義的角度而言，因為生命的有限性，這種所謂意識的上傳，自然不能算是生命的延續。

然而，從哲學的角度來說，一些哲學家認為：「雖然人和其他生命有生老病死的自然規律，但是他們的生命都以一種形式存在，這種形式可以稱之為靈魂，從生命出現開始，靈魂的數量呈對數曲線增長，直到趨於穩定，此時，一個生命的消逝總會伴隨另一個生命的來臨；即死去並不代表著虛無，而是另一種生命形式的開始。」當然，斯人已逝，這是不可改變的客觀事實。但或許他的「靈魂」從未故去。就像美國五星上將麥克阿瑟曾經說過的：「老兵永遠不死，只會

慢慢凋零。」相信人可以獲得永生，因為靈魂不滅。

　　生命本身應該具有一種意義，我們每個人絕不是白白來世上一遭，一定是為了修行自己的靈魂升級到更高維度。讓我們一步一步、踏踏實實地走下去，不抗拒生命交付給我們的重任，才是一個勇者。到了驀然回首的那一瞬間，生命必將給我們公平喜悅的答案，到那時見山是山，見水是水，而人生已然走過，是多麼美好的一個新境界。

○頓悟：靈魂屬於更高維度世界

　　靈魂是獨立於肉體的非物質實體，具有以下特點：首先，靈魂看不見、摸不著，無法感知且不能用儀器檢測，屬於更高維的世界。靈魂與肉體可以相互影響。一方面，靈魂可以指揮和命令肉體；另一方面，靈魂也會受到肉體的反作用，從肉體輸入信號，最終被靈魂感知或感覺到。二者是相互作用，靈魂控制肉體，肉體也會反過來影響靈魂。然而兩者雖然能夠相互作用，但肉體和靈魂仍然是各自獨立的。這種相互作用就像物理學中的作用與反作用力。

　　關於靈魂是否有專屬的處所，答案並不顯而易見。若憑感覺論斷，靈魂似乎是有處所的，人們覺得靈魂存在於肉體之中，但又無法確切知道靈魂究竟藏在什麼地方。有人曾記錄過靈魂出竅的經歷，這些經歷大多出自有瀕死體驗者之口或修行有成的人，他們像是拋開了肉體四處遊蕩，在不同尋常的時刻，靈魂也許離開了肉體，後來又返回來。而更準確的觀點是：靈魂屬於更高維度的世界。

死亡哲學的辯證發展

西方死亡哲學從古希臘羅馬奴隸制時代到中世紀封建社會，再到近代資本主義社會，直至現代，經歷了從肯定到否定，再到否定之否定的過程，呈現出一種螺旋上升的活動進程。

在古希臘羅馬奴隸制時代，死亡哲學對生與死保持相對平衡的立場。哲學家們把死亡問題看做陶冶道德情操、規範人生軌跡的手段，既重死，又重生。然而到了中世紀封建社會，死亡哲學強調死亡的意義，「厭惡生存，熱戀死亡」，這是對古希臘羅馬時代死亡哲學的否定。近代資本主義社會的死亡哲學視人的今世生存為第一要事，對死亡採取漠視和迴避態度，又否定了中世紀的死亡哲學。而現代西方死亡哲學批判了近代死亡哲學對死亡的漠視，重新強調死亡的意義，把死亡看做人生「最本己的可能性」，這既是對近代死亡哲學的否定之否定，也是對中世紀死亡哲學的「否定之否定」。

現代西方死亡哲學的發展體現了螺旋式上升的特點。它並非簡單地回到古希臘羅馬時代的死亡哲學，而是在更高層次上對生與死的關係進行重新審視和思考。現代死亡哲學家強調死在生中，提倡直面死亡，如海德格爾把死亡看做「此在最本己的可能性」，佛洛伊德強調生本能和死本能的相互融合，並斷言死本能是人的最原始、最基本的本能。這種對死亡的深刻認識和積極面對，是汲取了歷史上不同階段死亡哲學經驗和教訓的基礎上所發展而來，是對死亡哲學的不斷深化和完善。

○正念：新哲學生死觀的誕生與探討

在現代社會，人們面臨著諸多複雜的問題，如快節奏的生活壓力、日益嚴重的環境問題、瞬息萬變的科技發展以及充滿不確定性的未來等。這些問題促使現代人對死亡觀進行更加深入的思考。

一方面，現代社會的不確定性讓人們對死亡產生了更多的恐懼和焦慮。面對隨時可能發生的意外和疾病，人們開始重新審視生命的脆弱和死亡的不可避免。同時，科技的發展雖然在一定程度上延長了人類的壽命，但也帶來了新的死亡問題，如人工智慧對人類存在的挑戰、基因編輯技術引發的倫理爭議等，這些都使得人們不得不思考在新的科技背景下死亡的意義和價值。

另一方面，現代人對個體價值的追求也影響著死亡觀的變化。在強調個性和自我實現的時代，人們更加關注自己生命的品質和意義，希望在有限的生命中實現自己的價值。這種對個體價值的重視使得人們在面對死亡時，不再僅僅是被動地接受，而是試圖主動地去規劃和掌控自己的死亡過程，例如制定生前遺囑等。

新哲學死亡觀可能的發展方向之一是融合不同文化和哲學傳統的死亡觀。在全球化的時代，人們可以從不同的文化和哲學傳統中汲取智慧，構建更加多元和包容的死亡觀。例如，將儒家對生命的尊重和責任與道家對自然生死的達觀態度相結合，形成一種既重視生命的價值又能坦然面對死亡的新死亡觀。

另一個發展方向是與科技的發展相結合。隨著醫學技術的進步，人們對死亡的定義和判斷標準也在不斷變化。例如，「植物人」的存

在引發了關於生命品質和死亡標準的討論。同時，科技也為人們提供了更多瞭解死亡的途徑，如通過虛擬實境技術模擬死亡體驗等。這些科技的發展可能會促使人們重新思考死亡的本質和意義，進而推動生死觀的創新和發展。

此外，新的生死觀更加注重個體的心理和情感需求。在面對死亡時，人們不僅需要理性地思考死亡的意義，還需要情感上的支援和安慰。因此，心理學、社會學等學科會在生死觀的發展中發揮更加重要的作用，幫助人們更好地處理死亡帶來的恐懼、悲傷等情感，實現內心的平靜和安寧。

○生死辯證統一，正念生死觀

一、幫助人克服死亡恐懼

死亡恐懼是人類普遍存在的一種情緒，其來源主要有以下幾個方面。首先，死亡的未知性讓人產生恐懼。世界上的任何一項事物都存在一定的危險性，而人類的生命是比較脆弱的。對死亡後的狀態無法預測，這種未知引發了人們持續的害怕情緒。其次，死亡後會遠離親人。在死亡之後，我們將遠離我們所熱愛的事物，失去與愛人、兒女、長輩、朋友聯繫的基礎，對親人的眷戀使得人們害怕死亡。再者，人的求生本能讓人害怕死亡。人生存的意義就是為了延續生命，這種求生本能使人對疾病、疼痛、死亡產生了抗拒心理。最後，人的不甘願也會讓人害怕死亡。比如有些人害怕自己死得不夠有意義，而害怕死亡一樣。

我們可以通過正念生死觀來克服死亡恐懼，獲得生命的安頓。

其一，接受死亡。認識到死亡是生命的一部分，每個生物都會面臨終有一死的現實。逐漸接受這一現實，將對死亡的恐懼轉化為珍惜當下和努力生活的動力。

其二，進行心理干預。如有需要，可以尋求心理諮詢師或心理醫生的幫助，瞭解自己恐懼死亡的原因和觸發條件，並採取有效的心理干預措施，如認知行為療法等。

其三，瞭解死亡。多瞭解關於死亡的知識，如善終關懷、身後事處理等，使死亡變得不那麼神秘和可怕，有助於減輕對死亡的恐懼。

其四，建立積極的人生觀和信仰。積極面對生活中的困難和挑戰，樹立健康的人生觀和價值觀，培養對未來的信心和樂觀態度。對於信仰者來說，宗教信仰也有助於提升對死亡的理解和接受。

其五，保持健康的生活方式。通過合理的飲食、運動、充足的睡眠等方式，保持身體健康，減輕因生病而產生的死亡恐懼。同時，要保持心理健康，培養良好的應對壓力和自我調節的能力。

二、賦予生命積極的意義

死亡的意義在於促使人們珍惜生命，積極構建健康的人生觀和人生態度，注重自我生命的保護。死亡讓我們深刻認識到生命的有限性，從而更加珍惜當下的時光。它提醒我們雖然靈魂是永恆的，但作為肉身的生命並非永恆，每一個瞬間都無比珍貴。當我們意識到死亡隨時可能降臨，便會更加努力地去生活，用心去體驗生命中的美好。

同時，死亡促使我們構建健康的人生觀和人生態度。面對死亡的不可避免，我們會思考生命的價值和意義，從而更加明確自己的人生目標和追求。我們不再僅僅追求物質的享受，而是更加注重內心的滿足和精神的成長。注重自我生命的保護也是死亡賦予我們的重要意義。當我們認識到生命的脆弱和寶貴，便會更加珍惜自己的身體，積極採取健康的生活方式。我們會合理飲食、適度運動、保持良好的心態，以提高自己的生命品質和延長生命的長度。

死亡並非只是生命的終結，它更是我們生命中的一位重要導師。它教會我們珍惜、教會我們思考、教會我們愛，讓我們在有限的生命中綻放出更加絢爛的光彩。人類一直在探尋從靈魂與精神層面超越生死，從精神層面努力超越死亡的侷限，讓生命在不同的形式中延續和永恆。

第8章：

人生是一場通關遊戲

○鋼鐵人伊隆・馬斯克的故事

　　馬斯克（Elon Reeve Musk）有句話：「你總會輸的，前50次都很痛苦，但當你習慣失敗，你就會帶著更少的負面情緒參與每一次遊戲。」馬斯克的成功，雖令人意外，細想卻又不怎麼意外。他傾盡所有，卻常輸得傾家蕩產。失去一切的痛苦艱難，只有經歷過的人才能懂。但他對科技的狂熱夢想，並沒有被頹喪、否定、懷疑的負面情緒壓垮。他始終堅信，自己一生都會不斷成長，總有一天會開花。

　　人生是一場通關遊戲，想做成一件事，總免不了最初的痛。玩網路遊戲，得過五關、斬六將，才能過關升級。失敗是常有的事，Game Over 是常有的事。但為什麼我們不覺得那麼難受，反而一次次重新開局？是因為你只把它當成是一場遊戲。其實，人生也不過才三萬多天，難道不是一場遊戲一場夢？夢醒之後，沒有你也沒有我，三千繁華，轉眼不過一捧黃沙。但我們多少人，能夠真把自己的人生當作一場遊戲，拿得起，放得下？

　　馬斯克做到了。他明確知道自己要什麼，所以沒被情緒左右，也沒被一次次失敗打敗，或被得失困住。他告訴自己：「僅是一個細節的失敗，不足以否定我。」所以，他始終在通關的路上奮勇向前；最

終,以令全世界震驚的反轉,通關成功。

在人生的這個大舞台上,我們每個人既在演繹自己,也在修行自己。很多時候,我們最需要克服的,並不是外在的困難,而是自己內心的恐懼和懦弱。很多情況下,並不是困難本身有多麼巨大,而是我們被的挫折打敗,因擔憂害怕而開始否定自己。人生的痛苦,往往在於我們想要的太多,但做的卻太少。明明想向前,卻又害怕失去,糾結煎熬。所以真正困住我們的,常常並不是困難本身,而是我們自己。人們往往被自己想像中的困難與各種恐懼懷疑給困住了,這時得要學著轉念;不要任由負面情緒氾濫,任由自己沉溺其中,要自己把自己拉出來,反覆告訴自己,僅是一次的失敗,並不足以否定全部的你,人生依然有無限可能。

若能把人生中的一道道難關,一次次挫折失敗,都當做挑戰通關的遊戲。

人生,就是一場又一場的通關遊戲。把人生中的一道道難關,一次次挫折失敗,都當做是遊戲來挑戰。在每一次的較量中,我們都在暴露內心的真實狀態。當我們闖關越多,看到的世界就越大,也越接近更好的自己,維度一步步提升,境界與思維都會完全不一樣。

○哲學家馬斯洛總結出的「人生通關遊戲」

馬斯洛認為,人都潛藏著七種不同層次的需要,這些需求分別在不同時期表現出不同的迫切程度;人類最迫切的需求才是激勵人付諸行動的動力主因。人類的需求往往是從外來滿足逐漸朝向內在得到滿

足而轉化。馬斯洛在人生的兩個階段提出了不同的觀點，所以我們在一些書上只能看到關於馬斯洛需求層次的五個層次：生理需要、安全需要、愛與歸屬的需要、尊重的需要、自我實現的需要。具體地說，按照各層次的重要性排序，七種不同層次的需求分別為：

1.生理需求

生理需求是人們最原始、最基本的需要，如吃飯、穿衣、住宅、醫療等等。若不滿足，則有生命危險。動機理論通常以需求為出發點，即所謂的生理驅動力。最近有兩項研究使人們對生理需求的傳統觀念有必要作出修正：第一、體內平衡概念的發展；第二、人們發現食慾（食物中的優先選擇）能相當有效地指示出身體實際的匱乏與需求。

2.安全需求

如果生理需求得到了良好的滿足，那麼將進一步出現一系列新的需求，我們可以將這些需求大致歸納為安全需求，包括安全性、穩定性、依賴性、保護性，免受恐嚇、焦慮和混亂，對結構、秩序、法律、限制的需要，對保護力量的需要等。

生理需求所具備的所有特點全都適用於安全需求，不過程度較弱。安全需求也同樣有可能完全控制個體，它或許是行為的唯一組織者，在個體能力的服務過程中，調動它們的所有能力，我們也因此可將整個有個體公正地描述為一種尋求安全的機制，將感受器、效應器、智力以及其他能力認作是尋求安全的工具。

正如饑餓的人一樣，我們發現這個具有支配作用的目標，不僅對個人當前與未來的世界觀和哲學觀都具備強而有力的決定因素。實際

上，所有的事情細看都沒有安全來得重要。如果這種缺乏安全感的狀態極為嚴重，且持續時間長，那麼我們可以說，在這種狀態下，人們僅僅是為了圖安全而活著。

3. 社交需求

如果生理需求和安全需求都得到了滿足，那麼就會出現對愛、情感和歸屬的需求，並且剛剛描述過的整個週期都將以這個新的中心不斷重複。在這個階段，人類將前所未有地強烈感覺到若沒有朋友，沒有愛人，沒有妻子，沒有孩子是一種痛苦。他渴望與人們建立親密關係，使自己在團體或家庭中佔有一席之地，他將付出最大努力來實現此一目標。這樣的歸屬感勝過他在世上所希望得到的一切，甚至可能忘了自己曾在餓肚子的時候嘲笑過愛是不真實、不必要或不重要的。此刻，他強烈地感受到孤獨、感受到被拋棄、感受到被拒絕、感受到無親無友和無根無家的痛苦。

4. 尊重需求

社會上的所有人沒有人不渴望別人能給予自己一種穩定、牢固不變的正面評價，也渴望自尊、自重，並獲得他人的尊重。因而，我們可以將這些需求分為兩類：首先，是對力量、成就、掌握和能力、面對世界時的信心、獨立和自由的渴望；其次，我們可以稱之為對名譽或威望的渴望（來自他人的尊重或尊敬），對地位、名望、榮譽、支配地位、認可、關注、重要性、尊嚴或欣賞的渴望。

5. 認知需要

又稱認知與理解的需要，指個人對自身和周圍世界的探索、理解及解決疑難問題的需要。馬斯洛將其視為是克服阻礙的工具，當認知

需要受挫時，其他需要能否得到滿足也將會受到威脅。

6.審美需要

「愛美之心人皆有之」，每個人對周圍的美好事物都有欣賞、追求的本能。

7.自我實現

即使上述所有需求都得到了滿足，我們仍然經常能感受到新的不滿和不安很快產生，除非這個人找到了自己的價值與使命。如果想從根本上保持內心平和，那麼音樂家就必須作曲，畫家必須作畫，詩人必須寫詩，以達到自我實現。

一個人能成為什麼樣的人，必須忠於自己的本性，這種需要就是自我實現的需要。人對自我實現的渴望，即是一種實現自己潛能的傾向。這種傾向可以被描述為渴望成為越來越獨特的一個人，成為他能夠成為的一切。

馬斯洛認為七個層次必須按照次序實現，由低層次一層一層向高層次遞進。只有先滿足低層次的需要才能再滿足高層次。當然，對於人生修行高的人，他們完全可以跳級躍遷，從低層次直接躍遷到最高層次的自我實現。

○更高維度的需求與躍遷：人生通關，走向圓滿

馬斯洛說：「超個人心理學是以宇宙為中心，而不只注意人性需求或興趣而已，它超越了人性、自我及自我實現等觀念，這一新的

發展趨勢很可能為日漸消沉的人們，尤其是年輕的一代『受挫的理想主義者』提供一具體有用又有效的答覆。若缺乏超越的及超個人的層面，我們會生病、會變得殘暴、空虛，或無望，或冷漠。我們需要『比我們更偉大的』更高維度的東西，激發出敬畏之情，重新以一種自然主義的、經驗性的、與教會無關的奉獻自己。」

馬斯洛試用不同的字眼來描述新加的最高需求，例如：超個人、超越、靈性、超人性、超越自我、神秘的、有道的、超人本、天人合一等等……

馬斯洛發現，超越者不僅存在於宗教界人士、詩人、知識界人士、音樂家之中，而且也存在於企業家、事業家、經理、教育家、政界人物中。馬斯洛在晚年認識到，不能繼續以他需求理論中的「自我實現」為人類的終極目標，並進行了修改補充。若人類只是專注他早期的需求理論不放，必然導致對人性的盲目認識，助長人變得驕傲，同時貶低人類的真正價值！也必然影響對於人自我超越的誤解！

西方心理學特別強調積極的要素，包括投注於認識自我的探究能量。可惜的是，西方世界缺乏對互補要素「專注和寧靜」的認識。如未培養專注寧靜，心靈的力量就會受限，對世界的認識廣度也將僅止於較小範疇。相反地，東方傳統文化過於強調專注和寧靜，也常造成難處，專注與寧靜雖有助於產生絕佳的心靈狂喜經驗、出神恍惚的禪定狀態，但缺乏積極探究觀察事物真相的平衡力，以至於無法產生更深入的自我認識和開悟能力。

馬斯洛認為，刻意去尋找更高維度的體驗是徒勞無益的。自我超越者的精神生活不是由無止境的一系列強烈高維體驗所構成。儘管自

我超越的生活包含了時而經歷到的高維體驗，但它更多是由於日常生活中的神聖感所構築而成。在日常生活中體驗到的神聖平和與寧靜，說明了塵世就是最好的道場，人生處處皆修行。

李嘉誠為自己預設的墓誌銘是：「建立自我，追求無我。」看看早已功成名就的李嘉誠，至今還會站在電梯口，迎接一些晚輩的來訪，每天仍早出晚歸地工作10來個小時，就知道他是真正懂得如何在保持自我和追求無我中保持一種自然的平衡：自信而不倨傲，謙遜中有堅持。

建立自我，能讓個人夢想成真；追求無我，能讓更大的理想成真。靈魂的成長有兩個並行的任務，一個是發現無我，另一個是發展健康的自我，達到一種辯證統一的平衡。人生在探索真我時，自我與無我，表面上兩者看似相互矛盾，但其實是相輔相成的，兩者都必須實現，我們才有機會覺醒，躍遷到更高維度的境界。

第 9 章：

人性的善與惡，格物致知，行善去惡

○[西方視角]

《聖經》中有許多關於人性善與惡的教誨。基督教教義認為人類本性墮落，深受原罪影響；但《聖經》亦揭示，神在造人時賦予其良善與潛力。以下是一些與人性善惡相關的關鍵經文：

1.原罪與墮落（創世紀第3章）：在創世紀中，亞當和夏娃因不聽從神的命令，吃了分別善惡樹上的果子，導致了人類墮落。此行徑被定義為原罪，標誌著人類自此本性中蘊含罪惡傾向。

2.人的本性（羅馬書第7章18節）：保羅在羅馬書中談到，雖然人類本性中有行善的願望，但也有邪惡的傾向。他寫道：「我知道在我裡面，就是我肉體裡，沒有良善，因為立志為善由得我，行出來由不得我。」這顯示了人類內部的鬥爭。

3.神的救贖與恩典（以弗所書第2章8–9節）：儘管人類因墮落有罪惡的傾向，《聖經》中也強調了神透過耶穌基督的救贖提供了恩典和赦免。透過信仰，人們可以超越自己的罪性，獲得新的生命。

4.善與惡的選擇（申命記30章19節）：神給人類自由意志來選擇善與惡。神通過摩西說：「我呼天喚地向你作見證，我將生死、祝福、咒

詛擺在你面前，所以你要選擇生命，叫你和你的後裔得以活著。」

5.心靈的轉變與重生（約翰福音第3章3-7節）：耶穌教導尼哥底母，若想進入天國，必須經歷重生。這顯示，透過神的恩典，人的內心可以改變，趨向善。

○[東方觀點]

中國明代哲學家、教育家、心學的集大成者王陽明的四句心法名言：「無善無惡心之體，有善有惡意之動，知善知惡是良知，為善去惡是格物。」即出自他的「心學」，是他對人性、道德和實踐的經典概括。這句話層層遞進，闡述了心的本體、善惡的產生、道德判斷和實踐修養的過程。我們逐句來看：

・無善無惡心之體

「心之體」指的是人的本心、本性、本體。本心初始無善惡，清澈如鏡，未染塵埃。此如佛家所說之本性清淨，亦似嬰兒初生之純真，無人為善惡之念。例如：水的本質是清澈的，是因為遭到污染才變得渾濁。太陽不會區分照亮的是好人還是壞人，它只是本然地發光。人性本質是純粹的，善惡是後天形成的。

・有善有惡意之動

「意」指的是人的念頭、想法、情感活動。當人的心開始活動時，善惡就產生了。我們的思想、慾望、情緒會讓心靈偏向善或惡，這就是「意之動」。一念助人，即為善；一念傷人，即為惡。目睹他

人跌倒，有人伸手相助（善），有人則嘲笑旁觀（惡）。善惡非天生，源自人心之選擇與意念。

・知善知惡是良知

「良知」就是人內在的道德判斷力，即心靈對善惡的自覺感知。王陽明認為，每個人天生都有分辨善惡的能力，這就是「良知」。不需要別人教，你自己就能感知什麼是善，什麼是惡。看到有人受苦，我們會本能的同情，這是「良知」在作用。即便無人告誡偷竊之非，良知亦令我們心生不安。真正的道德尺規，非外在規矩，而在內心覺知。

・為善去惡是格物

「格物」指的是在現實中實踐道德，落實到行動上。知道善惡還不夠，重要的是踐行，即「為善去惡」。王陽明的「知行合一」強調：真正的智慧不是停留在思想，而是要落實在行動上。生活中明知健康重要，卻不去運動，這是知而不行，未能「格物」。見貧困者，心生同情卻未行動，良知猶存，然未踐善行。可見，道德修養的關鍵在於「踐行」，知道善而不去做，等於沒有真正領悟。

・王陽明的心學思想

人的本心是清淨無染的，無所謂善惡。當心念產生時，才有善惡的分別。每個人都有良知，可以自然地辨別善惡。真正的修養，在於踐行善行，遠離惡念，而非僅僅知曉善惡之分。王陽明強調：良知是內在的道德指南，而真正的智慧在於知行合一，即把善落實在行動中，而不僅僅停留在思想上。

提升自我修養：不只是「知道」什麼是善，而是要真正去踐行。培養覺知之力，時刻覺察內心念頭，保持心境清淨，勿讓雜念擾亂心神。知行合一，將道德觀念融入行動，使之成為生活的一部分。

第 10 章：

愛，成就生命的高度

您可知道中國的歷史上活得最明白、最通透的人是誰？我認為有兩個人：一個是楊絳，另一個是林徽因。

○中國最後一位女先生 楊絳

楊絳是錢鍾書眼中最賢的妻，最才的女，中國最後一位女先生，活了105歲，她以自己一生總結的人生真諦渡化了無數人。以下我來複述一下她的話，你看夠不夠通透？

她說一見鍾情，不過是見色起意；日久生情，不過是權衡利弊。愛情這個東西，始於顏值，陷於才華，忠於肉體，迷於聲音，最後折於物質，敗於現實。她還說，男人接近女人圖兩樣，要麼圖你溫柔可人，要麼圖你身子，如果你一樣都不占，人家也不缺個累贅。女人接近男人也是圖兩樣，一個是精神支柱，一個是經濟補助，如果你一樣都給不了，那她也不缺一個祖宗。有孩子了，她說少跟孩子生氣，孩子聽話的時候，你愛他入骨，孩子調皮的時候，你又拼命吼他。你崩潰後自癒，自癒後又後悔，卻忘了他還只是個孩子。他也就高興那麼幾年，長大了會哭也會痛，像現在的我們一樣。

接下來7年之癢，老夫老妻了。她又說，沒事兒千萬不要跟其他的異性聊天，沒有人會對你無緣無故的好，一旦日久生情，你根本無法控制自己的情感。偶爾聊天是朋友，天天聊天那就是曖昧了。大家都是成年人，別假裝不知道對方想幹什麼。婚外情就是兩個有病的人以為遇到了良藥，其實就是遇到了麻醉劑，等藥勁一過，一定比以往更疼，說不好還會遇到要你命的鶴頂紅。所以不要去碰一個已婚的女人，她是一個男人的臉面。不要去碰一個已婚的男人，他是一個女人的餘生。不是你的女人，不要噓寒問暖。不是你的男人，不要情意綿綿，這是為人之基本，男女之底線，自律最重要。

你瞧瞧，這真是看透了婚姻的實質啊！所以面對人這輩子到底該不該結婚這個問題，她說：「歲月靜好是片刻，一地雞毛是日常。不結婚，晚年沒伴兒，結了婚不一定活到晚年；不拼命工作，沒錢養老，太拼命工作，有可能用不著養老；有些路不走不甘心，走了一身傷。人生就是這樣，無論怎麼選都會有遺憾，無論你怎麼精心策劃，都抵不過命運的安排。」

那我們該怎麼辦呢？生活是自己的，千萬別為難自己，有什麼樣的能力就過什麼樣的生活，盡力而為，量力而行。因為人這一輩子，一定要照顧好自己，除了健康，什麼都不是你的。開心了就笑，累了就睡，沒心沒肺，快樂翻倍。早晚有一天你會明白，人生除了生死，其他的都是擦傷。年齡只是符號，把生活調成自己喜歡的頻道，最好的狀態，就是低配你的生活，高配你的靈魂。你可以有不傷人的教養，但不能缺少不被傷害的氣場。沒有人護你周全，就請你以後善良中帶點兒鋒芒，為自己保駕護航。

這些話是不是句句戳中你的要害？還是安慰了你的心靈呢？

你會發現生活中的那些你認為的順的和不順的，開心的和不開心的，過去的與過不去的，一個也沒少面對。柴米油鹽醬醋茶，誰都是普通人。唯一不同的就是我們面對生活的那種態度不同而已。就像楊絳先生說的那樣，我們最大的問題就是讀書讀得太少，還想得挺多。只有用生活所感去讀書，用讀書所得去生活，你收穫的才是真正的豁達和從容，才能不被瑣事纏繞。

楊絳先生對於愛情有著深刻的洞察，她的觀點常常體現出理性與溫情並存的智慧。以下是她一些關於兩性關係的重要論述和思考：

1.婚姻是「我執子之手，與子偕老」

　　楊絳與錢鐘書被視為「文壇伉儷」的典範，但她曾說：「我們只是世間最平凡的夫妻，沒有什麼特別的。」她認為婚姻的本質在於：相互扶持，相互理解，共同面對人生的風雨。正如她在《我們仨》中所寫：「我們是一體的兩面，彼此深刻瞭解，也彼此無條件接納。」

2.尊重與獨立是兩性關係的基石

　　楊絳先生十分強調在親密關係中，尊重對方的獨立性。她和錢鐘書雖是夫妻，但在學術和文學創作上各自獨立，她也曾說：「我們彼此成就，但絕不互相掣肘。」楊絳認為，好的婚姻是兩棵樹並肩而立，而非一棵樹攀附另一棵樹。

3.愛情是平淡中的相濡以沫

　　楊絳並不追求轟轟烈烈的愛情，而是讚美在平淡生活中的相互

扶持。她說：「夫妻之間的感情，不是朝朝暮暮的激情，而是共同面對困難時的一種心安。」她認為，兩性關係最重要的部分是在細碎的生活裡彼此依賴，相濡以沫，而不是一味追求浪漫。

4. 愛情需要包容和寬恕

　　楊絳曾提到，兩性之間的關係離不開包容和寬恕。她說：「愛情不是沒有矛盾，而是在矛盾中學習彼此理解。」她用自己和錢鐘書的關係為例，強調在婚姻裡需要用耐心與善意去化解衝突，而非讓衝突變成感情的裂痕。

5. 愛情的最高境界是靈魂契合

　　楊絳認為，兩性關係的最高境界是靈魂上的共鳴。她與錢鐘書的愛情之所以長久，是因為他們在精神世界裡是「志同道合的旅伴」。她說：「好的感情，是在靈魂上同頻共振，在精神上彼此滋養。」

6. 關於女性角色

　　楊絳先生並不贊成「女性為愛失去自我」，她主張女性在兩性關係中要保持獨立和清醒。她說：「真正的愛，不是犧牲自我，而是在成全他人的同時，也讓自己活得更充實。」

　　楊絳先生的兩性關係觀是：平等、獨立、尊重、包容與靈魂的契合。她對愛情與婚姻的深刻理解，源於她自身的經歷，也啟迪著一代又一代的人去追求成熟、深刻而長久的感情。

被譽為民國第一才女 林徽因

　　林徽因是中國著名的建築學家、作家和詩人。她文筆細膩優美，情感深刻動人。大家一定很熟悉林徽因曾說的一句極其通透的話：「你若擁我入懷，疼我入骨，護我周全，我願意蒙上雙眼，不去分辨你是人是鬼。你待我真心或敷衍，我心如明鏡，我只為我的喜歡裝傻一程，我與春風皆過客，你攜秋水攬星河，三生有幸遇見你，縱使悲涼也是情。」

　　以下是林徽因關於愛情的經典語錄，展現了她獨特的才情與對愛情深刻的理解：

1.關於愛情的本質

　　「愛情是生命中的奢侈品，可遇而不可求。有了它，便要珍惜；沒有它，也不要遺憾。」

　　林徽因認為，愛情是一種可貴的緣分，它無法強求，而在於生命中的恰逢其會。

2.關於愛情與獨立

　　「真正的愛情不是彼此的依賴，而是獨立後的互相欣賞。」

　　林徽因主張，在愛情中，獨立是至關重要的，唯有獨立的個體才能為彼此帶來價值與長久的吸引力。

3.關於愛情與責任

　　「愛情不是一時的悸動，而是長期的責任與守護。」

林徽因強調，愛情不僅僅是浪漫的瞬間，更是要經得起生活中的風雨和歲月的磨礪。

4. 關於愛情與自由

「我愛你，並不意味著我屬於你，真正的愛是保留彼此的自由與尊嚴。」

她認為愛情中的兩個人，應該是平等的個體，愛並不是佔有，而是尊重與成全。

5. 關於愛情的無悔付出

「如果我愛你，我會無怨無悔，但我也希望你看到我的付出。」

林徽因表達了愛情中願意付出的坦率，但也提醒人們，付出應該是雙向的，而非一味犧牲自己。

6. 關於愛與被愛

「被愛是幸運的，但去愛一個人，才是生命中最美的事。」

她認為愛本身是一種幸福，愛的付出同樣是一種豐盈生命的體驗。

7. 關於愛情的意義

「愛情不是生活的全部，但它讓生活有了更多的色彩和意義。」

她強調愛情的重要性，但也提醒人們，不能因愛迷失自我，生活本身有更多值得追求的東西。

林徽因對愛情的思考深刻而細膩，她的愛情觀是浪漫與理性並存的，提倡獨立與平等、付出與尊重、責任與自由。這些語錄不僅展現了她的才情，更是對現代愛情的啟發與借鑒。

愛的真諦是什麼？

此前，我們已探討過愛因斯坦以「愛」來詮釋生命的真諦。

《聖經》中關於「愛的真諦」最經典的描述，出自〈哥林多前書〉第13章4–8節：

> 愛是恆久忍耐，又有恩慈；愛是不嫉妒；愛是不自誇，不張狂，
> 不做害羞的事，不求自己的益處，不輕易發怒，不計算人的惡，
> 不喜歡不義，只喜歡真理；
> 凡事包容，凡事相信，凡事盼望，凡事忍耐。
> 愛是永不止息。

此段經文深刻揭示了「愛」的本質：非一時之激情，亦非淺薄之情感，而是恆久之品格與行動。真正的愛，體現為忍耐、恩慈、無私、包容與信靠，它摒棄自我中心，甘願為他人傾盡所有。

除此之外，《聖經》中還強調：神就是愛。（約翰一書第4章8節），真正的愛源於神，人與人之間的愛應當反映神的愛。最大的誡命是愛神和愛人如己。（馬太福音第22章37–39節），愛不僅是對神的回應，也是人與人之間最重要的聯繫。完全的愛除去懼怕（約翰一書第4章18節），真正的愛帶來平安與安全，而非恐懼和焦慮。

《聖經》的教誨使我們洞悉，真正的愛乃奉獻與行動之結晶，非單純感受所能及。當我們用《聖經》所教導的方式去愛，就能帶來真正的祝福和改變。

第 11 章：

斷捨離，提升生命品質

○ 山下英子的故事：扔掉看得見的東西，改變看不見的世界

　　山下英子的童年，在父母關係不和與緊張的家庭氣氛中度過。小時候的山下，總因為這種緊張氣氛而感到害怕難受。記憶中，家裡的環境也一直亂七八糟，彷彿所有的物件都在這種氛圍中受了傷、自暴自棄，得過且過。

　　少年時代，敏感的山下，又因為朋友之間的人際關係而感到疲憊，與所有年輕人相似的是，她也曾有過一段好像「愛上了戀愛本身」的迷茫經歷。這一切，讓山下在學生時代，就開始接觸瑜伽和禪宗學習自覺，因而在很年輕的時候就領悟到：生而為人，最痛苦的煩惱永遠是活在「關係」之中──無關年齡，無關地域，也無關層次；而瑜伽和禪宗告訴她，無需煩惱，只要學會思考就好。

　　不久，山下以優異的成績考入早稻田大學文學部，這使得她得到系統性地學習和思考人性的機會。東方傳統文化對山下的影響十分深刻，她說「斷捨離」所有的思想都源自於《老子》第48章：「為學日益，為道日損，損之又損，以至於無為。無為而無不為，取天下常以無事；及其有事，不足以取天下。」

50歲時，山下寫下了風靡全球的書籍《斷捨離》——「斷」，即斷絕想買回家但實際上並不需要的東西；「捨」，即捨棄家裡的那些氾濫的破爛；「離」，即脫離對物品的執念，處在遊刃有餘的自在空間。

○斷捨離帶來的改變

有一位三十多歲的單身女性，在斷捨離的感召下，扔掉了許多東西，但卻始終無法捨棄一箱跟隨自己多年的言情小說。有一天，她驀然發現，這些言情小說講的都是沒有結果的愛情，就好像自己的戀愛寫照，彷彿那些書裡，棲息著一個拒絕婚姻的自己。發現這個事實後她當機立斷，將這一箱子的書忍痛割捨，自己也慢慢試著不再排斥現實的婚姻。

減法生活、自在人生，扔掉看得見的東西，改變看不見的世界。

生命需要減負，救贖，就在你自己體內，如果你已經被自己的生活困住，那麼很顯然，你需要為生活「斷捨離」。真正的斷捨離，與你的生命品質、身心狀況和運氣息息相關！

斷捨離讓你重新認識自己，認識自己的家、認識自己的內在，讀懂自己的身心健康與自己的運氣，透過簡單的方式，為自己打開人生的全新局面，開啟高維的幸福生活。

斷捨離能帶給你什麼？改善生命品質，淨化家居環境；療癒、淨化心靈，讓身心得以清爽、健康。學會整理房間、衣櫃、各種空間；

無論物質層面還是靈性層面，都會得到改善與蛻變；學會整理內在世界，改變「囤積」、「匱乏」、「不安全」、「不值得」等信念；學會整理工作、事業狀態以及內在需求；學會整理身心，用全新的視角認識健康與自我；改善與自己的關係、改善身邊的親密關係、家庭關係、人際關係；找回真實的自己，活出自己的人生；學會與負面情緒相處，轉化負面情緒為正向力量；讓你的生活變得更加清爽、舒適；開啟你的內在智慧，讓生命回歸喜悅與富足。

○「斷捨離」調心法，提升生命品質

心是精神界的總和，有什麼樣的心就有什麼樣的精神生態。以斷捨離來調心，透過整理物品瞭解自己，整理心中的混沌，讓人生舒適怡然。

斷：斷絕不需要的東西、只購買需要的東西。

捨：捨棄多餘和無用的東西。

離：脫離對物品的執著。

透過實踐斷捨離，我們將重新審視自己與物品的關係，思考什麼東西最適合現在的自己，不適合的即捨棄或送人；藉此讓自己的生存環境變得清爽，進而改善心靈環境，讓自己的身心無垢，內外明澈，做自己的主人，心不隨境轉，不做物品的奴隸。以上斷捨離的目的，就是為了讓我們有更多的時間、更高的效率，做自己喜歡或更有意義、更有價值的事情，讓自己的生活更自由、更開心。

精神生態上的「斷捨離」，則是讓自己在思想觀念或精神上「苟日新，日日新」。即根據社會生態和自然現狀、發展趨勢，把陳腐、過時、違背自然、違背社會和經濟發展規律的東西，主動而且及時剔除，以變應變，以新求新，以適應社會生態的發展，使不被社會發展的洪流所淘汰淹沒。想做到精神思想觀念上的「斷捨離」，必須有勇氣、眼光，更需要勇於自我反省，善於自我反省，面對自己的不足及時改正。更重要的是，如果我們能夠扔掉我們心中的貪、瞋、癡，能夠勇於進行自我生命的革命，改變損人利己的惡習，提升生命品質，從迷惘的人生走向覺悟的人生，讓我們的心始終處於信、無貪、無瞋、無癡、精進、輕安、不放逸、捨得、利他的這些良好的心理狀態，便是處於和諧的精神生態；那麼，我們的人生，就能獲得真正的自由自在，人生才真正的富有充實。

○化繁為簡，七種「斷捨離」小習慣

1. 不拿免費的東西

　　像是馬路上派送的宣傳單、商店促銷送的紀念品，那些利用率極低、很少被珍惜的物品，即使是免費的贈品，也要抱著堅決不拿的態度，貪圖小便宜正是因為內在匱乏，放棄這些無用的東西吧。

2. 不買無用的東西

　　在打折、促銷、團購的攻勢下衝動購物後，往往會換來「食之無味，棄之可惜」的後悔。你可以提高購物的「門檻」，保證

家中所出現的物品都是自己喜歡、必要的。

3. 不囤積消耗品

　　減價的時候「搶」了大量衛生紙、垃圾袋，好像占了便宜，卻也容易造成家居混亂與浪費。不囤積廉價的物品反而使人學會謹慎珍惜，降低消耗品的使用，換來神清氣爽的好生活。

4. 尋找替代品

　　添置新物品前，不妨想想家裡是否已經有了同等功能的物件。例如一年可能只用到一次的漏斗，可以利用現有的寶特瓶剪下漏斗狀的瓶口來代替，如此就能避免多持有一個東西；活用現有物品，不是為了彌補貧困，而是為了創造富足。

5. 丟棄、轉讓

　　雜誌或小冊子超過一定數量，就捐出去吧！沒在使用的小裝飾品、過期的食物，也不妨果斷丟掉。一些仍有價值但不再需要的物品，可以轉讓給需要的人。

6. 定期親自整理房間

　　將物品歸位是一場日常修為。一個人如何對待物品，便會如何對待人生。保持1～2周親手整理一次房間的習慣，將會讓你對自己的生活時刻保持覺知。

7. 舉一反三

　　斷捨離不僅可以用在對家居用品的精簡，還可以用在情緒管理、人際關係整理、時間管理、減肥計畫等生活的方方面面。

你真的需要那麼多嗎？「需要」的背後到底是為什麼？

堅持這七個非常簡單又容易執行的好習慣，「斷捨離」不再只是口號，真的可以改變你的生命品質！

○ 開創自己的減法人生

「斷捨離」的理念提倡使用減法來解決問題，探索自我。為你的人生做個減法，才能有時間和心情體悟生活之美。購物時三思而行，不買、不收取不需要的東西，只添置真正需要的物品；處理掉堆放在家裡沒用的東西，賣掉、送掉也行，縮小喜好的範圍；捨棄對物質的迷戀，讓自己處於寬敞舒適，自由自在的空間。

斷捨離的終極指向，並非是為了讓人們從此無欲無求，生活清簡，某種意義上，反而恰恰是為了追求更高品質的生活：只購買自己真正想要的東西，只和自己喜歡的東西生活在一起，珍惜自己所擁有的東西。擺脫了對物質的執念，反而得以讓自己的生活變得更美好。

• 你的物品

明確自己的需求，不買不需要的物品。確有必要的，買最好的，並充分使用它。將家中超過一年不用的物品丟棄，這既可以是鞋子、小擺設，也可能是你應該扔掉但從未捨得的多餘電器。是哪些扔掉也不覺得可惜的東西霸佔了你的屋子？騰出一點時間，處理掉這些物品吧！如果扔掉仍嫌可惜，那就送人、出售或好心捐出去。

・你認識的人

你每週要接觸多少給你帶來消極情緒的人？想想又是誰常給你鼓勵？請多跟擁有正能量的人相處吧！我們常常停留在那些合不來的人身邊太久，若負面情緒太多，生活負擔也會越來越重。如果兩人的相處無法帶來雙贏，那麼請後退一步，把精力放在能夠為彼此帶來正能量的人身上。

・你的目標

你是否鬥志昂揚，積極列出下個月甚至後3個月後的目標清單？充滿熱情確實很好，但我還是要提醒，目標不要列得太多。一般人很可能會訂下10個以上的目標，然而除了大腦記不住這麼多目標，現實是你根本不可能一次實現所有目標。建議你還是將目標控制在個位數以內，不要超過10個，最好少於5個。讓目標專一才容易實現。

・你的訊息來源

所有發送到手機、電腦和大腦的網路資訊都被歸類為「資訊源」。資訊源未必能增長我們的知識，卻常造成我們資訊過量。精簡資訊輸入源頭，減少使用社交網路、即時通訊。定期遠離互聯網、遠離手機，避免資訊騷擾。APP使用少而精，刪除長期不使用的應用程式。

○關於「交朋友」

社會心理學家曾經做過一項研究，人的一生之中，同時交往的朋

友人數極限，分別是10個、30個和60個。除了10個是往來密切的摯友，另外那30個，是時不時會聯繫的朋友。儘管在人生路上漸行漸遠，但偶爾一通電話，幾條簡訊，知道彼此過得好也就夠了。而所謂的60個，是關係最淡的朋友。你因為某件事認識了某個人，你們換了名片，互加了通訊軟體，對彼此有印象，但也到此為止了。換句話說，即使把「朋友」的標準放再低，大約也就是100人了。而真正會對你不離不棄的，也不過區區10人而已。聽起來雖然少，但這些人是在你陷入困境時會及時出現，想方設法幫你，真心為你著想的人。友誼也是有保存期限的，別讓真正的友誼冷落太久。人海茫茫，能陪你走一程的人很多，但能陪你一世卻寥寥無幾。我們的一生很短，無需把太多人請進生命裡。眼前的虛假熱鬧、推杯換盞，各自帶著目的，未必是真的交情。而真正的朋友，就像星星；你不一定總是能見到他，但他一直在那，從未離開過你。

告別「無效社交」

　　極簡主義的生活方式讓很多人卸下了物質包袱，那麼社交界的「斷捨離」，就是一種減輕精神包袱的決心。告別「無效社交」，看似過於自我，實則是對更高層次人生境界的追求，因為無效社交不僅會耽誤自身的成長和沉澱，而且正在浪費我們的生命。

　　有效社交，是幫助一個人提升「自我超越」能力十分關鍵的因素。社交的最終目的，是說明你成為更高層次的人。如果你的社交圈裡多是雞毛蒜皮、瑣事八卦，那麼你的人生境界只會長久停留在「人

間煙火」裡，對邁向高維人生的助力將十分有限。每個人都應該為自己而活，而社交的本質正是應從自己出發。一是獲得精神上的陪伴，二是獲得物質上的交換，如果兩者都換不來，我們就應該及時「止損」，及時斷捨離。

　　社交斷捨離的精髓不是不社交，而是要把時間和精力花在更有價值的關係上，就像人體的新陳代謝，吸收營養，排出垃圾。當你棄絕的垃圾越多，你就有更多時間花費在高品質的社交關係上，即是人們應該多結交能為自己帶來養分的人。同時，物以類聚，人以群分，想獲得珍貴的情誼，首先要讓自己也成為一個能為他人帶來養分的人，無論在任何一段關係，都能盡可能為他人提供滋養。我們的一生之中相逢的過客幾凡，有的成為了朋友，有的成為了戀人、親人，但更多的都是短暫相交的匆匆過客。知心好友，可遇而不可求。我們應努力提升自己，拉高自己的人生境界，這樣才能交到一路相伴的好友。所以，請放下「無效」的社交，不要因為忙於交過多朋友，而忘了提升自己，打造自己，要讓自己變成一個優秀、獨立的人，同時身懷一顆熱忱之心，以真誠待人，交一些值得深交的朋友，擁有一些「有價值」的人脈，不斷升級自己的人生維度。

第12章：

覺悟者必過三關：名、利、情

在人生的修行旅途中，許多人渴望覺悟，尋求內心的平靜與真正的自由。然而，這條道路並不平坦，橫亙在每個覺悟者面前的，便是「名、利、情」三道難關。每一道關卡，都像是一面鏡子，映照著我們的內心世界。每個人都面臨著各種考驗，而名、利、情是最難跨越的三座大山。想要真正覺悟、達到內心的自由與平和，必須經歷並超越這三關。這不僅是一場對外在世界的超脫，更是一場與內在自我的深刻對話。

一、名：聲名背後的束縛，不為虛名所困，守住初心

名譽，是世間大多數人無法抗拒的誘惑。人們渴望被認可，被稱讚，在各種場合展現自我。然而，名聲往往有如雙面刃，既能帶來榮耀，也能成為枷鎖，使人活在他人的眼光之中。名譽、地位往往是人們畢生追求的目標之一。很多人在追逐名聲的道路上逐漸迷失自我，將外界的評價當作衡量自我價值的唯一標準。真正的覺悟者明白，名譽如雲煙，轉瞬即逝，內心的堅定與真實才是永恆的財富。

著名書法家王羲之，一生追求藝術的極致。然而，年輕時的他也難免受「名」所困擾。聲名鵲起後，他發現自己無法再專心創作，總有人登門求字，甚至有人出高價購買他的作品。當他的作品被視為炫耀的資本，而非欣賞的藝術時，他開始反思：難道自己真正想追求

的,是這些外在的榮耀嗎?一旦心中有了答案,他便毅然決然地歸隱山林,焚燒自己最得意的《蘭亭集序》原稿,專心練習書法,只為了心中的那份純粹。這一舉動讓他真正超越了「名」的桎梏,達到了藝術的巔峰。

明代大儒王陽明在青年時期仕途坎坷,屢次被貶,甚至遭遇政治迫害,流放至貴州龍場。然而,正是在那段被外界遺忘的時光裡,他徹底擺脫了對名利的執著,專心修習內心,提出了「知行合一」的心學理念。王陽明的覺悟在於明白,真正的名聲不是來自外界的讚譽,而是源於內在的充實與品格的昇華。在後來重返仕途後,王陽明已能泰然處之,無論面對褒獎還是詆毀,都不再動搖。他在內心構建了一個堅不可摧的精神世界,名聲成為他修行路上的副產品,而非目的。

我們在生活中可能也會因外界的評價而患得患失,若能學會專注於自己的成長與內心修養,名聲自然能水到渠成。

＊如何破名之關?

覺悟者必須明白:「名」乃身外之物,心靈的豐盈才是內在的財富。唯有拋開對名聲的執著,才能聽見內心真正的聲音。

試問,你是否因外在名聲影響了對自我的價值判斷?當你做一件事時,是為了博取好名聲,還是出自於內心的熱愛?

二、利:慾望背後的空虛,超越對物質的貪戀,知足常樂

正是對利益的追逐,驅使人創造財富和價值。然而,貪婪往往有如無底洞,吞噬著人的理智與靈魂。獲取財富原本無可厚非,但若沉迷於利益,容易讓人喪失初心,逐漸成為金錢的奴隸。利益是生存的

必要條件，但若過度追逐，便容易陷入無盡的慾望漩渦。透過修行的過程能使人明白，物質是為生命服務的工具，而非人生的終極目標。

曾為華人首富的商界巨頭李嘉誠，早年在香港創業維艱，憑藉聰明才智和努力，積累了巨額財富。然而，他卻一直保持著極為儉樸的生活習慣，不讓財富控制自己。當公司業務不斷擴張時，他常告誡自己：「財富只是工具，不是人生的全部。」在一次重要的商業併購中，他放棄了巨額利潤，轉而投資於慈善事業。有人問他：「難道你不覺得可惜嗎？」他笑著回答：「名與利，過眼雲煙。內心滿足，才是真正的財富。」長年生活保持低調的李嘉誠先生，在事業巔峰之際便大量捐贈財富，設立基金會從事社會公益事業。他曾說：「人活著，不只是為了擁有更多，而是要讓更多人因你而變得更好。」

在一次採訪中，李嘉誠分享自己年輕時的經歷：由於他小時候家境貧寒，雖深知金錢的重要性，但他明白，貪戀財富只會讓自己更焦慮，而懂捨得，才能讓財富真正地發揮價值。正是這種超越對利益的執著，成就了他在商業上的成功，也在精神上讓他感到滿足和自由。

李嘉誠的啟示：人生最大的財富並非物質的積累，而是內心的富足。真正覺悟的人能看淡得失，將利益視作人生的過客，而非終點。

＊如何破利之關？

覺悟者要明白，財富是工具，不是目的。真正的富足，不在於擁有多少，而在於內心是否滿足。

請問你是否過於關注眼前的利益，而忽視了內心的成長？利益得失是否影響你的情緒波動？

三、情：感情背後的羈絆，不被情感左右，愛而不執

情感，是人類最深沉的牽絆之一，也是人類最複雜、最深刻的體驗之一。無論是親情、友情，還是愛情，都能給人帶來溫暖，都會在生命中留下深刻的印記。然而，執著於情感，容易陷入痛苦之中，難以自拔。覺悟者需要學會在愛與放下之間取得平衡，感恩擁有，釋懷失去。真正的修行者，能在情感中體悟愛，卻不被情感束縛，達到一種「愛而不執」的境界。

佛陀年輕時曾深深愛著自己的家庭，尤其是對兒子的情感難以割捨。然而，在他悟道之後，他意識到情感的執著會成為內心的羈絆，阻礙自己走向解脫之路。於是，他選擇離開皇宮，四處雲遊，傳播智慧和慈悲。儘管心中仍有不捨，但他明白，真正的愛，是超越個人的執著，普渡眾生。

弘一法師（原名李叔同）在青壯年時，是著名的藝術家、教育家，生活充滿了人世間的繁華與情感。然而，在人生巔峰時，他毅然出家，捨棄了世俗的一切，成為一名佛門弟子。很多人不理解他為何放下家庭和事業，但弘一法師曾說：「世間之愛固然珍貴，但若執著其中，便難以得到真正的解脫。放下，不是斷絕情感，而是讓愛更加純粹。」即便在出家後，弘一法師仍然關心家人和弟子，但他的愛不再夾雜個人的慾望和佔有，而是無私的慈悲與祝福。正是這種超脫，讓他成為一代高僧，被後人敬仰。

弘一法師的啟示：在情感中，最難的是學會放手。真正的愛是成全，而非佔有。能夠在愛中保持自由，才是最高的情感境界。

＊如何破情之關？

覺悟者必須理解，真正的愛是給予，而非佔有。放下執著，不是捨棄感情，而是學會以更高的智慧去愛，成就彼此的成長。

請問你是否過於依賴某段感情，導致內心失衡？你能否在放下的過程中，感受到內心的平靜？

＊如何跨越這三關：破三關，得自由

1. 修練內心，減少對外界的依賴

    面對名利情時，覺察自己是否因外在誘惑而失去平衡。學會通過冥想、反思和學習，穩固內心世界，減少對外界評價的執著。

2. 學會感恩和知足，減少貪欲

    在面對利益時，嘗試用「夠用即可」的心態取代「越多越好」的慾望，培養分享和佈施的習慣。

3. 培養包容與慈悲心，化解執念

    在情感中學會理解和寬容，學會放手，讓彼此都能自由成長，而非沉溺於依賴和佔有之中。

名、利、情三關構成了人類修行與覺悟的關鍵旅程，是每個人都會經歷的人生課題，每一關都考驗著我們的智慧和勇氣。但真正的覺悟者懂得不逃避生活，而是在名利與情感中歷練出一顆淡然自在的心，在超越三關的過程中，不是意圖消滅，而是學會如何與之和平共處。當你能夠坦然面對名聲、利益和情感時，內心的平和與智慧便將

悄然綻放，這便是人生修行的最高境界。

人生如逆旅，你我皆行人。每個人都將在名利情海中沉浮，而真正的覺悟者，能夠在其中保持清醒，笑看風雲，活出生命的真實與自由。

宇宙的運作法則一直都在，
問題從來不是「它能不能實現你的願望」，
而是「你敢不敢想、敢不敢說、敢不敢要」。

Chapter 6

第六篇

蝴蝶效應與宇宙的吸引力法則

第1章：

正念生死觀的蝴蝶效應

人的一生，最好的青春都留給了奮鬥，回頭看自己繞了許多的遠路。也正是這些歷練，讓人親身把生活的酸、甜、苦、辣都嘗了一遍，而後得到了釋然與覺悟。一個人命運的好壞，取決於個人個性的一言一行所引發的因果關係，這就是人們所看到的命運。若你對現狀感到不滿，何妨透過行動來調整它，改變它。

○神奇的蝴蝶效應

「一隻南美洲亞馬遜河流域熱帶雨林中的蝴蝶，偶爾扇動幾下翅膀，能引發兩周後美國德克薩斯州的一場龍捲風。」一般來說，微觀尺度上，蝴蝶的微弱干擾，不至影響宏觀尺度上的整個天氣變化。然而，在某些情況下，正是由於蝴蝶多扇動了幾次翅膀所造成的微觀效果，由此引起了連鎖反應，隨後不斷擴大其於天氣的變化中的影響，乃至於後來成為龍捲風這樣宏觀尺度的天氣現象。

隨著之後混沌理論的發展，「蝴蝶效應」這個形象生動的比喻逐漸廣為人知，也就是一個不起眼的小動作，或僅僅是一個念頭，卻可能會引發一連串的巨大反應。

事物發展經常同時存在著「定數」與「變數」，事物在發展過程

中的發展軌跡可能有規律可循，但同時也可能被不可預知、無法估量的「變數」所影響。這使得人們即使在自以為掌握了狀況作預測推斷時，可能面臨失之毫釐，差之千里的誤判。微觀上的一個微小變化卻可能影響事物的宏觀發展，這反映了一些事物的發展具有難以預測的複雜性。

正念生死觀的直接效應

- 情緒調節

　　正念生死觀，能使人提高自我覺察、接納情緒和減少負面情緒反應，幫助個人善加管理情緒，使人們能清楚認識自己的情緒狀態，從而更有效地掌控情緒。例如，當個人感到焦慮時，通過正念，可以更準確地瞭解焦慮的根源，並採取相應的應對措施。

- 心理健康

　　正念生死觀有助於緩解焦慮和抑鬱情緒，提高生活品質。正念減壓能幫助人們關注當下，放鬆身心，減少負面情緒的影響。

- 提升專注力

　　正念可以提升個人的專注能力。透過不斷調整，個人可有意識地控制自身對環境的慣性反應，甚至可以轉為自動化的行為，從而提升個人的專注力水準，專注於更有價值與更有意義的事物上。

- 保有抗壓力

　　正念生死觀，可以增強個人應對壓力的能力，提高應對困難和挑

戰的能力。

・自我認知

　　正念生死觀有助於提高自我認知。使個人能更瞭解自己的情緒、思維和身體感受，從而提高自我認知水準。

唯有正念生死觀，可以幫助人們超越生死

　　人生走到最後，如何讓一生圓滿，其實就是在正念生死觀的基礎上，愛親人、愛家人、愛社會、愛工作、愛大自然。

　　正念生死觀的教育本質就是愛的教育，發現愛，表達愛，把愛說出來。尤其是對即將離世的患者來說，愛顯得彌足珍貴，因為世界留給他們發現愛、表達愛的時間已經不多了。人們唯有透過正念與愛，才能超越生死。

正念生死觀讓家庭更幸福

　　不幸的家庭有千千萬種，但幸福的家庭則千篇一律。一個幸福的家庭，必定有以下三個特點。一個擁有正念的男人具有責任感，如山一般的男人是一個家庭的重要支柱頂，決定著這個家能不能頂天立地。一個幸福的家庭，必定有著一個具責任感、有擔當的男人。因為男主人有責任感，家才能成為家。

　　第二點，擁有正念的女人知所進退。女人如水，女人是一個家最

好的風水，決定著這個家的溫度。一個幸福的家庭，一定有著一個知所進退的女人，有著如水一般的智慧。女人的包容，是一種智慧，女人的溫柔，是一個家最好的風水。

第三點，家是什麼？家是一個人的歸宿，是疲憊時最想停靠的地方，是一個人的心靈港灣，是最不需要設防的地方；家是一個人的根，有家心才安，有家心才暖。家是這個世間最舒適、最溫暖、最美好的地方。一個幸福的家，離不開兩個人共同經營，更離不開正念的精心守護。

正念生死觀讓世界回歸和平美好

地球上所有的生物都有其使命。每種生物都有特定的功能，而其生命的維持都需要依靠其他的物種。當某種物種消失，便會破壞整體生態圈的平衡，可見各個物種之間其實是息息相關的。「正念生死觀」使人能反省所作所為，極力試圖維持地球生態的平衡。

澳洲的森林大火持續燃燒了四個多月，1120萬公頃的土地成為焦土，15萬公頃的森林被毀，造成超過10億隻動物死亡，60萬隻蝙蝠入侵澳洲。美國爆發40年來最致命的流感，造成超10000人死亡，1900萬人感染；世紀罕見的暴風雪襲擊了加拿大。起初，沒人在意這一場場災難，這不過是一場森林野火、一次旱災、一個物種的滅絕，直到人類慢慢發現這一場場災難其實和每個人息息相關。可惜時間無法倒流，若人類擁有正念生死觀，未曾突破大自然的規則底線，人類就無需為自己的貪婪自私付出沉重代價。若人們想創造世界和平，

就得從正念開始，認知道生命、生死與靈魂的本質，讓人類社會的犯罪率降低，並使人類與自然和平共處。在正念的基礎上，人類應團結起來，學會堅強與獨立，感受勇氣和愛，透過溫情和美好將世間的「真、善、美」傳承下去，重新尋回善良的本性。真正的正念，恰恰是所有人的正義與愛。

○活在當下，過好此生，為下一世積福

・關注美好的事物

每個人都有一個屬於自己的世界，而個人所關注的事物，決定了這個小小的世界是否美好。有的人擅長關注他人的八卦、缺點、不足，事情的不如意；而有的人擅長關注別人的優點、潛力和事情的可能性。

外在的世界是什麼樣子，不是你我所能決定；但我們可以自由選擇自己關注什麼樣的內容。若你想讓自己的生活充滿陽光，那就多與積極樂觀的人交朋友，遠離經常抱怨的人；凡事積極的往好處想，就算是遇到艱難的逆境，也能看到否極泰來的可能。人們常說：愛笑的人，運氣都不會太差，就是這個道理。

・看待外物的平淡

一個人，只有親身經歷過生死考驗，才會明白一個生命的本質：除了生命，其它的任何東西，失去了都還有可能會回來。錢財乃身外之物，如果有人把這些看得比命還重，那自然是因為這個人未曾經歷洞悉生死的意義。平淡地看待外物，能使生活減少很多煩惱。

・面對困難的堅忍

　　困難，是每個人一生中的必修課，也是一種修行。無論在人生的哪個階段，人都會面臨困難。讀書有學習的困難，工作有業務的困難，未婚有找對象的困難，成家有養家糊口的困難，年紀大了有生活孤獨的困難……總而言之，困難是人生的常態，只要以平常心看待它，不過於糾結，忍耐並將其視為常態，它自然會慢慢消退。

・正能量的定力

　　有些人傷心哭喊：「我失戀了」、「我失業了」、「我被騙了」……人們總有各種各樣傷心的理由。然而，真正傷人的，不是那些事件本身，而是那些事件在你身上所激發出來的負面情緒。面對挫折和打擊，我們要學會去除負能量，回歸正念與正能量，讓自己慢慢地增強定力。一次學著控制一點點，努力朝自己的目標邁進，幾年下來你會發現，原來正能量的定力能讓自己提升人生的境界。到那個時候，你再也不會回到從前的樣子了，你的維度已經獲得提升。

○死亡將是更高維度的新開始

　　請捫心自問：你怕死嗎？不可能不怕呀！誰能在面臨死亡之際，感到心安而不恐懼？很多人隨著年齡增長，身體開始變得衰弱，離死亡越來越近，感官的大門也在逐漸關閉……這時往往有人感慨：人若衰老到不能吃、不能動，那活著還有什麼意思？這時，修行正念便顯得更加重要。

通過正念的練習，我們每天都清楚知道自己正積極地生活著，不要過得像無人駕駛的電動車一樣，不受掌控；正念，讓我們的每一天、每一年都持續在遠離貪嗔癡，都活得比以往更加從容，也變得更有智慧。每一年，你的智慧都在增長，你所積累的福報都在增加，可能去年你覺得自己對修行有了很多感悟，但到了今年你又有新的發現、新的領悟；到了明年，你又會有新的經驗，又增長新的智慧，將自己的靈性提升到全新的更高維度。

　　正念地生活，每一天用功精進，如此一年復一年，隨著歲月流轉累積智慧福報。或許時間會帶走我們的肉體皮囊，但絕不會泯滅清淨的心，知道自己正在以善待人、認真地生活著，沒有浪費時間，哪怕真正走到生命的最後那天，也死而無憾。因為到了那時，我們已積累了更高的智慧和福報，死亡對於我們而言，不過是在更高維度的新生。

第 2 章：

宇宙的吸引力法則對生命的影響

　　宇宙浩瀚無垠，萬事萬物皆遵循某種規則運行，其中「吸引力法則」（Law of Attraction）是一則廣受關注的宇宙法則。它著重於「同頻共振」的理念，意指個人的思想、信念及情緒狀態會吸引頻率呼應的現實結果。簡單來說，你關注什麼，就會吸引什麼。

　　吸引力法則不僅塑造個體的生命歷程，亦對人類社會的整體演進產生了深遠影響。從健康、財富、人際關係到集體意識，它深刻地塑造了我們的現實世界。那麼，吸引力法則是如何運作的？它對人類生命有哪些深遠的影響？我們又該如何正確地運用它來創造更豐盛的人生呢？

○吸引力法則的基本原理

　　吸引力法則的核心概念可歸納以一句話總結：「相似的能量將相互吸引。」換句話說，我們的思想、情緒和信念都會對外界產生影響，並最終吸引與之匹配的現實經歷。這個法則主要基於以下幾個原則：

1. 思想創造現實

　　一個人的思維模式決定了自身的生活方向。如果一個人持續思考

著成功、財富和幸福，他的內在能量場就會吸引相對應的機會資源。相反地，如果一個人總是擔憂貧窮、疾病和失敗，這些負面能量最終也會在現實中顯化。

譬如，心中常懷感恩與積極預期的人，往往能吸引更多善意的好運機遇；相反，總是滿腹牢騷懷抱負面情緒的人，則可能遭遇更多的挫折與不順遂。

2.情緒是吸引力的催化劑

思想雖然重要，但真正推動吸引力法則運作的是情緒。強烈的情緒如同催化劑一般，能急遽加速思想向現實轉化的過程。比如，如果一個人一邊想著成功，同時卻感到焦慮害怕，那他吸引來的可能不是成功，而是焦慮和恐懼所帶來的負面結果。

因此，我們應掌握情緒調控的藝術，以信心為帆，喜悅為風，感恩為舵，方能駕馭吸引力法則，改寫現實。

3.潛意識決定吸引模式

人們往往口是心非，表面的願望與深層的信念背道而馳。例如，一個人可能表面上希望變得富有，但如果他內心深處相信「賺錢很難」、「有錢人都不道德」，那麼他的潛意識就會阻礙他吸引財富。唯有潛意識的信念與目標同頻共振，吸引力法則方能發揮最大效用。

4.行動是實現願望的橋樑

吸引力法則絕非守株待兔，而是需輔以積極的行動，方能開花結果。當我們設定目標並採取行動時，宇宙會提供合適的機會與資源，幫助我們實現願望。因此，思維＋情緒＋行動，三者缺一不可。

＊吸引力法則對個體生命的影響

吸引力法則貫穿於生活的方方面面，從健康、人際關係到財富事業，都深受影響。

1.對健康的影響

研究發現，長期處於積極情緒狀態的人，其免疫力、恢復力和整體健康水準都顯著高於長期處於消極情緒的人。

・正向思維促進自癒：

> 多項醫學研究指出，擁有樂觀和積極心態的個體在面對疾病時，往往能更有效配合治療，從而提高康復的機率。這種積極態度不僅有助於減輕病痛感知，增強患者對疼痛的耐受力，還能降低因壓力所引起的併發症風險，改善生活品質。例如，「安慰劑效應」就是吸引力法則的一種表現，病人相信自己正接受有效治療，結果使身體果真出現改善。

・負面思維會導致疾病：

> 長期處於焦慮、憤怒、恐懼等不良情緒狀態的人，由於可能影響到胰島素分泌和自律神經功能，從而增加罹患糖尿病的風險。同時，這些情緒狀態還可能導致血壓升高、心率增加，進而增加心臟病發作的風險。這是因為負面情緒會導致壓力荷爾蒙（如皮質醇）分泌過多，破壞身體的平衡。

2.對人際關係的影響

吸引力法則在人際關係中表現得尤為明顯。

- 頻率相同者相吸：

    樂觀自信、正能量滿滿的人，自然能彙聚志同道合的伙伴，並構築和諧的伴侶關係。相反，充滿抱怨、消極思維的人，往往會吸引同樣的負能量關係。

- 給予即獲得：

    當一個人用愛和善意對待他人，便能吸引更多愛與善意回到自己身上。比如，企業家們經常捐助慈善善款，如此不僅能幫助社會，也能收穫更多的人脈和機會。

3. 對財富和事業的影響

    一個人對金錢的態度，決定了他能否真正吸引財富。

- 富人思維VS貧窮思維：

    前者視機遇遍地，堅信財富可創；後者則視金錢為稀缺資源，賺錢之路艱難，其行為模式無形中築起了財富的壁壘。

- 勇敢追夢的人更容易成功：

    堅信自我能獲得成功，並矢志不渝地為之奮鬥的人，相較於那些畏懼失敗、徘徊不前的人，更容易把握機遇之門。

＊吸引力法則對人類社會的影響

吸引力法則不僅影響個體，也影響整個社會的發展方向。

1. 社會意識的進化

    隨著越來越多的人覺醒於吸引力法則的奧秘，並積極運用正向思

維，社會的集體意識正在悄然蛻變。例如，越來越多的人關注環保、健康、和平等議題，這些趨勢正引領著社會向更高維度發展。

2.科技與創新的推動

歷史上的偉大發明，如電燈、飛機、電腦等，都是那些相信「能化不可能為可能」的人所創造的。以電燈為例，愛迪生面對無數次的失敗，不斷嘗試上千種材料作為燈絲，最終用碳化的捲繞棉線成功製造出了世界上第一個具有廣泛實用價值的電燈。吸引力法則鼓勵人們勇敢突破限制，從而推動社會進步。

＊如何正確運用吸引力法則

要想真正運用吸引力法則，我們可以採取以下策略：

1.設定清晰目標：明確自己想要的什麼，並用肯定的語句表達期望，比如：「我正在創造一個富足健康的生活。」

2.保持正向情緒：每天練習感恩、冥想、深呼吸，以提高自身能量頻率。

3.採取實際行動：不要等待奇蹟發生，而是要主動尋找機會，並相信宇宙會給予回應。

4.建立堅定信念：調整潛意識信念，使其與目標保持一致。

宇宙的吸引力法正無時無刻不在影響著我們的人生。我們所得到的，皆由我們所思。我們的思想、情緒、信念和行為共同塑造了我們所吸引的現實。積極的思想和情緒能夠吸引積極的結果，而消極的情緒則可能導致不利的結果。因此，通過培養積極的信念和情緒，我們

可以影響自己的行為,進而改變我們的現實。當我們學會運用此一法則,不僅能創造更美好的個人生活,也能為整個社會帶來正向變化。願我們善用吸引力法則,活出更豐盛、美好的人生!

第 3 章：

敢於向宇宙下訂單

在這個神秘而浩瀚的宇宙中，隱藏著一種強大的力量，它不僅是星辰運轉、能量流轉的奧秘，更是那個能洞悉並回應我們內心意念的神秘力量。儘管許多人常感覺夢想遙不可及，願望難以觸及，但真相是，我們的每一個念頭、每一句話語、每一次堅定的祈求，都在宇宙的某個角落被悄然接收，並逐漸轉化為現實。這就是所謂的「向宇宙下訂單」——一種心想事成的力量。

○你敢想，宇宙就敢成真

「想」是所有創造的起點。一切現實，最初都源於一個簡單的念頭。飛機的出現，是因為萊特兄弟敢於想像飛翔；電燈的發明，是因為愛迪生堅信黑暗可以被光明驅散。而我們每個人的生活，也是從我們的思想中所塑造出來。

想像力是人類最珍貴的財富，然而很多人之所以無法實現夢想，並不是因為夢想本身遙不可及，而是因為他們連去想的勇氣都沒有。他們因害怕失敗而躊躇，因擔心被嘲笑而退縮，更因夢想過於宏大而心生畏懼。但請記住，宇宙的力量並不會對你的夢想加以評判，只要你敢想，它就會開始運作，吸引相關的資源，進一步推動你的想法成為現實。

你敢說，宇宙就敢成就

很多人心裡有美好的願望，卻從不敢說出口，甚至連自己都不願承認。但是如果連你自己都不敢表達自己的願望，又如何讓宇宙明確瞭解你的需求？

語言是一種強大的能量，它不僅能傳達資訊，更能影響現實。當你大聲宣告你的願望時，你的潛意識會悄然相信，進而促使你的行為逐漸調整，使你的能量頻率與目標完美契合。而宇宙，也會通過各種方式回應你的話語。

我們可以觀察到，那些成功人士往往是敢於表達自己願望的人。他們堅定地告訴自己及其他人：「我必將成功！」、「我正一步步實現我的夢想！」這種語言不僅是在向自己灌輸信心，更是在向宇宙傳遞明確的指令。

你敢要，宇宙就敢給

「想」和「說」都是前奏，真正讓願望落地的關鍵是「要」。許多人誤以為，僅憑默默祈禱與幻想，夢想便能不勞而獲。然而，宇宙的運作需要一個明確的信號——你是否真正準備好接受它？

有些人嘴上說著想要成功，但當機會降臨時，他們卻猶豫不決，害怕承擔責任，害怕面對未知。這樣的人，即使宇宙為他們打開了大門，他們也不敢跨進去。

敢要，即意味著你擁有勇往直前的魄力，願意付諸行動勇敢爭取，主動擁抱每一個即將到來的變革。它不僅僅是一個心理上的決心，更是一種實際的行為。例如，你想要財富，那你是否願意努力學習理財知識？你想要健康，那你是否願意改變生活習慣？

○關鍵是你敢不敢！

宇宙的運作法則一直都在，問題從來不是「它能不能實現你的願望」，而是「你敢不敢想、敢不敢說、敢不敢要」。

1. 你敢不敢超越現實的束縛？

> 現實非永恆，乃過往信念與行動之映射。勇於掙脫思維枷鎖，宇宙自會展現新徑。

2. 你敢不敢不顧別人的眼光？

> 很多時候，我們害怕表達自己的願望，是因為害怕別人的評價。成功者，常是不為外界雜音所動之士。

3. 你敢不敢持續堅持？

> 向宇宙許願，非一時之舉，乃持久之旅。很多人剛開始信誓旦旦，但遇到困難就退縮。秘訣在於恆久堅持，不懈地想、說、求，直至宇宙迴響。

宇宙是慷慨的，它從不吝嗇給予任何願意去想、去說、去要的人。關鍵在於，你是否真的有勇氣許下你的訂單，並堅定不移地等待它實現。

所以，今天就開始吧！大膽地想，大聲地說，堅定地要，讓宇宙知道你的渴望，然後全力以赴迎接屬於你的奇蹟！

作者給宇宙下的訂單

親愛的宇宙，

我已準備好全然接納您賜予我的豐盛與美好！

我擁有健康強壯的身體，充滿活力，每一個細胞都煥發著生機，我的身心平衡，內外和諧！

每日我都沉浸於喜悅與寧靜之中，笑靨如花，悠然自得，感激每一刻的饋贈！

家，是我幸福的港灣，滿載愛與理解，家人相互扶持，並肩前行，共繪溫馨生活的畫卷！

財富如泉湧般湧入我的生活，我將實現財富自由，生活富足，盡享給予與分享的歡愉！

同時我擁有絕對的時間自主權，隨心規劃人生旅程，一切順應自然，與我的節奏完美合拍！

我活出了真我的風采，自在而圓滿，順應天命，隨波逐流，每一天都意義非凡，每一刻都洋溢著愛！

感謝宇宙的回應，一切已然實現，並且比我想像得更加美好！

——我已下單，感謝並期待宇宙的奇蹟安排！

生命如同一場旅程，
其意義不在長度，
而在於厚度與高度

Chapter 7

第七篇

安養關懷
超越生死

第1章：

真愛，療癒一切

「我是一切的根源，愛是一切的答案。」真愛，可以療癒一切。真愛是一種深刻無私、無條件的關心和愛護，它超越了膚淺的物質利益，更多的是對對方的尊重、理解和接納。真愛不僅僅是浪漫的情感，更是一種責任和承諾，是一種願意為對方付出，甚至犧牲自己的情感。它不止是一種情感上的喜歡，更是一種深刻的、超越物質的、持久而穩定的情感。

天意憐幽草，人間重晚晴。年長的老人家到底需要什麼？首先是身體健康和心情愉悅。要幫助老人養成定期體檢的習慣，避免把小病拖成大病。老人自己也要培養正向積極的心態，心情好了身體才會更健康。其次是子女和親朋好友的陪伴關愛。子女工作之餘應儘量陪伴父母，離得遠的也要經常打電話問候，讓他們感受到關心。親密關係也很重要，「少年夫妻老來伴」，老了有個伴相互照顧，溫暖又幸福。再者就是需要社會的關心關愛，實現老有所養、老有所依、老有所樂、老有所安，安享穩穩的美好與幸福。相信愛能療癒一切，愛能超越生死。

○用愛陪伴老人的晚年

年長的銀髮族曾經對社會作出過貢獻，又為了子女操勞一生，進入老年更應受到社會和子女的尊重和關愛。在社會人口迅速老化的今日，我們更該思考如何才能做到對老人真正關愛。有人說，子女應該多關心長輩，常回家探望，或常打電話聊聊天，經濟條件許可下應該接父母同住或住得近一些方便照料。還有人認為，關愛年長者是全體群眾的社會責任，應從關注銀髮族居家養老、醫療保障和長照護理，以及協助長者適應數位時代，給予他們更多關愛。

＊希望子女常回家看看

其實老人家要求兒女做的並不多，無非是有空常回家看看他們。父母與兒女之間，都希望彼此能過得好，然而由於年輕人的工作需要，有時往往做不到十全十美，但求親子相互理解就好。願每個家庭和睦相處，幸福美滿！

＊希望年輕人幫助老年人跟上時代腳步

尊老敬老是年輕一輩真正回到家中親自瞭解長輩的所想所需，耐心聽他們講話，從心裡理解他們的需求，幫助他們適應新的事物，而不是只管吃飽穿暖就好。希望年輕人在家多跟父母溝通交流，少刷手機，多教教身邊的長輩使用智慧型手機上網學習，跟上時代的腳步。

＊希望得到更多的陪伴

為人子女者，滿足父母的物質生活需求是盡孝，而時常陪伴，能讓長者孤獨空虛的精神生活變得充實起來，更是一種孝道。多陪他們

說說話，讀讀書看看報，聊些國內外新近發生的生活時事，與他們一起回顧他們過往的榮光。能走動的，可以陪他們散散步。這樣老人家一開心，病痛都少了。

＊幫助老年人做好心理建設和知識教育

由於銀髮族面臨生理上的衰老變化和外界環境的變遷，在思想上、情緒上、生活習慣上和人際關係方面，均會產生程度不一的心理變化。社會與家庭必須切實幫助長者做好心理建設，正確評估老年人的自我狀態。在加強對老年人身心健康知識教育的同時，更應該培養老年人成熟、健康的心理素質。強大而健康的心理建設是預防老年疾病的重要方法之一。

＊尊其所願，順其所好

「孝子之養老也，樂其心，不違其志。」意思是最理想的盡孝道方式，是尊重長輩的意願，讓他們感到快樂。然而在現實生活中，我們往往忽略了這一點，以為給了老人家優渥的生活條件就是盡孝，其實並不足夠。關愛長輩，一定尊重他們的意願，要多溝通，瞭解他們的想法和需求，然後順其喜好，在不違背道德法規的基礎上，盡可能實現他們的願望，使他們享受快樂。

＊關愛老年人的情感需求，維護他們的尊嚴

老年人在家庭中處重要地位，是大地和根基，是家庭的穩定和諧的能量，所以說家有一老，如有一寶。

不少年輕人嫌棄老人家思想落後，與現代生活脫節；總喜歡對父母指指點點，要求父母按照自己的想法改變生活習慣，殊不知這種

行為已經打亂了家庭能量的排序，讓家庭關係變得混亂。維護家庭能量，讓老人回歸中心的地位，則能為子孫累積福報，廣結外緣，造福整個家族。

＊子女如何在家庭中關愛父母

「孝順」是一種人類的智慧，是倫理道德的首要原則，也是人類的一種傳統美德。它展現出對長輩的尊敬和關愛。

真正的「孝順」顯現在以下幾點上：

1.傾聽父母的心聲

在忙碌的生活中，我們要學會傾聽父母的心聲。當他們談及往事，我們要耐心傾聽，給予關愛和安慰。這樣，父母才能感受到家庭的溫暖，心靈得到寄託。

2.陪伴父母度過重要時刻

生活中，總有一些重要時刻需要和家人共同度過。子女應儘量抽出時間，陪伴父母度過這些時刻，如生日、結婚紀念日等。這樣的陪伴，能讓父母感受到家的溫馨。

3.尊重父母的意願和選擇

尊重是家庭和諧的基石。我們要尊重父母的意願和選擇，讓他們在晚年生活中擁有自主權，享有自己喜歡的生活。

○ 理解是最貼心的陪伴

　　由於對長輩的不瞭解，常使人在接觸長者後感到手足無措、語無倫次，幸而在一次次醫生的叮囑、護工的扶助與更多長輩慈愛的寬容和諒解下，我們逐漸懂得如何與一個老人家開啟話題，透過一些細節、習慣的觀察推測出長者感興趣的事或需求，看懂何時他們需要休息，瞭解臨終長輩生活的枯燥和心靈的孤寂。

＊走入老人內心

　　在陪伴長者的過程中，逐漸走入他們的內心的世界，儘管曾終身與書籍為伴，如今老人已耳聾眼花，再也讀不了一個字；曾經建功立業的老人現癱瘓在床，出不了門。臨終也是一種特殊的生活型態，透過陪伴消除老者生命中的孤獨，體驗從出生到死亡之生命中的美好。願每一位老人家都能從容安穩的走完這段人生旅程。

＊安養關懷，是一種真切的愛

　　何妨推著輪椅，聽老人說從前的故事。也許他們垂垂老矣、齒牙不全，說出來的話語並不清晰，然而仔細聆聽辨別，竟然有一種久違的安定感。老人家時而緘默，再想想他們過去的故事，總讓人內心不由得一陣感慨。他們只是渴望被人理解，但現在老去的他們步伐已和這個繁華的時代格格不入。其實他們的要求是那麼簡單，幾個小時的陪伴就能讓他們笑逐顏開。

＊願我們化作一道光，溫暖可愛的老人

　　生與死，本來就不是我們自己可以決定的。我們能做的，不過

是熱鬧的來，平靜的去。有的老人家面對生命已經看開了，有的只能自己騙自己，有的沉浸在阿茲海默症為他們編織的世界裡，或焦躁不安、或幸福安穩。無論如何，我們都希望能盡自己微薄的力量幫他們平和有尊嚴的離開人世。臨終關懷並不是一件多麼偉大的事，只要你帶著愛心，就能成就。

有時，當我們看著老人家望向窗外不發一語的神情時，會覺得他們其實是神智清醒的，只是因長時間得不到關愛而變得越來越沉默而已。以溫暖的言語打開他們久閉的心扉，讓我們用無微不至的關懷慰問病入膏肓的他們，讓老人們憔悴的臉龐浮現一抹微笑，實現一次心與心的觸碰，一種生命與生命的陪伴。

○從各方面無微不至的關懷老人

關懷引導老年人積極地面對生活，保持樂觀心態，讓老人家相信自己能度過一個美好的晚年。引導長者培養自己的興趣愛好，如養花、釣魚、書法等，讓生活充滿樂趣，充實內心。引導長輩學會傾訴表達，與家人、朋友分享自己的喜怒哀樂，減輕心理壓力，增進感情。

1.積極認識高齡化與衰老

老年人必須不斷強化自我的保健意識，學習監護自身的健康知識，掌握自身的健康管理技巧，以期對疾病早期發現，並依規範治療，如遇疾病的中晚期，則盡可能以維持功能為主。

2. 合理膳食，均衡營養

老年人飲食要定時、定量，每日食物品種應包含糧穀類、雜豆類、薯類（粗細搭配）、動物性食物、蔬菜、水果、奶類、乳製品以及堅果類等，並控制烹調油品和食鹽的攝入量。建議老年人三餐兩點，一日三餐能量分配為早餐約30%，午餐約40%，晚餐約30%，上下午各加一次零食或水果。

3. 適度運動，循序漸進

老年人最好根據自身的情況和愛好選擇輕中度運動項目，如快走、慢跑、游泳、舞蹈、太極拳等。上午10～11點和下午3～5點為最佳運動時間，每次運動時間以30～60分鐘為宜。

4. 及早戒煙，限量飲酒

戒煙越早越好。如飲酒，應當限量，避免飲用45度以上烈酒，切忌酗酒。

5. 保持良好睡眠

每天最好午休1小時左右。如果長期入睡困難或有嚴重的打鼾與呼吸中止症狀，應及時就醫。如使用安眠藥物，請遵照醫囑服用。

6. 定期自我監測血壓

量測前應休息5分鐘，避免情緒激動、勞累、吸煙、憋尿。每次測量兩遍，相互間隔1分鐘，取兩次的平均值。高血壓患者每天應至少自測血壓3次（早、中、晚各1次）。對可能發生的清晨高血壓狀況應心生警惕，防止心肌梗塞和腦中風；同時應避免血壓過低，特別是用藥不當所致的低血壓。

7. 定期監測血糖

老年人應該每1～2個月監測血糖一次，不僅要監測空腹血糖，還要監測餐後2小時血糖。糖尿病患者血糖穩定時，每週至少監測1～2次血糖。對年長的糖尿病患者而言，血糖的控制目標應適當放寬，空腹血糖＜7.8mmol／L，餐後2小時血糖＜11.1mmol／L，或糖化血色素（HbA1c）水準應控制在7.0%～7.5%即可。

8. 預防心腦血管疾病

老年人應保持健康的生活方式，控制心血管與腦血管疾病的危險因素。如控制油脂、鹽分的過量攝入，適度運動，保持良好睡眠，定期體檢，及早發現冠狀動脈心臟病和腦中風的早期症狀，及時治療。

9. 留意腦中風的早期症狀，及早送醫

如果發覺老年人突然出現一側面部或肢體無力或麻木、偏盲、語言不利、眩暈噁心、嘔吐、複視等症狀，必須立刻撥打急救電話，緊急送到醫院救治。

10. 重視視聽功能下降

避免隨便挖耳朵，少喝濃茶、咖啡，嚴格控管耳毒性抗生素（如慶大黴素、鏈黴素等）的使用，力求相對安靜的生活環境。當長者聽力下降嚴重時，應及時前往醫療機構檢測，必要時應佩戴助聽器。同時定期檢查視力，一發現視力下降便及時就診。

11. 重視口腔保健

堅持飯後漱口、早晚刷牙，合理使用牙線或牙籤；每隔半年進行1次口腔檢查，及時修補齲齒並鑲補缺失的牙齒，以儘早恢復咀嚼功能。

12. 預防跌倒

90%以上的老年人骨折是因跌倒所引起，因此長者平時應保持適度運動，並佩戴合適的眼鏡以改善視力，避免單獨外出和前往擁擠的環境，室內物品的擺放應整齊有序，並增加照明，保持地面乾燥平整。

13. 預防骨關節疾病和骨質疏鬆症

注意膝關節保暖，避免關節運動過度，儘量少下樓梯，適當控制體重以減輕下肢關節負擔。增加日曬時間；並提倡富含鈣質與適量蛋白質的低鹽均衡飲食，透過步行或跑步等運動適度提高骨質強度。

14. 預防壓力性尿失禁

留意避免使腹壓升高的行為模式與生活習慣，如長期站立、蹲位、負重、長期慢性咳嗽、便秘等。

15. 保持良好心態，學會自我疏導

一旦發覺老年人出現失眠、頭痛、眼花、耳鳴等症狀，且心情壓抑、鬱悶、坐臥不安，提不起精神，為一點小事提心吊膽、緊張恐懼，對日常活動缺乏興趣，常常自卑、自責、內疚，處處表現被動和過分依賴，感到生活沒有意義等或心情煩躁、疲

乏無力、胸悶、睡眠障礙、體重下降、頭暈頭痛等憂鬱症早期症狀一有出現，要及時就診，由專科醫生進行必要的心理輔導和藥物治療。

16.預防阿茲海默症的發生發展

阿茲海默症多數病發於65歲之後，病患的主要表現為持續產生記憶、語言、視覺空間障礙及人格改變等變化。老年人一旦出現記憶力明顯下降、近事遺忘明顯等早期症狀，要及早就診，預防或延緩阿茲海默症的發生發展。

17.合理用藥

用藥需嚴格遵守醫囑，掌握適應症、禁忌症，避免重複用藥、多重用藥。不濫用抗生素、鎮靜睡眠藥、麻醉藥、消炎止痛藥、抗心律失常藥、強心藥等。不輕易採用秘方、偏方、驗方、新藥等。用藥期間若出現不良反應，可暫時停藥，及時就診。

18.定期體檢

老年人每年應至少做1次體檢，務必特別留意異常腫塊、腸道出血、體重減輕等癌症的早期危險信號，一旦發現異常，應前往腫瘤專科醫院就診，到正規醫院進行癌症治療。早期發現，早期治療，能提高治癒機率，降低重病風險。

19.外出隨身攜帶健保卡

除隨身攜帶健保卡，以便於意外發生時急救人員能確知患者身分，對患者患有哪些疾病、就醫紀錄、是否有藥物過敏等救援

須知能迅速掌握，必要時民眾還能主動在健保卡內註記DNR（拒絕心肺復甦術）或器官捐贈意願等符合個人期待的特殊事項。

20.積極鼓勵長者參與社交

鼓勵長者視自身狀況參加有益身心健康的體育健身、文化娛樂等活動，建立適當的人際互動，培養健康的生活方式。

第 2 章：

安養關懷 讓最後一程充滿愛與溫暖

生老病死，是人類的自然規律。而對於身患絕症或瀕臨死亡的病人，如何使他們能正確認識死亡和生命的存在，如何在有限的時間內減輕痛苦，安度餘生，這是醫學界乃至全社會面臨的新課題。安養關懷[1]不等於放棄所有治療，是給予緩和治療以減輕患者的痛苦。當生命進入倒數時，人的生命寬度應該比長度更有意義，而我們所做的就是提高一個人在世最後階段的生存品質！

○家人給予患者的親情支援，是任何感情無法替代的

家人大可積極參與照護患者的日常工作，如餵食、擦身、按摩等。哪怕患者進入臨終前常有的睡眠狀態，家屬只須在病床前陪伴靜坐，也能讓患者感受到來自家人的關愛，避免產生被遺棄的孤獨感。

安養關懷（安寧療護）是每個人的權利！患者和家屬的情緒都非常重要，所謂的安養關懷重要的是全家人的陪伴照護。要做到患者善終，患者和家屬之間的情感交流是旁人所無法替代的。

---
[1]「安養關懷」即所謂的「安寧療護」，是專為末期病人提供的臨終照護服務。

安養關懷的核心內容

1. 關懷：在醫護人員的指導下，臨終者家屬透過精心照顧以減輕患者病痛，滿足身體所需的基本需求與呵護，提高患者的生存品質。

2. 心關懷：為臨終者建立一種信念，以減輕其恐懼、不安、焦慮、埋怨、牽掛等心理，令其安詳、舒適地面對死亡。

3. 靈性關懷：回顧自然生命的意義或以信仰論述建立生命的價值觀，引導臨終者永生，與更高維度的世界建立聯結，讓死亡不再是一種結束，而是另一種新生的開始。

安養關懷的要點

- 以照料為中心

    對臨終病人而言，治癒的希望已變得十分渺茫，而最需要的是使患者身體舒適、控制疼痛、生活護理和心理支援；因此，目標由治療轉為對症狀的處理和護理照顧為主。

- 維護人的尊嚴

    患者儘管處於臨終階段，但個人尊嚴不應因生命活力降低而遞減，個人權利也不可因身體衰竭被剝奪，只要尚未進入昏迷階段，患者就仍具有自己的思想和感情，醫護人員應維護並支持其個人權利；如保留個人隱私和自己的生活方式，患者有權參

與醫療護理方案的制定，並選擇自己的死亡方式等。

・提升臨終生活品質

有些人片面地認為臨終就是等待死亡，生活已沒有價值，這樣也會使病人變得消沉，對周圍的一切失去興趣；甚至，連一些醫護人員也這樣認為，表現出冷漠的態度、言語生硬、動作粗魯，不知該如何面對患者。然而，臨終也是生活，是一種特殊的生活型態，所以正確認識和尊重病人最後的生存價值，提高其生活品質是對臨終病人最有效的服務。

・共同面對死亡

有生便有死，死亡和出生一樣是客觀世界的自然規律，是每個人都要經歷的事實，正是死亡才使生顯得更有意義。而臨終病人只是比我們早些面對死亡的人。死賦予生以意義，死是一個人在人世的最終一程；所以，我們要珍惜生命、珍惜時間，要迎接挑戰、勇敢面對。與患者共同面對死亡，讓患者充滿內在力量，使生命最後一程能走得安祥、體面、有尊嚴。

◦用愛減輕身心痛苦

在臨終階段，病人除了生理上的痛苦之外，更重要的是對死亡的恐懼。美國的一位安養關懷專家就認為「人在臨死前精神上的痛苦大於肉體上的痛苦」；因此，一定要控制和減輕患者身體上的痛苦的同時，做好臨終患者的心理關懷。

病人進入瀕死階段時，很可能會開始出現心理否認期，這時病人

往往不承認自己病情的嚴重，否認自己已病入膏肓，總希望有治療的奇蹟出現以挽救死亡。當病人得知病情確無挽救希望，預感已面臨死亡時，則進入到死亡的恐懼期，表現為恐懼、煩躁、暴怒。當病人確信死亡已不可避免，而且瞬間即來，此時病人反而能沉靜地等待死亡的來臨，也就進入了接受期。

因此，當死亡不可避免時，病人最大的需求是安寧、避免騷擾，親屬祥和地陪伴，給予精神安慰和寄託，對美（如花、音樂等）的需求，或者有某些特殊的需要，如寫遺囑，見見最想見的人等。病人親屬都應盡量滿足這些病人，給予精神上的安慰和照料，使他們安祥地度過人生的最後時刻。

心理支持和人文關懷

提供心理支持的目的是以適當地溝通技巧跟患者建立彼此信賴的關係，引導患者面對接受疾病狀況，幫助患者的情緒應對，鼓勵家屬參與並尊重患者的意願，使患者保持樂觀順應天命的態度迎向生命終結，能舒適、安詳、有尊嚴地離開人世。

1.心理支持

一個人在知道自己不久人世時，驚慌、恐懼、悲傷等情緒隨時可能產生。安寧療護照服人員可透過患者的表情、言語、姿勢、行為等瞭解患者的心理狀態行為，理解患者的苦悶恐懼，同時，透過與患者交流瞭解其心理需求與意願，幫他們緩解不安的感受，適應臨終這個突發事件。

2.社會支持

　　終末期患者基本上已脫離社會，人際關係改變，易導致患者感到無法得到足夠的支持，安寧療護照服人員必須關心、愛護末期患者，瞭解患者的心理需求變化，引導患者認識人生旅程的終結不是生命的結束，而是另一個開始。鼓勵社會工作者和志工加入長照安養關懷工作，獲取社會資源滿足患者的需求，鼓勵家屬學習陪伴與照護的技巧，及時表達對患者的關懷，使患者感受到外界的關心與支持，盡力滿足患者的希望和要求，使他們得到精神上的寬慰和安撫。

3.精神撫慰

　　終末期患者常常會思考「為什麼我會得這種病？」、「我的生命有什麼意義？」、「我還有一些心願沒有完成……」等問題，此時，他們往往需要找到一些精神上的寄託。有些患者會因為自己時日不多，期望與親友和解告別，得到寬恕與安慰，並期待在自己熟悉的環境與親人陪伴下安然離世。安寧療護照服人員可透過傾聽、同理、冥想等撫慰方式緩解患者的精神困擾，包括協助患者在生命末期尋求生命的意義、自我實現、給予愛與寬恕等。

4.生死觀教育

　　安寧療護照服人員可透過死亡教育普及正確的生死觀，幫助人們理解如何面對死亡，接納生死乃人類生命必經的自然歷程，消除人們對死亡的恐懼與焦慮，協助患者坦然面對死亡。

5.哀傷輔導

　　末期患者離世後，患者的親屬的哀傷將達到高峰，部分家屬難以接受喪親的事實，無法適應喪親後的環境改變，可能出現嚴重的焦慮、煩躁、憤怒，甚至自毀行為。安寧療護照服人員可經由與家屬交流溝通，給予生死觀教育，聆聽並引導家屬抒發宣洩情感，藉電話、郵件或探訪的方式，與家屬保持聯繫，有技巧的協助患者家屬擺脫喪親之痛，恢復正常生活。

○症狀控制

　　末期患者具有疼痛、呼吸困難、厭食、吞嚥困難、噁心、嘔吐、便秘、無力、昏迷和褥瘡等不適症狀，使患者在身體上遭受極大的痛苦。因此，末期患者常見的症狀控制護理是安寧療護的核心內容，也是心理、社會、精神層面的照護基礎。安寧療護經由症狀管理措施緩解末期患者的症狀負擔，減輕痛苦，竭盡所能地提高患者的生活品質。

○舒適照護

　　隨著死亡的腳步逼近，末期患者的症狀更加惡化，可能出現呼吸困難、喉中痰鳴、神志不清、指甲蒼白或發紺、出冷汗、手腳冰冷等症狀。因此，為末期患者提供舒適的照護是安寧療護服務不可缺少的一部分，這樣的舒適照護包括：環境床位的管理、口腔護理、腸內外

營養護理、靜脈導管維護、留置導尿護理、會陰護理、協助沐浴或床上擦浴、床上洗頭、協助進食飲水、排尿排便異常照護、臥位護理、體位轉換、輪椅輔具的使用等。

○安養關懷是生理和心理的雙重慰藉

不論是病人還是家屬，都能從安養關懷（安寧療護）中獲得極大的安慰與解脫。這也是安養關懷的主要內容與作用之一：不僅僅是改善病人的生理狀況，也改善病人及其家屬的心理狀況。

死亡是一連串摧毀的過程，它摧毀當事人的人性和尊嚴，更可能瓦解人們的勇氣與信心。安養關懷要做的，就是舒緩那個瓦解的過程──不論是生理還是心理，以最大限度保有人們的尊嚴。

1. 最好的尊重就是臨終時免受痛苦

    如果透過醫學治療，能使長者恢復正常的日常生活，那麼就可以考慮安排患者住院治療，但一切都得以尊重患者本人的意願為前提，在老人不失尊嚴的情況下進行。相反地，如果僅僅是為了保全生命、只追求「活著」，而不惜犧牲患者的生活品質及尊嚴，那麼選擇不積極治療也是一種權宜的選項。

2. 以更高生命品質活到終點

    安養關懷（安寧療護），並非意味著不搶救，而是採取一些能減輕病患痛苦的常規輔助治療手段，如鎮痛藥，力所能及幫助

臨終患者減輕疼痛，提高生活品質，讓他們在僅有的時間內，過得安詳、舒適。

3. 盡心陪伴，給患者心理上的安撫

臨終患者，不但存在對生命有渴望，還有對死亡的恐懼，使他們的身心飽受折磨。這段期間若有親人陪伴左右將能極大程度的緩解他們的孤寂感，有家人傾聽他們的不安，滿足他們最後的心願，能為人生的最後一段路留下最美好的回憶。當生命即將走到盡頭，坦然而有尊嚴地離去是對生命最大的尊重。

讓人類的生命哭著降臨，笑著離開。讓逝者有尊嚴且體面的逝去，最終進入安然的境界；讓在世的人感到釋然、得到慰藉。用質樸的方式和溫柔的心成就生命最後一刻的光輝。

生而為人，每個人都希望「生如夏花之絢爛，死若秋葉之靜美」。然而往往在生命的最後，大部分人需要面對的不是靜美，而是病痛的折磨或是對死亡的恐懼。路過人間去往天堂，是每個人出生後必須要經歷的旅程，讓飽受病痛的患者感受到陪伴和溫暖，減輕對死亡的恐懼，安養關懷是對生命的尊重與愛。安養關懷（安寧療護）的核心宗旨是——當一個人已經無法避免地走向死亡，任何治療都無法阻止此一過程時，應減緩病人因疾病症狀所帶來的痛苦，提升病人的心理和精神狀態，讓生命的最後一程走得完滿有尊嚴。

安養關懷（安寧療護）的真正意義和宗旨在於為臨終患者提供全面的身心靈關懷，確保患者在生命的最後階段獲得尊嚴、安寧與舒適，而不僅僅是延長生命。

　　安養關懷（安寧療護）的核心理念是「尊嚴、疼痛控制、心理支持、家庭支持」，它著重的不僅是病理上的治療，更是患者在身心層面的整體支援。

　　安養關懷（安寧療護）的真正意義在於使患者以最佳方式度過生命的最後階段，使他們的死亡過程盡可能平靜、有尊嚴、避免痛苦。它是對生死的深刻理解，是對生命的另一種珍視和安慰。

第 3 章：

正念，衝破生死迷霧

　　人死之後會經歷什麼？死後的世界是什麼樣子？死亡，是另一種轉化和延續，實際上，這個人並沒有「死」，他只是進入了另一種高維世界生存。人死後，身體結構的頻率會改變，你將重新為自己創造一個更高維度的身體，你依然可以行走，可以做事。死後的世界和活著的時候沒有太大區別，只是頻率結構不同。

　　《聖經·約翰福音》第12章第24節說：「我實實在在地告訴你們，一粒麥子不落在地裡死了，仍舊是一粒，若是死了，就結出許多子粒來。」唯一能夠被埋到土裡的是「粒子」，而真正的你就是結出許多的子粒還會繼續「存在」。一切都是能量，能量永存，能量永恆，只是會發生轉化。

○死亡是一種轉化與延續

　　死是人類的終極歸宿，卻也是人類的終極恐懼。人類總是在反抗自己的宿命，從結果看，這似乎註定只是徒勞；然而，如果沒有反抗，人類就成了行屍走肉。在死亡面前，相比那個必然要到來的結果，人類為了活著而付出的諸多努力顯然更有意義。如果活是圓滿而充實的，那麼死其實就是完成生命之不可或缺的一部分。

死亡直逼人的精神世界最核心、最隱密的部分，可以說穿透了時間、地域和時勢的變化，不同地區、不同時代的人們，在死亡面前其實很難有太大差異，甚至在某種程度上可以這麼說，死亡的話題其實是超越歷史或非歷史的。不過，死亡自然又包含了縱深，死亡讓生命變得緊迫，讓時間獲得意義，讓未來充滿神秘，關於死亡的討論仍然可以由此獲得超越時間性的永恆意義。

生與死，是每個人都無法迴避的話題。從呱呱墜地的那一刻起，生命便如同一條長河，奔流向前。而死亡，則是這條河流注入大海的必然歸宿。然而，面對死亡，人們往往充滿恐懼與逃避，甚至談「死」色變。其實，唯有直面生死，方能超越生死，找到生命的真正意義。

人們如何對待死亡，就將如何對待自己的生命與生活。關於死亡，我們總是有太多的話要說，然而對死後的我們，其實一無所知。人們在通往天藍色彼岸的路上，尋找著救贖，尋找著釋放。其實，死亡並不如我們所想像的那麼可怕，可怕的是我們誤解了它。死亡並不是生的對立面，而作為生的一部分永久存在。不論生命以何種形式來過又離去，終將留下應有的痕跡與意義。

死是生命的一部分，就像落葉歸於塵土，然後又轉化為樹木的養分，重新長出新的葉子。

○善終的定義與價值追求

✽什麼是善終？

　　善終，顧名思義，是指在生命的盡頭，以一種安詳、平和、有尊嚴的方式離世。它不僅僅是醫學上的無痛與舒適，更是一種心靈的圓滿與從容。善終並不意味著一帆風順的人生，而是能在生死轉折處坦然接受命運的安排，帶著愛與祝福告別人世。善終就是真正意義上尊重生命，善待生命，不加速也不延緩死亡的到來，更不是在死亡來臨前提前用極端的方式去了結它。來時不虧欠生你的人，走時不連累你生的人。

✽善終的價值追求

　　善終的價值體現在三個方面：

①生前的圓滿：善終需要我們在生前修善積德，與人和善，完成未竟之事，放下未解的執念。這樣，離世時才能無怨無悔，無牽無掛。

②離世的尊嚴：每個人都有權利選擇有尊嚴地離世。這包括醫學上的緩解痛苦、心理上的安撫，以及文化習俗上的歸屬感。

③給親人的祝福：善終不僅僅是個體的追求，也是一種對親人負責的態度。安詳離世可以減少親人的心理負擔，讓他們在悲傷與安心中體會到愛的延續。

生命的意義與生死關係的認知

✽生命的意義

生命如同一場旅程,其意義不在長度,而在於厚度與高度。

①享受當下:生命的短暫提醒我們珍惜每一刻,享受陽光、雨露、親情與友情。活在當下,才是對生命最大的尊重。

②奉獻與給予:生命的意義在於我們為他人帶來的溫暖與價值。正如蠟燭燃燒自己,照亮他人,生命的光輝正體現在無私的奉獻中。

③自我成長:生命的過程亦是一個不斷完善自我的過程。從無知到覺知,從自私到無私,從自我到無我,我們通過一次次的經歷與考驗,讓生命更加豐盈。

✽生死關係的認知

生與死是一個完整的迴圈,二者密不可分。

①生是死的起點,死是生的回歸:生命的起點是生,終點是死,而死又孕育著新的生機;正如樹葉凋零化為春泥,死亡是一種轉化,而非終結。

②生死無常:生命的本質是無常。接受生死的無常,便能在變化中找到內心的寧靜。「生而不有,為而不恃」,順應自然之道便能從容面對生死。

③死亡是一面鏡子:死亡讓我們重新審視生命的價值。當意識到

生命終將結束時，我們會更加珍惜當下，更加努力地活出自己想要的樣子。

◦ 直面生死，超越生死

＊ 如何直面生死？

①接受死亡的必然性：死亡是每個人必經的過程，正如日出必有日落，春去必然秋來。接納死亡，才能減少對其的恐懼。

②培養正念的生死觀：學會在生活中與「死亡」共處，比如通過閱讀、冥想、親近自然等方式，深入思考生死的真相。

③為死亡做好準備：善待他人、修練身心、妥善安排後事，這些都是直面死亡的重要步驟。為死亡做好準備，不是消極等待，而是積極創造一個有意義的生活。

＊ 如何超越生死？

①信仰的力量：無論是信仰還是哲學思考，都可以幫助人們超越生死。信仰讓我們相信生命的延續性，以及死亡只是通往另一個維度的橋樑。

②無我的境界：修練「無我」，超越對自我的執念，才能超越對生死的恐懼。人生如夢幻泡影，如露亦如電，應作如是觀。

③活出永恆：即便生命有盡頭，但我們的善行與影響卻是永恆的。活出自己的價值，將愛與溫暖傳遞下去，就是一種超越死亡的方式。

生死是每個人生命中最深刻的命題，而善終則是解開這個命題的答案。通過接受死亡的必然性、認識生命的意義、直面生死的本質，我們才能以從容的姿態走完人生的最後一程。善終不僅是一種智慧，更是一種修養，是對自己生命的尊重，也是對他人生命的祝福。讓我們珍惜當下，活出自己，坦然迎接生與死的交替，在有限的生命中，找到無限的意義！

死亡不是結束，是另一種開始

　　生命是一幅畫卷，我們往上面畫什麼，人生就是什麼。我們的心就是那支筆，要用它來畫出美麗、健康、充滿希望和意義的人生。

　　無常的現實是殘酷的，對無常沒有準備則會更加痛苦。世人避諱死亡，而修行人以死為師，正是因為看清了無常的真相，才會知道死亡並非永恆的離別，生命會隨著業力呈現為新的形態。

　　親友的離世，是人生最大的苦，但也是每個人都會遇到的。一方面我們要正確的認識死亡，另一方面要找到生活的希望。對於認為「人生在世就只有這短短一生」的人而言，病痛是折磨，死亡是令人恐懼而無奈的結局；但若相信並接受無限生命的概念，則能大大地緩解恐懼之心，心靈若能平靜，肉體上的痛苦也會減輕。

　　生老病死是每一個人都得經歷的過程，不會因為我們擔憂害怕或無視而遠離。即使沒有特殊的疾病，每個人也隨時可能面臨死亡，冷靜下來想想，親朋好友身邊是否都曾遇到意外降臨？其實無常就在我們身邊，只是大多數人選擇有意無意地忽視它、忘記它。正念生死

觀，教我們如何在無限的生命中一生過得比一生好，直至圓滿。

應當正視死亡、認識死亡，為死亡做好準備，死亡並不是生命走到了盡頭，而是另一種生命的開始。就算害怕死亡，死亡也不會因此離開；但珍惜當下、勤修福智，能夠讓生命在現在與未來不斷提升維度，這才是面對死亡應有的心態。死亡並非永別，親人會以其他的面貌開始新的生命。對我們來說，珍惜這一生的善緣，最好的方法莫過於好好修行，用自己的力量去利他、利世界。

什麼是成功，取決於自己的生死觀、世界觀、人生觀、價值觀。很多人把「人生」理解為這一世的生存，而此生的最終歸宿便是死亡，所以人們竭盡所能地追求有生之年的快樂；然後，又把「快樂」定義為滿足這個身體，吃好、睡好、玩好；而滿足這些享樂的直接途徑似乎是財富、地位，所以人們拼命為了名利而掙扎。何妨看得遠一點，更容易走好腳下的步伐。人生最大的苦莫過於死亡，在死亡面前，一切榮華富貴都將失去勢力，一切名譽虛榮都蒼白可笑，一切成敗得失都如夢如幻；反過來說，一切內憂外患與死亡相比，也都不算什麼，我們應該做的是在死亡面前真正有價值的事。

其實，每個人都會面對死亡，所以我們必須正視它，瞭解它，而不是迴避它。害怕是因為無知，瞭解生死的真相後，死就沒什麼可怕的了。死亡不是結束，是另一個開始，而我們現在可以為更好的新生做準備。

第 4 章：

無我，用智慧照亮一切

人生的痛苦和煩惱，很大部分都是我們的「自我」在發揮作用，使發酵之後的痛苦變得更加濃烈、持久。而「無我」則能令我們少受損傷，無我，即是用智慧照亮一切。

○自我的負面作用機制有哪些

1. 過多地關注過去和未來

憂鬱是對過去已經發生的事實產生悲傷的情緒，焦慮是對未來可能發生的危險產生恐懼。當自我過度使自己的思維停留在過去與未來，便使得負面情緒出現很多滋生的機會。

「過去如果不是這樣，該多好啊！」、「未來如果發生這樣的事，我可怎麼辦啊？」仔細想想，大多數人思考這兩個問題的時間，遠超過自己的想像。對未來有太多擔憂，讓眼下的我們不得不焦慮，對過去有太多不甘，於是遺憾、後悔。不論是擔憂未來或悔恨過去，都是讓我們的思維沉浸在負面情緒之中。

2. 過多地自我投射

自我的另一種負面的作用機制，是容易把生活中一些本與自己無

關的事,聯想到自己身上,感覺對方針對自己。而如果一個人不覺得他人的所作所為是針對了自己,可能連他人蓄意的負面評價也可以一笑置之。無我,能讓我們在世間免受不必要的傷害。

3.僵化的自我認識

有些人習慣給自己「貼標籤」,這樣的人難免容易被自己身上的標籤綑綁束縛,比如相信自己不受歡迎、或相信自己必須成為某種樣子等。每個人身上或多或少都會存在一些關於自我的僵化思維,這些思維方式很可能在無形中限制了自己的個人發展,甚至可能導致你錯過重要的人生機遇。

○小我、高我與無我

世界上只有兩種人:一種是「我」,一種是「他」。

人活一世,不過就是要學會如何面對天、面對地、面對人、面對事。在面對各種各樣的人的時候,往往有四種態度:一是有我無他,二是我多他少,三是他多我少,四是有他無我。

人們要想做到「無我」的至高境界,就必須先做到——眼中有「他」、心中有「他」、行中有「他」;有他才能無我。

現實中人們對待眾生的態度卻大多都是「有我無他」。也就是說,人們大多都是優先想到自己的利益感受,而忽略、無視,甚至踐踏他人的利益感受。這就是所謂人性的自私,無可厚非。然而當有一天人的認知提升,格局變大,想為他人為社會做點貢獻的時候,情況

就變了，不一樣了。

「無我」是通過眼中有他、心中有他、行中有他，所修行得來的。當你可以逐步做到心中有他、行中有他的時候，慢慢也就可以學會如何與人和諧共贏地相處。自洽和有「我」，是人類的生存本能，而「無他」卻不是人類的本能。

自我修行，應該從「有我無他」開始，經過「我多他少」和「他多我少」，最後才達到「有他無我」的修行境界。

怎麼做才能到達人生的更高境界，到達「無我」的境界呢？

第一步，人不能太「有我」，也不能太「無他」。

太有我，就是太自私自利；太無他，就是太目空一切。

假如一個人過於自我、過於驕傲自滿、無視他人，他很容易就會變得故步自封、志得意滿，而人的智慧與靈感是需要開放、流動、包容的。

第二步，當心中有他、行中有他的時候，不能太無我。

每一個人都要生存，都要自我養活自己，這就註定了「無我」的境界很難一步到位。但這並不妨礙人們，由一到二、由二到三般地逐步修持自我。

第三步，超越自我，實現無我。

人只有先成就小的自我，才能更好地追逐廣大的他我。

無我，不是沒有自我，而是脫離了低級趣味的狀態，投身到了更加偉大、更加高尚、更加有意義的事情中的狀態，即高我。偉大的人

可以「無我」，平凡的人也可以「無我」。

古人云：「一陰一陽之謂道。」一大一小也是道。萬物皆有大小兩極，「自我」也有大小兩極。立足小我、追逐大我，方能成就無我。小我就是自我，大我就是高我，有他也有我，然後才能成就無我。

有些人即使坐擁天下、或者富可敵國，卻也只是擁有小我，而沒有心懷天下的大我、高我、無我。智者卻是：「我不夠好，獨善其身；我若夠好，兼善天下。」

修行的最高境界就是無我，這一說法源於許多哲學、宗教與精神修行傳統，特別是在佛教和道教中，這一觀念被強調為最終的解脫與圓滿。

理解「無我」的含義

- 「我」與「無我」的區別

    在傳統的認知中，人們往往以「自我」為中心，認為自己是獨立的個體，擁有自己的需求、慾望、情感和身分。這種對「我」的執著，往往是困擾人類痛苦的根源。而「無我」並不意味著完全消失或放棄自我，而是超越了這種侷限的自我觀念，放下了對自我存在的固守。它意味著不再被自我慾望、情感和利益所束縛，達到一種和諧、無私、無拘無束的狀態。

- 無我是合一的境界

    在無我的境界中，個體不再與外界割裂，反而感知到所有生命與宇宙是一個整體。你不再認為自己是一個獨立的存在，而是融入到宇宙、他人和所有事物之中。這樣，你的行為不再由個人的慾望和私利驅動，而是出於對他人的關懷與對生命整體的尊重。

- 放下執念，達到解脫

    最高的修行，意味著解脫內心的束縛與執念。人們因為對「我」的執著而陷入無盡的痛苦與煩惱中，常常在追求慾望、名利、權力時迷失方向，忽略了真正的內心平靜與自由。修行的過程，是通過反思、修習、冥想等方式，讓自己逐漸放下這些「我」的執念，達到無欲無求、無所罣礙的境界。

- 無我即是全心全意地付出

    無我並不是消失，而是指在行為上全心全意地投入，而不求個人利益或回報。就像佛陀所說的「無我」並非否定自我存在，而是指放下以自我為中心的態度，把關愛與慈悲無私地給予他人。

如何實踐「無我」

- 無私的愛與奉獻

    修行的過程首先是通過實踐無私的愛和慈悲，關心他人，幫助

他人，而不計較個人得失。無我的人會更加關注他人和環境，而不是以自我為中心。

- 內觀與自我覺察

    通過內觀和冥想，認識到自己內心的無常與虛幻，逐漸放下對「我」的執念。無我的修行者不再對過去的自己或未來的期望過於糾結，而是專注於當下，活在每一個瞬間，接受生命的流動。

- 在行動中超越自我

    在日常生活中，實踐無我意味著讓自己的行為不受個人私利的驅動。你會發現自己做事的初衷不再是為了名利、功利或自我滿足，而是出於對他人、對社會、對世界的責任與愛。

- 接納宇宙與一切

    無我的境界是對一切存在的接納。無我並不是消失自我，而是完全與周圍的世界融為一體，認識到所有事物的相互依存和流動，達到了內心的自由與安寧。

修行的最高境界就是無我，並非讓人抹去個人的存在，而是引導人們走向超越自我中心、走向與世界萬物合一的境界。它強調放下執念、超越自我，為他人和世界無私地付出，從而獲得內心的自由與平和。最終的「無我」是回歸到自然和宇宙的本源，感悟生命的真正意義。

我突然想起一個大家都熟悉的故事《海倫‧凱勒的老師：安妮‧蘇利文》。

在許多人心中，海倫・凱勒是奇蹟的象徵。然而，這個奇蹟背後，有一個默默奉獻、無私付出的身影——她的老師安妮・蘇利文。蘇利文的一生，正是「無我」境界的生動寫照。

海倫・凱勒在19個月大時因疾病失去了視力和聽力，陷入了無光、無聲的世界中。她變得暴躁易怒，對外界充滿抗拒。家人雖疼愛她，卻無能為力，只能眼睜睜看著她沉淪在孤獨和憤怒中。

在海倫6歲時，安妮・蘇利文走進了凱勒的世界。這位24歲的年輕女教師，自己曾因眼疾幾乎失明，但她從未放棄過學習，也深知黑暗與孤獨的痛苦。她帶著愛與耐心，決心打開海倫心靈的大門。

・蘇利文的「無我」之旅：

蘇利文沒有將自己放在「教育者」的高位，而是俯下身，以無盡的耐心陪伴海倫。她用手指在海倫的手掌心寫字，即使海倫拒絕、掙扎，她也從未放棄。面對海倫的憤怒和誤解，蘇利文始終保持冷靜，用慈愛和耐心引導她。

有一次，蘇利文帶海倫來到水井旁，一邊讓她觸摸泉水，一邊在她手心拼寫出「W-A-T-E-R」。在那一刻，海倫終於理解了語言的力量，明白了世界萬物都可以被「命名」。這是她心靈覺醒的瞬間，也是蘇利文耐心與無私的見證。

蘇利文不計較個人的成就或榮耀，她將一生的精力傾注在海倫身上。從基礎教育到後來海倫進入哈佛大學，她始終陪伴左右，作為海倫的影子和橋樑。蘇利文無怨無悔地放下了自己的人生，把全部心血獻給了這位學生。

- 「無我」的精神與境界：

　　蘇利文的「無我」不僅體現在她的無私奉獻，更體現在她的心靈狀態。她沒有因個人疾病或遭遇而自憐，也沒有在教育海倫的過程中尋求任何回報或名聲。她把海倫的成長與覺醒視作自己的使命，將自己融入到幫助他人的行動之中。

　　當有人讚美蘇利文的偉大時，她卻總是淡然地說：「我只是在做我應該做的事。」她把教海倫的成功歸結於海倫本人的努力，而非自己的付出。

　　蘇利文的故事告訴我們，「無我」並不是否定自我，而是放下自我中心，把更多的愛和注意力投向他人。當我們真正地投入並無私地幫助他人時，反而能感受到生命更深刻的意義和價值。

　　蘇利文用自己的行動詮釋了「修行的最高境界是無我」，她不僅改變了海倫的人生，也在這過程中實現了自我超越與昇華。

　　正如蘇利文所言：「給予，是最好的存在方式。」

生活中「無我」的狀態

　　其實無我的狀態，顯現在微小的時時刻刻之中。

1. 專注和忘我

　　每個人都能體會到的無我時刻，即在專注的狀態中。此時，無論是過去還是未來，都不存在於我們的思維感知中。在這一刻，所有的傷害和負面情緒似乎都不存在。

2.允許和接納

尼采曾經寫過：人性的偉大就是對命運的熱愛，不去想改變任何一件事，無論是過去的事、未來的事，接納、熱愛命運對自己的安排。無我就是敞開自己，允許一切發生。雖然依然會遭遇痛苦，那就讓痛苦像水流一樣從自己身體裡流過，不去人為製造更多的折磨。

3.不執著

不執著一方面指的是，在無我的狀態下就沒有執念。順應自然，讓要離去的人、事離去。有時，執念會成為一個人的心魔，讓人不計代價去做徒勞的事。此外，有時候我們執著的東西，並非明確的外務。我們可能執著於他人對自己的誤解，也可能執著於一些不良的思維模式，可能執著於對美好生活的一些過度想像等。這些執著困住了我們，也限制了我們所能見到的世界。越執著於擁有那些想法的自己，越不容易明白真實其實還有很多個不同的角度。

4.活在當下

無我的思維是唯一能夠穿越時空的東西。身體是只能存在於當下的此時此地。而一生中，發生痛苦事件的具體時刻是有限的；只要我們無我的思維穿越時空，境界達到更高維度，當下此刻的我們就可以超越痛苦、享有平和。過好每一個微小時刻，就是我們能做到最善待自己的事。

○如何逐步靠近「無我」的狀態

要先感受過「有我」才能感受「無我」。先去找到自己的存在感，再把自我放下；否則你會被空虛感吞沒。

請試著冥想練習，鍛鍊自己像陌生人一樣觀察自己的感覺，看清那個「我」。經常提醒自己要接納一切。尤其在不舒服的情緒冒出來的時候，允許自己有負面感受，告訴自己接納這種負面的感受，並放下這一切，超越這一切。

永遠專注投入於此時此刻正在做的那件事，讓自己能快速集中注意力，並讓自己能產生「心流」的感覺，進入「心流」的狀態。

○無我利他，融入更高維度的世界

在繁華喧囂的世界中，我們常常追逐著自我的目標，在功名利祿的道路上奔波。然而，有一種境界，它超越了自我的侷限，宛如一盞明燈照亮我們前行的道路，那就是「無我利他」。

「無我」並非是對自我的否定，而是一種放下小我、突破私欲的束縛。當我們將目光從自身的得失、榮辱、利益中移開時，我們便開啟了一扇通往更廣闊世界的大門。在這個過程中，我們不再被嫉妒、嗔恨、貪婪所左右。就像那些偉大的慈善家，他們將財富視為一種可以改變世界的工具，而不是滿足個人私欲的手段。他們放下了對財富的執著，真正做到了「無我」，從而能夠心無旁騖地投身於利他的事業中。

「利他」是「無我」的實踐與延伸。它體現在生活的每一個細微之處。或許是一個微笑，在他人心情低落時給予溫暖；或許是一次援手，在他人身處困境時拉一把；又或許是一份默默的奉獻，為社會的發展添磚加瓦。醫生們不顧日夜的辛勞，救死扶傷，他們心中只有患者的健康，這是利他；教師們傾其所有知識，培育莘莘學子，眼中只有學生的成長，這是利他；那些為貧困地區送去物資和希望的志願者們，跨越千山萬水，心中裝著的是陌生人的幸福，這更是利他。

　　當我們做到無我利他時，會發現自己的內心獲得了一種前所未有的寧靜與滿足。這種滿足並非來自物質的享受或他人的誇讚，而是源於靈魂深處的自我認同。我們在付出的同時，也在塑造一個更有價值的自己。我們的生命不再僅僅屬於自己，而是與無數人產生了連接，成為了推動社會進步的一股力量。而且，在整個社會層面，「無我利他」的精神更是有著不可估量的作用。一個充滿利他精神的社會，必然是和諧、溫暖、積極向上的。人與人之間不再是冷漠的競爭關係，而是相互扶持、共同成長。這種精神能夠化解矛盾、消除隔閡，讓愛的光芒在每一個角落閃耀。當我們無我時，世界將處處是我；當我們利他時，我們也將收穫無盡的福報。

後記

　　古今中外，無數哲人、科學家，乃至平凡的百姓，都在思考一個永恆的話題——生與死的命題。無論是誰，都無法逃避這一雙重命運的約定。每個人的生命起伏、情感溫度、智慧光芒，彙聚成一條無形的河流，穿越時空的阻礙，最終匯成了關於生死的文化峰巒，雄偉壯麗，鬱鬱蔥蔥。而這一切，彷彿就在讀者的腳下鋪展，等待你們的探尋與思考。

　　在這一路的攀登中，你將發現：生死，並非一條無法跨越的鴻溝，而是一條通向覺醒的河流，帶領我們更深刻地理解生命的真諦。你將獲得一種超越傳統認知的視角，一種更高維度的理解——死亡並不真正存在，它只是生命的一部分。

　　如何懷著悲憫的心去對待生死，如何珍視生命，才能在面對死亡時，依然保持一顆安寧的心？如何理解，生命的最大功課，莫過於學會無私地去愛？這不僅是對生命的尊重，更是對死亡的尊敬。死亡不是終結，它是生命的另一種開始，它為我們提供了一種機會，讓我們思考「如何活得更好」。正如我在書中提到的：一個人如何死，往往取決於他如何活。

　　在這本書的末尾，我希望每一位讀者都能從中汲取一種力量，一種來自內心深處的**覺醒**，**去擁抱生命的每一刻**，去修練自己更高的維度與境界。生死無常，而我們能做的，便是在這有限的生命裡，不斷地成長與蛻變，活出最有意義的自己。

生老病死，就像是一座座蘊藏智慧寶石的礦脈，它們蘊藏著生命最真實的意義，值得我們每個人一生去開採。死亡不是對生命的終結，而是對生的一種回望。在這回望中，我們不僅看見自己的有限，更能看到無限的可能。生命的真正價值，正是在於我們如何理解和體驗這一切。

我希望這本書，能啟發你更多的思考——關於生與死、關於活著的意義。它將教會你如何用正念超越生死的束縛，如何在生命的枝頭綻放愛與希望的花蕾。當我們以更寬廣的視野來看待生死，我們的內心將更加平靜和堅定。因為我們明白，每一刻的存在都值得感恩，每一個離開都值得尊重。

死亡是生命的老師，是人生不可或缺的部分。只有真正理解死亡，才能更深刻地理解生命的意義。在這條旅途的盡頭，我們將以一顆充滿愛與智慧的心，迎接每一場新的開始。

正念與覺悟的光明不應僅僅屬於我們自己，它應當廣泛地**被傳播，點燃更多的心燈**，照亮更多的靈魂。我希望這本書能夠成為你生命中的伴侶，幫助你走向更高的境界，讓你在生命的每一步中，心懷眾生，**心懷感恩**，心懷希望。

最後，願每一位讀者都能在生命的流轉中，保持一顆無畏的心，活得更加真切、自由、豐盈。

知死方能知生，知生方能無畏。

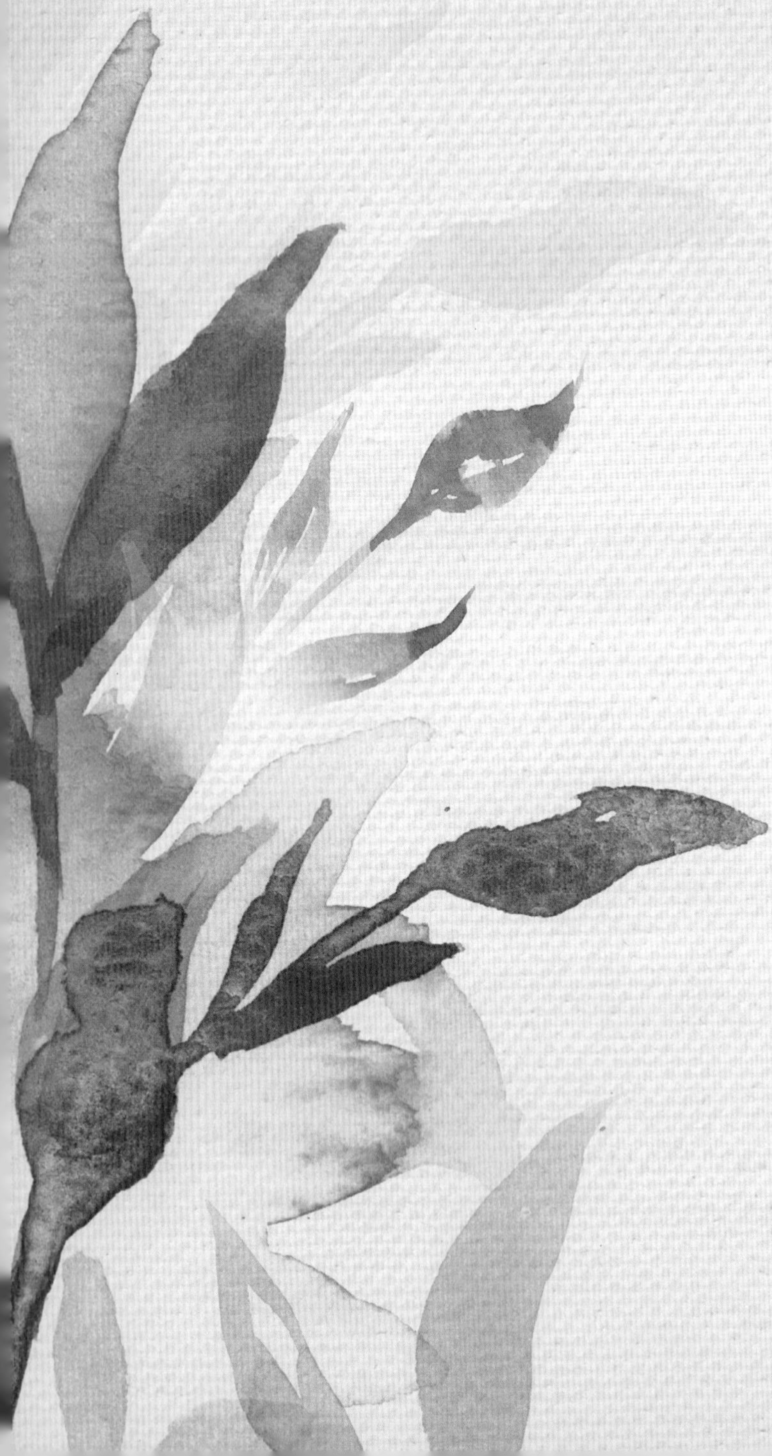

【渠成文化】Four X 新媒體 007

作　　者	蕭明強　Kevin Xiao
總 策 劃	Four X 新媒體　Alexandra.jaimay@gmail.com
圖書策劃	匠心文創
發 行 人	陳錦德
出版總監	柯延婷
執行編輯	蔡青容
封面視覺	Four X 新媒體 設計部
封面完稿	L.MIU Design
內頁編排	賴賴
特別銘謝	本書部份內容感謝朱立民、戴群和樊朝娟三位老師的指導與幫助
E-mail	cxwc0801@gmil.com
網　　址	https://www.facebook.com/CXWC0801
總 代 理	旭昇圖書有限公司
地　　址	新北市中和區中山路二段352號2樓
電　　話	02-2245-1480（代表號）
定　　價	新台幣NT$550 / USD$19
印　　刷	上鎰數位科技印刷

初版一刷　2025年7月

ISBN 978-626-99757-1-6(平裝)

版權所有・翻印必究　Printed in Taiwan

國家圖書館出版品預行編目(CIP)資料

點亮心空/蕭明強著. -- 初版. -- 臺北市：匠心文化創意行銷有限公司, 2025.06
　面；　公分
ISBN 978-626-99757-1-6(平裝)
1.CST:生死觀 2.CST: 生命哲學

197　　　　　　　　　　　　114007310